Emilie Roth

AUS MEINER KÜCHE

BACKEN

ÜBER 400 KÖSTLICHE REZEPTE

Emilie Roth

AUS MEINER KÜCHE

BACKEN

ÜBER 400 KÖSTLICHE REZEPTE

Liebe Leser,

sicherlich ist es auch bei Ihnen schon eine Weile her, dass Sie in der Küche an Mutters Rockzipfel gehangen und selig-gedankenverloren "Backe backe Kuchen.." vor sich hin gesungen haben, während Sie mit noch etwas ungeschickten, kleinen Händen einen Klumpen Teig auf dem Tisch vor sich hin und her gewälzt haben. Wer selbst Kinder hat, kann mit Freuden erleben, wie stolz die Kleinen sind, wenn sie zum ersten Mal beim Backen helfen. Wenn sie Mehl in die große Rührschüssel schütten dürfen, wenn sie konzentriert einen penibel abgewogenen Batzen Butter dazugeben. Wie wohl sie sich fühlen in der mehlbestäubten Umgebung von Quark und Eiern, von Nüssen und Mandeln, von Äpfeln und Rosinen, Orangeat und Zitronat, von Koriander und Kakao, von Schokolade und Vanille, von Zimt und Zucker. Wie begeistert sie sind, wenn sie später naschen und schlecken dürfen, und wie andächtig sie schließlich vor der Backröhre sitzen und beobachten, wie der Teig aufgeht, wie der Kuchen sich braun färbt. Wie sie freudig feststellen, dass ein köstlicher Geruch die Wohnung durchzieht...

Ein bisschen von dieser kindlichen Freude am Backen haben die meisten von uns auch als Erwachsene behalten, und vor allem an Weihnachten und anderen Feiertagen kehrt bei vielen immer wieder der Stolz zurück, dass man sich und die Seinen nicht mit gekauftem Einerlei, sondern mit selbstgebackenen Wunderwerken aus dem eigenen Ofen verwöhnen kann. "Uuuuiii! Hast du das gebacken?!" –

Wieder sind es oft die Kinder, die solche Überraschungen am meisten zu schätzen wissen.

Dabei ist es so schwer auch wieder nicht! Zwar gehört schon ein bisschen mehr dazu, als das Kinderlied meint: "Eier und Schmalz, Zucker und Salz, Milch und Mehl, Safran macht den Kuchen gel" – das ist zwar im Prinzip schon ganz richtig. Es kommt dann allerdings doch auch ein bisschen auf die Reihenfolge an - und auf das Wie und Wann.

Ein bisschen Abwechslung kann natürlich auch nicht schaden. Doch für die ist gesorgt: Seit die ersten Steinzeitmenschen versehentlich ein paar zerstoßene Getreidekörner mit Wasser und anschließend ebenso zufällig mit Hitze in Berührung gebracht und damit den Brotteig entdeckt haben – seit dieser Zeit sind in der Kunst des Backens gewaltige Fortschritte erzielt worden - und die Zahl der Rezepte ist schon lange nicht mehr zu zählen. Hefe- und Rühr-, Brand- und Mürbteig sind zwar noch immer das A und O. Aber auch, wie sich Eier und

Luft in leckere Biskuits verwandeln lassen, sollte man, beispielsweise, mal ausprobiert haben. Aber dazu habe ich ja meine besten Rezepte aufgeschrieben und in diesem Buch zusammengestellt. Sie werden sehen: Alles ist möglich und nichts zu schwierig.

Und wer ein paar Fortschritte beim Backen gemacht hat, der wird ohnehin irgendwann anfangen, mit den Zutaten sozusagen freihändig zu jonglieren: Rezepte sind ja immer nur Vorschläge – die eigene Kreativität sollen sie nicht bremsen, sie sollen ihr vielmehr auf die Sprünge helfen. Deshalb will Ihnen mein Buch auch keine Vorschriften machen, sondern soll Ihnen nur Anregungen geben. Lassen Sie sich inspirieren, bringen Sie Ihre Phantasie mit ein.

Und wenn süßer Kuchenduft die Küche erfüllt und alles nach Ihren Wünschen gelungen ist, dann vergessen Sie nicht: Ihre Phantasie sollten gute Köche und Bäcker niemals neben der Kochschürze an den Küchenhaken hängen. Sie können sie auch noch brauchen, wenn's ans Garnieren und Dekorieren geht.
Und selbst noch, wenn der Tisch gedeckt und die passende Musik für die nachmittägliche „Kaffee-und-Kuchen-Stunde" ausgewählt wird, ist Einfallsreichtum gefragt.

Und nun sollten Sie sich einfach in dieses Buch "hineinstürzen". Die Auswahl ist groß, vom einfachen Apfelkuchen bis zur festlichen Torte reicht das Angebot, vom deftigen Strudel bis zum feinen Plätzchen.

Gehen Sie's unbeschwert an wie die Kinder: Singen sie das Lied von den sieben Sachen, die der braucht, der guten Kuchen machen will, genießen Sie die leckeren Zutaten und die feinen Düfte, die sich in ihrer "Backstube" einfinden, und freuen Sie sich jetzt schon auf die herrlichen Gaumenfreuden, die Ihre Arbeit Ihnen, Ihrer Familie oder Ihren Gästen bereiten wird. Ich wünsche Ihnen viel Spaß beim Backen.

Ihre
Emilie Roth

GRUNDREZEPT „HEFETEIG I"

• 200 ml Milch • 20 g Frischhefe • 1 TL Zucker • 350 g Weizenmehl • 50 g Zucker • 1 Prise Salz • 1 EL geriebene Zitronenschale

• Die Milch leicht erwärmen, die Hefe einbröckeln und mit 1 TL Zucker glatt rühren. An einem warmen Ort 10 Minuten gehen lassen.
• Das Mehl sieben, mit dem restlichen Zucker, dem Salz und der Zitronenschale vermischen, die Hefe einrühren und den Teig so lange schlagen, bis er Blasen wirft.
• An einem warmen Ort zugedeckt zur doppelten Menge aufgehen lassen und je nach Rezept weiter verarbeiten.

HEFE-MILCHREIS-KÜCHLEIN

• 1 Rezept „Hefeteig I" • 400 g fertigen Milchreis • 1/2 Päckchen. Vanille-Puddingpulver • 1 EL Sahne • 2 Eigelb • 2 Eiweiß • 2 Birnen • 2 EL Rosinen

• Nach Grundrezept „Hefeteig I„ einen Hefeteig zubereiten und diesen in sechs gleich große Stücke teilen. Jedes Teigstück rund ausrollen und einen kleinen Rand hochdrücken.
• Den Milchreis mit Puddingpulver, Milch und Eigelben verrühren.
• Das Eiweiß halb steif schlagen und unter die Reismasse ziehen.
• Die Birnen schälen, entkernen, in kleine Stückchen schneiden, auf die Fladen verteilen, die Rosinen darüber streuen und die Milchreismasse löffelweise darauf verteilen.
• Die Fladen im auf 180-200° C vorgeheizten Ofen 20-25 Minuten backen, herausnehmen, anrichten und servieren.

MILCHREIS-KÜCHLEIN MIT ERDBEEREN

• 1 Rezept „Hefeteig I" • 2 Becher Milchreis „Erdbeergeschmack" • 1 EL Sahne • 2 Eigelb • 2 Eiweiß • 250 g frische Erdbeeren

• Nach Grundrezept „Hefeteig I" einen Hefeteig zubereiten und diesen in sechs gleich große Stücke teilen. Jedes Teigstück rund ausrollen und einen kleinen Rand hochdrücken.
• Den Milchreis mit Puddingpulver, Sahne und Eigelben verrühren.
• Das Eiweiß halb steif schlagen und unter die Reismasse ziehen.
• Die Erdbeeren halbieren oder vierteln, auf die Fladen legen und die Milchreismasse löffelweise darauf verteilen.
• Die Fladen im auf 180-200° C vorgeheizten Ofen 20-25 Minuten backen, herausnehmen, anrichten und servieren.

Grundrezept „Schneller Hefeteig“

• 500 g Mehl • 1 Päckchen Trockenhefe • 1 EL geriebene Zitronenschale • 75-100 g Zucker • 1 Prise Salz • 1/4 l lauwarme Milch • 75 g flüssige Butter oder Margarine

• Das Mehl mit der Trockenhefe, der Zitronenschale, dem Zucker und dem Salz in eine Schüssel geben und alles gut miteinander verrühren.
• Die Milch und die flüssige Butter oder Margarine zum Mehl geben und alles zu einem glatten Teig verarbeiten.
• Den Teig so lange schlagen, bis er Blasen wirft. An einem warmen Ort zugedeckt zur doppelten Menge aufgehen lassen.
• Den Teig nochmals kräftig durchschlagen und je nach Rezept weiter verarbeiten.

Birnen-Mandelkuchen

• 1 Rezept Schneller Hefeteig • 800 g Birnen • Saft von 2 Zitronen • 2-3 EL Butter oder Margarine • 3 EL Zucker • 2 EL Vanillezucker • 1 Prise Zimtpulver • 6 cl Birnenlikör • 1 Tasse Himbeergelee • 100 g Mandelblättchen • 100 g Puderzucker

• Den nach Hefeteig Grundrezept zubereiten, in eine ausgefettete Springform geben, im auf 180-200° C vorgeheizten Backofen in 30-35 Minuten ausbacken, herausnehmen und erkalten lassen.
• Die Birnen während der Backzeit waschen, schälen, entkernen, in Schnitze schneiden und mit Zitronensaft beträufeln.
• Die Butter oder Margarine in einer Pfanne erhitzen und den Zucker darin karamelisieren lassen.
• Die Birnenschnitze dazugeben, mit Vanillezucker, Zimtpulver und Birnenlikör aromatisieren, 6-8 Minuten dünsten und vollständig erkalten lassen.
• Den Teig mit einem scharfen Messer quer halbieren, mit Himbeergelee bestreichen, zusammensetzen, die Birnenschnitze dekorativ auf den Böden anrichten und das Ganze mit den Mandelsplittern bestreuen.
• Den Puderzucker mit etwas Birnensud glatt rühren, die Birnenschnitze damit bestreichen, vollständig abtrocknen lassen und servieren.

Apfel-Nuss-Kuchen

• 1 Rezept „Schneller Hefeteig" • 800 g Äpfel • Saft von 2 Zitronen • 2-3 EL Butter oder Margarine • 3 EL Zucker • 2 EL Vanillezucker • 1 Prise Zimtpulver • 6 cl Apfellikör • 1 Tasse Erdbeermarmelade • 100 g gehackte Pistazien

Zubereitung wie Birnen-Mandelkuchen

Grundrezept „Abgerührter Hefeteig“

• 1 Würfel Hefe • 1/4 l lauwarme Milch • 1 EL Zucker • 500 g Mehl • 125 g Butter • 125 g Zucker • 2 Eier • 1 Prise Salz • 1 EL geriebene Zitronenschale

• Die Hefe in die lauwarme Milch einbröckeln, den Zucker einrühren und das Ganze 10-15 Minuten gehen lassen.
• Das Mehl in eine Schüssel sieben, eine Mulde eindrücken und die Hefemilch hineingeben.
• Die Butter oder Margarine in einer Schüssel schaumig schlagen, den Zucker einrühren und die Eier nach und nach unterarbeiten. Das Salz und die Zitronenschale unter den Schaum ziehen.
• Die Schaummasse zum Mehl geben und das Ganze mit dem Kochlöffel oder dem Knethaken des Handrührgeräts zu einem glatten kompakten Teig verarbeiten.
• Den Teig mit einem sauberen Küchentuch abdecken und an einem warmen Ort 30 Minuten gehen lassen.
• Den Teig nochmals kräftig durcharbeiten und zur weiteren Verarbeitung bereitstellen.

Kernige Marzipanrolle

• 1 Rezept „abgerührten Hefeteig“ • 400 g Marzipanrohmasse • 4 cl Orangenlikör • 50 g Puderzucker • 50 g gehackte Sonnenblumenkerne • 50 g gehackte Pistazien • 50 g gehackte Pinienkerne • 1 Tasse Sahne • 2 Eier

• Den abgerührten Hefeteig nach Grundrezept zubereiten.
• Die Marzipanrohmasse mit dem Orangenlikör und dem Puderzucker zu einer glatten Masse verarbeiten, die Sonnenblumenkerne, die Pistazien- und die Pinienkerne untermischen, die Sahne und die Eier darunter rühren.
• Den Teig auf einer bemehlten Arbeitsfläche auf eine Größe von 30x40 Zentimeter ausrollen. Die Marzipanmasse 25x35 Zentimeter ausrollen und auf den Hefeteig legen. Die Teigränder über die Marzipanmasse schlagen und das Ganze von der schmalen Seite her aufrollen.
• Die Kernige Marzipanrolle auf einem ausgefetteten Backblech im auf 180-200° C vorgeheizten Backofen 35-45 Minuten backen. Je nach Geschmack nach dem Backen noch heiß mit Zuckerglasur überziehen. Erkalten lassen und servieren.

Marzipanrolle mit Orangeat und Zitronat

• 1 Rezept abgerührten Hefeteig • 400 g Marzipan-Rohmasse • 4 cl Orangenlikör • 50 g Puderzucker • je 25 g Orangeat und Zitronat, ganz fein geschnitten • 50 g gehackte Sonnenblumenkerne • 50 g gehackte Mandeln • 1 Tasse Sahne • 2 Eier

Zubereitung wie Kernige Marzipanrolle

Hefestreuselkuchen mit Heidelbeeren

• 1 Rezept „abgerührten Hefeteig" • 500 g Mehl • 250 g Zucker • 2 EL Vanillezucker • 300 g Butter oder Margarine • 1 EL Zimtpulver • 500 g Heidelbeeren • 4 EL Zucker • 6 cl Orangenlikör

• Den abgerührten Hefeteig nach Grundrezept zubereiten und bereitstellen.
• Für die Streusel das Mehl, den Zucker und den Vanillezucker miteinander vermischen. Die Butter oder Margarine in Flöckchen darauf setzen und mit Zimtpulver bestreuen. Mit bemehlten Händen schnell zu Streuseln verarbeiten.
• Den gegangenen Hefeteig auf einer bemehlten Arbeitsfläche ausrollen und auf ein ausgefettetes Backblech geben.
• Ein Drittel der Streusel gleichmäßig auf den Teig verteilen.
• Die verlesenen, gewaschenen Heidelbeeren in einer Schüssel mit Zucker bestreuen, mit Orangenlikör aromatisieren und auf den Streuseln verteilen.
• Das Ganze mit den restlichen Streuseln bedecken und im auf 180-200° C vorgeheizten Backofen 30-35 Minuten backen.
• Den Kuchen herausnehmen, auskühlen lassen, schneiden, anrichten und servieren.

Hefe-Gugelhupf

• 1 Rezept abgerührten Hefeteig • 50 g Rumrosinen • 25 g Zitronat • 25 g Orangeat • 25 g kandierte Kirschen • 1 Tasse Sahne • 1 Päckchen Vanillezucker • 50 g gehackte Nüsse • 50 g Schokoraspeln

• Den abgerührten Hefeteig nach Grundrezept zubereiten und mindestens auf die doppelte Größe aufgehen lassen. Die Rumrosinen, das Zitronat, das Orangeat und die kandierten Kirschen zum Teig geben.
• Die Sahne erwärmen, mit dem Vanillezucker, den Nüssen und den Schokoraspeln zum Teig geben und alles kräftig einarbeiten. Nochmals gehen lassen und in eine ausgefettete Napfkuchenform füllen. Im auf 180-200° C vorgeheizten Backofen 40-50 Minuten backen, herausnehmen und abkühlen lassen. Mit Puderzucker bestäuben und servieren.

Hefe-Gugelhupf mit Mohnfüllung

• 1 Rezept abgerührten Hefeteig • 1 Packung „Mohn-back" • Puderzucker zum Bestäuben

• Den abgerührten Hefeteig nach Grundrezept zubereiten und mindestens auf die doppelte Größe aufgehen lassen.
• Auf einer bemehlten Arbeitsfläche zu einem Rechteck ausrollen und das „Mohnback" darauf verteilen. Den Teig vorsichtig aufrollen und mit der „Naht" nach unten in eine gefettete Gugelhupfform legen. Nochmals 10-15 Minuten gehen lassen und dann im auf 180-200° C vorgeheizten Backofen 40-50 Minuten backen, herausnehmen und abkühlen, mit Puderzucker bestäuben und servieren.

Feiner Gugelhupf

• 1 Grundrezept „abgerührten Hefeteig" • 50 g Rumrosinen • 20 g Zitronat • 20 g Orangeat • 50 g kandierte Kirschen • 1 Tasse Sahne • 1 EL Vanillezucker • 50 g gehackte Nüsse • 50 g Schokoraspeln

• Einen Hefeteig nach Rezept zubereiten und mindestens zur doppelten Größe aufgehen lassen. Die Rumrosinen, das Zitronat, das Orangeat und die kandierten Kirschen zum Teig geben.

• Die Sahne erwärmen, mit dem Vanillezucker, den Nüssen und den Schokoraspeln zum Teig geben und alles kräftig einarbeiten. Den Teig nochmals gehen lassen und in eine ausgefettete Napfkuchenform füllen. Erneut gehen lassen und anschließend in dem auf 180-200° C vorgeheizten Backofen 40-50 Minuten backen. Den Gugelhupf herausnehmen und abkühlen lassen. Mit Puderzucker bestäuben und servieren.

Pfirsichkuchen mit Glasur

• 1 Rezept „abgerührten Hefeteig" • 50 g zarte Haferflocken • 50 gemahlene Mandeln • 1 kg Pfirsiche • 1 Päckchen Vanillezucker • 50 g Zucker • 50 g gehackte Mandeln • 50 g gehackte Haselnüsse • 100 g eingeweichte Rosinen • 250 g Puderzucker • Saft von 1 Zitrone

• Den abgerührten Hefeteig nach Grundrezept zubereiten, die Haferflocken und die Mandeln kräftig darunter schlagen. Den Teig in einer Schüssel zugedeckt an einem warmen Ort zur doppelten Größe aufgehen lassen, auf einer bemehlten Arbeitsfläche ausrollen und auf ein ausgefettetes Backblech geben.

• Die Pfirsiche enthäuten, halbieren und den Kern herauslösen, die Pfirsiche in Spalten schneiden und auf den Teig legen.

• Den Vanillezucker, den Zucker, die Mandeln, die Haselnüsse und die Rosinen miteinander vermischen und gleichmäßig auf den Pfirsichen verteilen.

• Den Kuchen im auf 180-200° C vorgeheizten Backofen 30-35 Minuten backen.

• Nach Ende der Backzeit den Puderzucker mit Zitronensaft glatt rühren und den Kuchen damit bestreichen. Auskühlen lassen, in Scheiben schneiden, anrichten und servieren.

Aprikosen-Nuss-Kuchen

• 1 Rezept „abgerührten Hefeteig" • 50 g zarte Haferflocken • 50 gemahlene Haselnüsse • 1 kg Aprikosen • 1 Päckchen Vanillezucker • 50 g Zucker • 50 g Haselnusskrokant • 50 g gehackte Pistazien • 100 g Rumrosinen • 250 g Puderzucker • Saft von 1 Zitrone

Zubereitung wie Pfirsichkuchen mit Glasur

Zwetschgenkuchen mit Streuseln

• 1 Rezept „abgerührten Hefeteig" • 1 kg Zwetschgen • 2 EL Zucker • 4 cl Orangenlikör • 200 g Mehl • 150 g braunen Zucker • 50 g gehackte Pistazien • 50 g gehackte Mandeln • 12 EL Zimtpulver • 150 g Butter oder Margarine

• Den abgerührten Hefeteig nach Grundrezept zubereiten und bereitstellen.
• Für den Belag die Zwetschgen halbieren, entsteinen und in eine Schüssel geben. Mit Zucker bestreuen und mit Orangenlikör aromatisieren.
• Für die Streusel das Mehl mit dem braunen Zucker und den Nüssen vermischen und auf eine Arbeitsfläche geben. Das Zimtpulver darüber streuen und die Butter oder Margarine in Flöckchen darauf setzen. Mit bemehlten Händen schnell zu Streuseln verarbeiten.
• Den Hefeteig auf einer bemehlten Arbeitsfläche ausrollen und auf ein ausgefettetes Backblech legen.
• Die gut abgetropften Zwetschgen und die Streusel dekorativ auf dem Teig verteilen und im auf 180-200° C vorgeheizten Backofen 30-40 Minuten backen.
• Nach Ende der Backzeit den Kuchen herausnehmen, erkalten lassen, anrichten und servieren.

Grundrezept „Hefeblätterteig"

• 1/4 l Milch • 1 Würfel Hefe • 1 EL Zucker • 500 g Mehl • 75 g Butter oder Margarine • 1 Prise Salz • 75 g Zucker • 2 Eier • 250 g Butter

• Die Milch, die Hefe, den Zucker, das Mehl, die Butter oder Margarine, das Salz und den Zucker sowie die Eier wie nach Grundrezept beschrieben zu einem Hefeteig verarbeiten.
• Den Teig auf einer bemehlten Arbeitsfläche kräftig durcharbeiten und zu einem etwa 3/4 Zentimeter dicken Rechteck ausrollen.
• Die halbe Teigplatte mit der in dünne Scheiben geschnittenen Butter belegen und die zweite Hälfte darüber klappen.
• Die Ränder leicht andrücken und anschließend nach den beiden offenen Seiten zu einem langen Band ausrollen. Der Teig muss etwa 1/2 Zentimeter dick sein. Anschließend die beiden Bandenden zur Mitte hin zusammenklappen und nochmals übereinanderklappen. Das Ganze soll 4 Lagen bekommen.
• Im Kühlschrank mindestens 1/2-1 Stunde kalt stellen, nochmals wie beschrieben ausrollen und zusammenklappen. Das Ganze soll 4-5 mal wiederholt werden.
• Den dünn ausgerollten Teig je nach Geschmack ausschneiden und formen. Je nach Größe im auf 180-200° C vorgeheizten Backofen 25-30 Minuten backen.

Grundrezept „Abgeschlagener Hefeteig“

• 1/4 l Milch • 1-2 EL Zucker • 1 Würfel Hefe • 600 g Mehl • 100 g Zucker • 1 Prise Salz • 1 EL geriebene Zitronenschale • 125 g Butter oder Margarine

• Die Milch und den Zucker handwarm erhitzen. Die Hefe in die Milch bröckeln und 10-15 Minuten gehen lassen.
• Das gesiebte Mehl mit dem Zucker, dem Salz und der Zitronenschale vermischen, in eine Schüssel geben und eine Mulde eindrücken.
• Die Butter oder Margarine in Flöckchen darauf setzen, die Hefe dazugeben und alles mit einem Kochlöffel zu einem glatten Teig verarbeiten.
• Den Teig mit dem Kochlöffel so lange schlagen, bis er Blasen wirft. Mit einem Küchentuch abdecken und an einem warmen Ort 30 Minuten gehen lassen. Den Teig erneut kräftig durchschlagen, erneut 15-20 Minuten gehen lassen, auf einer bemehlten Arbeitsfläche nochmals kräftig durchkneten und je nach Rezept weiter verarbeiten.

Aprikosen-Quarkkuchen

• 1 Rezept „abgeschlagenen Hefeteig“ • 750 g Sahnequark • 125-150 g Zucker • 2 EL geriebene Zitronenschale • 4 cl Aprikosen- oder Pfirsichlikör • 3 Eier • 2 EL Vanillezucker • 1 große Dose Aprikosen • 125 g Mandelblättchen • 1 Tasse flüssige Butter • Zucker und Zimt zum Bestreuen

• Den Hefeteig nach Grundrezept zubereiten und bereitstellen.
• Den Quark mit dem Zucker, der Zitronenschale, dem Aprikosen- oder Pfirsichlikör, den Eiern und dem Vanillezucker in einer Schüssel glatt schlagen. Die abgetropften Aprikosen in Schnitze oder Würfel schneiden und vorsichtig unter den Quark heben.
• Den Hefeteig auf einer bemehlten Arbeitsfläche ausrollen und auf ein ausgefettetes und bemehltes Backblech legen. Dabei einen Rand formen.
• Den Quark gleichmäßig auf dem Hefeteig verteilen. Mit Mandelblättchen bestreuen und mit der Butter beträufeln.
• Im auf 200° C vorgeheizten Backofen 40-45 Minuten backen. 2-3 Minuten vor Garende mit Zucker und Zimt bestreuen und fertig backen.
• Den Quarkkuchen herausnehmen, erkalten lassen, in Rechtecke schneiden, anrichten und servieren.

Pflaumen-Quarkkuchen

• 1 Rezept „abgeschlagenen Hefeteig“ • 750 g Sahnequark • 125-150 g Zucker • 2 EL geriebene Zitronenschale • 4 cl Mirabellenlikör • 3 Eier • 2 EL Vanillezucker • 2 Gläser entsteinte Pflaumen • 125 g Mandelstifte • 1 Tasse flüssige Butter • Zucker und Zimt zum Bestreuen

Zubereitung wie Aprikosen-Quarkkuchen

Kirsch-Quarkkuchen

• 1 Rezept „abgeschlagenen Hefeteig" • 750 g Sahnequark • 125-150 g Zucker • 2 EL geriebene Zitronenschale • 4 cl Kirschlikör • 3 Eier • 2 EL Vanillezucker • 1 großes Glas Sauerkirschen • 125 g Mandelblättchen • 2-3 EL flüssige Butter • Zucker und Zimt zum Bestreuen

• Den Hefeteig nach Grundrezept zubereiten und bereitstellen.
• Den Quark mit dem Zucker, der Zitronenschale, dem Kirschlikör, den Eiern und dem Vanillezucker in einer Schüssel glatt schlagen. Die Kirschen gut abtropfen lassen und vorsichtig unter den Quark heben.
• Den Hefeteig auf einem ausgefetteten und bemehlten Backblech ausrollen, dabei einen Rand hochziehen.
• Den Kirschquark gleichmäßig auf dem Hefeteig verteilen, die Mandelblättchen darüber streuen und mit der Butter beträufeln.
• Im auf 200° C vorgeheizten Backofen 40-45 Minuten backen. 2-3 Minuten vor Garende mit Zucker und Zimt bestreuen und fertig backen.
• Den Quarkkuchen herausnehmen, erkalten lassen, in Rechtecke schneiden, anrichten und servieren.

Birnen-Rosinen-Kuchen

• 1 Rezept „abgeschlagenen Hefeteig" • 1,5 kg Birnen • Saft von 2 Zitronen • 100 g in Rum eingeweichte Rosinen • 100 g gehackte Mandeln • 125 g Zucker • 1 EL Zimtpulver • 2-3 EL Vanillezucker • 1 EL geriebene Zitronenschale • 1/4 l Sahne • 4 Eier

• Den abgeschlagenen Hefeteig nach Grundrezept zubereiten.
• Den Teig auf einem ausgefetteten und mit Mehl bestreuten Backblech ausrollen und an einem warmen Ort kurz gehen lassen.
• Die Birnen schälen, entkernen und in dünne Scheiben schneiden. Mit Zitronensaft beträufeln und auf dem Teig verteilen. Die in Rum eingeweichten Rosinen mit den Mandeln gleichmäßig darauf streuen.
• Den Zucker, das Zimtpulver, den Vanillezucker und die Zitronenschale miteinander vermischen und eine Hälfte beiseite stellen.
• Die andere Hälfte mit der Sahne und den Eiern verschlagen und auf dem Birnenkuchen verteilen.
• Den Kuchen im auf 200° C vorgeheizten Backofen 45-50 Minuten backen. Kurz vor Garende den Kuchen mit der restlichen Zuckermischung bestreuen und fertig backen. Herausnehmen, erkalten lassen, in Stücke schneiden, anrichten und servieren.

Rhabarberkuchen mit Streuseln

• 1 Rezept „abgeschlagenen Hefeteig" • 1,5 kg Rhabarber • 150 g Zucker • 1 Tasse Kuchenbrösel • 1 Päckchen Vanillezucker • Schale 1 abgeriebenen Zitrone • 250 g zerlassene Butter • 400 g Mehl • 250 g Zucker • 2 Päckchen Vanillezucker

• Den Hefeteig nach Grundrezept zubereiten und bereitstellen.
• Den Rhabarber schälen, in 2-3 Zentimeter grobe Stücke schneiden. Unter fließendem Wasser abwaschen und gut abtropfen lassen.
• Den Rhabarber mit dem Zucker bestreuen und in einer Schüssel 1/2 Stunde ziehen lassen.
• Den Hefeteig auf einer bemehlten Arbeitsfläche ausrollen, auf ein ausgefettetes und bemehltes Backblech legen und die Ränder des Hefeteigs nach oben drücken.
• Den Hefeteig mit Kuchenbröseln bestreuen. Den Rhabarber mit Vanillezucker und der Zitronenschale verfeinern und gleichmäßig auf dem Hefeteig verteilen.
• Die weiche Butter mit dem Mehl, dem Zucker und dem Vanillezucker zu Streuseln verarbeiten und gleichmäßig auf dem Rhabarber verteilen.
• Das Blech in den auf 200° C vorgeheizten Backofen schieben und 45-50 Minuten backen.
• Nach Ende der Backzeit den Blechkuchen herausnehmen, erkalten lassen. In Quadrate schneiden, anrichten, ausgarnieren und servieren.

Bananen-Hefekuchen

• 1 Rezept „abgeschlagenen Hefeteig" • 1,5 kg feste Bananen • Saft von 3 Zitronen • 150g Rumrosinen • 150 g gehackte Mandeln • 100 g Zucker • 2 Päckchen Vanillezucker • 1 EL geriebene Zitronenschale • 1/4 l Sahne • 4 Eier

• Den abgeschlagenen Hefeteig nach Grundrezept zubereiten.
• Den Teig auf einer bemehlten Arbeitsfläche ausrollen, auf ein ausgefettetes und mit Mehl bestreutes Backblech geben und an einem warmen Ort kurz gehen lassen.
• Die Bananen schälen und in schräge Scheiben schneiden, mit Zitronensaft beträufeln und auf dem Teig verteilen.
• Die Rumrosinen mit den Mandeln mischen und gleichmäßig darauf streuen.
• Zucker, Zimt, Vanillezucker und Zitronenschale miteinander vermischen, die Hälfte mit der Sahne und den Eiern verschlagen und auf dem Bananenkuchen verteilen.
• Im auf 200° C vorgeheizten Backofen 45-50 Minuten backen.
• 2-3 Minuten vor Garende den Kuchen mit der restlichen Zuckermischung bestreuen und fertig backen. Herausnehmen, erkalten lassen. In Quadrate schneiden, anrichten und servieren.

Bunter Quarkkuchen

• 1 Rezept „abgeschlagenen Hefeteig" • 750 g Magerquark • 125 g Zucker • 2 EL geriebene Zitronenschale • 3 Eier • 2 Päckchen Vanillezucker • 200 g entsteinte Sauerkirschen • 150 g geschälten Rhabarber • 1 kleine Dose Mandarinen • 125 g Mandelblättchen • 2 Päckchen weißen Tortenguss

• Den Hefeteig nach Grundrezept zubereiten und bereitstellen.
• Quark, Zucker, Zitronenschale, Eier und Vanillezucker in einer Schüssel glatt rühren.
• Den Hefeteig auf einer bemehlten Arbeitsfläche ausrollen, auf ein ausgefettetes und bemehltes Backblech legen und den Rand an den Seiten hochdrücken. Den Quark darauf verteilen und mit den Früchten garnieren. Die Mandelblättchen in einer trockenen Pfanne goldbraun rösten und auf den Früchten verteilen.
• Im auf 200° C vorgeheizten Backofen und 40-45 Minuten backen.
• Das Ganze erkalten lassen, mit Tortenguss überziehen und fest werden lassen. In gleichmäßige Quadrate schneiden und servieren.

Birnen-Quark-Kuchen

• 1 Rezept „abgeschlagenen Hefeteig" • 750 g Magerquark • 125 g Zucker • 2 EL geriebene Zitronenschale • 3 Eier • 2 Päckchen Vanillezucker • 2 Dosen Birnen • 125 g Mandelblättchen • 2 Päckchen weißen Tortenguss

Zubereitung wie Bunter Quarkkuchen

Apfelkuchen mit Rosinen

• 1 Rezept „abgeschlagenen Hefeteig" • 1,5 kg säuerliche Äpfel • Saft von 2 Zitronen • 100 g Rosinen • 100 g Mandelblättchen • 125 g Zucker • 1 EL Zimtpulver • 2-3 EL Vanillezucker • 1 EL geriebene Zitronenschale • 1/4 l Sahne • 4 Eier

• Den abgeschlagenen Hefeteig nach Grundrezept zubereiten.
• Den Teig auf einem ausgefetteten und mit Mehl bestreuten Backblech ausrollen und an einem warmen Ort kurz gehen lassen.
• Die Äpfel schälen, entkernen und in dünne Scheiben schneiden. Mit Zitronensaft beträufeln und auf dem Teig verteilen. Die Rosinen mit den Mandeln gleichmäßig darauf streuen. Den Zucker, das Zimtpulver, den Vanillezucker und die Zitronenschale miteinander vermischen und eine Hälfte beiseite stellen.
• Die andere Hälfte mit der Sahne und den Eiern verschlagen und auf dem Apfelkuchen verteilen.
• Den Kuchen im auf 200° C vorgeheizten Backofen 50 Minuten backen. Kurz vor Garende den Kuchen mit der restlichen Zuckermischung bestreuen und fertig backen. Herausnehmen, erkalten lassen, in Stücke schneiden, anrichten und servieren.

Quarkkuchen mit Aprikosen

• 1 Rezept „abgeschlagenen Hefeteig" • 750 g Magerquark • 125 g Zucker • abgeriebene Schale von 1 Zitrone • 4 cl Aprikosenlikör • 3 Eier • 2 Päckchen Vanillezucker • 400 g Aprikosen • 150 g Mandelblättchen • 50 g Butter oder Margarine • Zimtzucker zum Bestreuen

• Den Hefeteig nach Grundrezept zubereiten und bereitstellen.
• Den Quark, den Zucker, die Zitronenschale, den Aprikosenlikör, die Eier und den Vanillezucker in eine Schüssel geben und glatt schlagen. Die Aprikosen in grobe Würfel schneiden und vorsichtig unter den Quark heben.
• Den Hefeteig auf einer bemehlten Arbeitsfläche ausrollen, auf ein ausgefettetes und bemehltes Backblech legen und den Rand an den Seiten hochdrücken. Den Quark gleichmäßig auf dem Hefeteig verteilen, mit Mandelblättchen bestreuen und Butter- oder Margarineflöckchen darauf setzen.
• Im auf 200° C vorgeheizten Backofen 40-45 Minuten backen. 2-3 Minuten vor Ende der Backzeit den Zimtzucker darüber streuen und fertig backen.
• Den Quarkkuchen mit Aprikosen herausnehmen, erkalten lassen, in Rechtecke schneiden, anrichten und servieren.

Birnenkuchen mit Sahneguss

• 1 Rezept „abgeschlagenen Hefeteig" • 1,5 kg säuerliche Birnen • 100 g Rumrosinen • 100 g Mandelblättchen • 100 g Zucker • 1 TL Zimtpulver • 2-3 EL Vanillezucker • abgeriebene Schale von 1 Zitrone • 1/4 l Sahne • 4 Eier

• Den abgeschlagenen Hefeteig nach Grundrezept zubereiten.
• Den Teig auf einer bemehlten Arbeitsfläche ausrollen, auf ein ausgefettetes und mit Mehl bestreutes Backblech legen und an einem warmen Ort kurz gehen lassen.
• Die Birnen schälen, entkernen, in dünne Scheiben schneiden und auf dem Teig verteilen. Die Mandelblättchen und die Rumrosinen gut mischen und gleichmäßig über die Birnen streuen.
• Den Zucker, den Zimt, den Vanillezucker und die Zitronenschale miteinander vermischen, die Hälfte mit der Sahne und den Eiern verschlagen und auf dem Birnenkuchen verteilen.
• Im auf 200° C vorgeheizten Backofen 45-50 Minuten backen. 2-3 Minuten vor Ende der Backzeit den Kuchen mit der restlichen Zuckermischung bestreuen und fertig backen. Herausnehmen, erkalten lassen, in Quadrate schneiden, anrichten und servieren.

Apfelkuchen mit Sahneguss

• 1 Rezept „abgeschlagenen Hefeteig" • 1,5 kg säuerliche Äpfel • 100 g in Calvados eingeweichte Rosinen • 100 g Mandelstifte • 100 g Zucker • 1 TL Zimtpulver • 2-3 EL Vanillezucker • abgeriebene Schale von 1 Zitrone • 1/4 l Sahne • 4 Eier

Zubereitung wie Birnenkuchen mit Sahneguss

Grundrezept „Abgebröselter Hefeteig“

• 250 g Mehl • 125 g Butter oder Margarine • 1 Prise Salz • 1 EL geriebene Zitronenschale • 1 Tasse Sahne • 1 Würfel Frischhefe • 2 EL Zucker

• Das Mehl auf ein Brett sieben, die Butter oder Margarine in Flöckchen darauf setzen und das Salz sowie die geriebene Zitronenschale darüber streuen. Mit bemehlten Händen abbröseln.
• Die Sahne leicht erwärmen, die Hefe hineinbröckeln und den Zucker unterrühren.
• In den Teig eine Mulde eindrücken und die Hefesahne hineingeben. Mit bemehlten Händen zu einem glatten, festen Teig verarbeiten, in eine Schüssel geben und mit einem sauberen Küchentuch abdecken.
• Den Teig an einem warmen Ort 30 Minuten gehen lassen, auf einer bemehlten Arbeitsfläche nochmals kräftig durcharbeiten und zur weiteren Bearbeitung bereitstellen.

Johannisbeer-Blechkuchen mit Baiserhaube

• 1 Rezept „abgebröselten Hefeteig“ • 50 g gemahlene Mandeln • Butter oder Margarine zum Ausfetten • 500 g Johannisbeeren • 3 Eiweiß • 100 g Puderzucker • 50 g gemahlene Mandeln

• Den Hefeteig nach Grundrezept zubereiten, die gemahlenen Mandeln unter den Teig arbeiten und zugedeckt an einem warmen Ort zur doppelten Größe aufgehen lassen.
• Den Teig auf einer bemehlten Arbeitsfläche ausrollen und auf ein ausgefettetes Backblech geben.
• Die Johannisbeeren verlesen, waschen, gut abtropfen lassen und trockentupfen. Gleichmäßig auf dem Hefeteig verteilen, nochmals kurz gehen lassen. Im auf 180-200° C vorgeheizten Backofen 40-45 Minuten backen.
• In der Zwischenzeit das Eiweiß sehr steif schlagen, den Puderzucker und die Mandeln darunter mischen.
• 8-10 Minuten vor Backende den Eischnee in einen Spritzbeutel füllen, den Kuchen damit verzieren und so lange überbacken, bis die Eischneespitzen goldgelb sind.
• Herausnehmen, auskühlen lassen, in Stücke schneiden, anrichten und servieren.

Rhabarber-Blechkuchen mit Mandelbaiser

• 1 Rezept abgebröselten Hefeteig • 50 g gemahlene Mandeln • Butter oder Margarine zum Ausfetten • 500 g geputzten, klein geschnittenen Rhabarber • 3 Eiweiß • 100 g Puderzucker • 50 g gemahlene Mandeln

Zubereitung wie Johannisbeer-Blechkuchen mit Baiserhaube

Grundrezept „Sahnezopf“

• 1/8 l Sahne • 1 Würfel Hefe • 1-2 EL Zucker • 400 g Mehl • 50 g Zucker • 1 Prise Salz • 100 g weiche Butter oder Margarine • 1 Ei • 1 Eigelb

• Die Sahne leicht erwärmen, die Hefe einbröckeln, mit dem Zucker glatt rühren und 10-15 Minuten gehen lassen.
• Das Mehl in eine Schüssel sieben und die Hefe-Sahne dazugeben, den Zucker, das Salz, die Butter oder Margarine, das ganze Ei und das Eigelb untermischen und den Teig mit dem Kochlöffel so lange schlagen, bis er Blasen wirft. Zugedeckt an einem warmen Ort zur doppelten Größe aufgehen lassen, dann nochmals durchkneten und weiterverarbeiten.

Sahnezopf mit Birnenfüllung

• 1 Grundrezept „Sahnezopf“ • 125 g gemahlene Mandeln • 125 g gemahlene Haselnüsse • 1 EL geriebene Zitronenschale • 1 Päckchen Vanillezucker • 75 g Zucker • 1 Ei • 100 g süße Schlagsahne • 2 säuerliche Birnen • Saft von 1 Zitrone • 125 g Birnengelee • 1 Eigelb • 50 g Puderzucker • 2 EL Wasser

• Aus den Teigzutaten einen Hefeteig zubereiten und auf die doppelte Größe gehen lassen.
• Die Mandeln, die Haselnüsse, die Zitronenschale, den Vanillezucker, den Zucker, das Ei und die Sahne miteinander verrühren. Die Birnen schälen, raspeln, mit Zitronensaft beträufeln und mit dem Birnengelee unter die Nußmasse ziehen.
• Den Hefeteig auf einer bemehlten Arbeitsfläche nochmals gut durchkneten und halbieren.
• Eine Hälfte ausrollen und eine große ausgefettete Kastenform damit auslegen.
• Die Zopffüllung auf dem Hefeteig verteilen. Aus der anderen Teighälfte drei dünne Zöpfe in der Größe der Kastenform flechten und die Füllung abdecken. Das Eigelb mit etwas Wasser glatt rühren und den Zopf damit bestreichen. Im auf 180° C vorgeheizten Backofen 35-45 Minuten backen.
• Den Puderzucker mit Wasser glatt rühren und den fertig gebackenen heißen Zopf damit bestreichen. Herausnehmen und erkalten lassen, in Scheiben schneiden, anrichten und servieren.

Sahnezopf mit bunter Obstfüllung

• 1/8 l Sahne • 1 Würfel Hefe • 1-2 EL Zucker • 400 g Mehl • 50 g Zucker • 1 Prise Salz • 100 g weiche Butter oder Margarine • 1 Ei • 1 Eigelb

• Die Sahne leicht erwärmen, die Hefe einbröckeln, mit dem Zucker glatt rühren und 10-15 Minuten gehen lassen.
• Das Mehl in eine Schüssel sieben und die Hefe-Sahne dazugeben, den Zucker, das Salz, die Butter oder Margarine, das ganze Ei und das Eigelb untermischen und den Teig mit dem Kochlöffel so lange schlagen, bis er Blasen wirft. Zugedeckt an einem warmen Ort zur doppelten Größe aufgehen lassen, dann nochmals durchkneten und weiterverarbeiten.

Mohnkranz

• 1 Grundrezept „Sahnezopf" • 250 g gemahlener Mohn • 2 Eier • 100 g zerlassene Butter • 100 g zerbröckeltes Marzipan • 100 g Rosinen • 2 Tropfen Bittermandelöl • 2 EL Rum • 2 EL Zucker • Margarine und Semmelbrösel für die Form

• Nach Grundrezept „Sahnezopf" einen Hefeteig zubereiten und gehen lassen.
• Den Mohn mit den übrigen Zutaten in einer Schüssel glatt rühren. Den Hefeteig zu einem ca. 30 x 40 cm großen Rechteck ausrollen, die Füllung darauf streichen, an den Rändern ca. 1 cm freilassen. Den Teig von der Längsseite her aufrollen, mit der Naht nach unten in eine gefettete und mit Paniermehl ausgestreute Guglhupfform legen
• Kuchen gehen lassen, dann im auf 180° C vorgeheizten Backofen 40 Minuten backen, herausnehmen, erkalten lassen und mit Puderzucker bestreuen.

Mandel-Nuss-Kranz mit Zuckerguss

• 1 Rezept „Sahnezopf" • 100 g gemahlene Mandeln • 50 g gehackte Walnüsse • 50 g gehackte Haselnüsse • 200 g Rumrosinen • 50 g Farinzucker • 1 Päckchen Vanillezucker • 2 Eier • 1 Prise Salz • 125 g Puderzucker • 1-2 EL Zitronensaft • 1-2 EL Orangenlikör

• Aus den Teigzutaten einen Hefeteig bereiten und in einer zugedeckten Schüssel an einem warmen Ort zur doppelten Größe aufgehen lassen.
• Für die Füllung die Mandeln, die Walnüsse, die Haselnüsse, die Rumrosinen, den Farinzucker, den Vanillezucker, die Eier und das Salz. in eine Schüssel geben und verrühren.
• Den Teig auf einer bemehlten Arbeitsfläche nochmals kräftig durcharbeiten und zu einem Rechteck von 30 x 60 cm Größe ausrollen.
• Mit einem Küchenmesser 10 Zentimeter breite Streifen abschneiden, die Füllung darauf verteilen und die Streifen der Länge nach zusammenrollen.
• Aus den Teigstreifen einen Zopf flechten und diesen in eine ausgefettete Ringform geben. Nochmal gehen lassen und anschließend im auf 180-200° C vorgeheizten Backofen 35-45 Minuten backen.
• Den Puderzucker mit dem Zitronensaft und dem Orangenlikör glatt rühren und den heißen Kranz damit bestreichen. Vollständig erkalten lassen, in Scheiben schneiden, anrichten und servieren.

Hefe-Nuss-Kranz

• 1 Rezept „Sahnezopf" • 100 g gemahlene Mandeln • 50 g gehackte Sonnenblumenkerne • 50 g gehackte Pistazienkerne • 200 g Rumrosinen • 50 g Farinzucker • 1 Päckchen Vanillezucker • 2 Eier • 1 Prise Salz • 125 g Puderzucker • 1-2 EL Zitronensaft • 1-2 EL Orangenlikör

• Nach dem Grundrezept „Sahnezopf" einen Hefeteig bereiten und in einer abgedeckten Schüssel an einem warmen Ort zur doppelten Größe aufgehen lassen.
• Die Mandeln, die Sonnenblumenkerne und die Pistazienkerne in eine Schüssel geben, die Rumrosinen, den Farinzucker, den Vanillezucker, die Eier und das Salz dazugeben und alles verrühren.
• Den Teig auf einer bemehlten Arbeitsfläche nochmals durcharbeiten und zu einem Rechteck von 30 x 60 cm Kantenlänge ausrollen. Mit einem Küchenmesser 10 cm breite Streifen abschneiden. Die Füllung auf die Teigstreifen verteilen und die Streifen der Länge nach zusammenrollen.
• Die Teigrollen zu einem Zopf zusammenflechten und anschließend in eine ausgefettete Ringform geben. Nochmals gehen lassen. Im auf 180-200° C vorgeheizten Backofen 35-45 Minuten backen.
• Den Puderzucker mit dem Zitronensaft und dem Orangenlikör glatt rühren und den heißen Kranz damit bestreichen. Den Kranz vollständig erkalten lassen. In Scheiben schneiden, anrichten und servieren.

Omas Kirschkuchen

• 1 Rezept „Sahnezopf" • 1 kg süße Kirschen • 2 EL Vanillezucker • 70 g Zucker • 4 cl Kirschwasser • 1-2 EL Zimtpulver • 1/4 l Crème fraîche • 2 Eier • 100 g gehackte Mandeln

• Aus den Teigzutaten einen Hefeteig bereiten und in einer abgedeckten Schüssel an einem warmen Ort zur doppelten Größe aufgehen lassen.
• Die gewaschenen, entsteinten Kirschen in eine Schüssel geben. Den Vanillezucker, den Zucker, das Kirschwasser und das Zimtpulver vermischen und die Hälfte davon mit den Kirschen vermischen.
• Den Teig auf einer bemehlten Arbeitsfläche nochmals kräftig durchkneten und ausrollen. Auf ein ausgefettetes Backblech geben, die Kirschen in den Teig drücken und das Ganze im auf 180-200° C vorgeheizten Backofen 40-45 Minuten backen.
• Die Crème fraîche, die Eier und die restliche Zuckermischung miteinander verschlagen und nach 20 Minuten über die Kirschen gießen. Mit den gehackten Mandeln bestreuen und fertig backen.
• Den Kirschkuchen herausnehmen, auskühlen lassen, in Rechtecke schneiden und servieren.

Kirsch-Blechkuchen mit Streuseln

• 250 g Mehl • 1/2 Päckchen Trockenhefe • 20 g Zucker • 1/8 l Milch • 30 g weiche Butter • 1 Ei • 1 Prise Salz • Margarine fürs Blech • 2 Gläser Sauerkirschen • Speisestärke zum Binden • 8 EL Zucker • 175 g Mehl • 4 EL Zucker • 1 Prise Zimt • 100 g weiche Butter • Puderzucker zum Bestreuen

• Das Mehl in eine Schüssel sieben, die Trockenhefe, den Zucker, die Milch, die Butter, das Ei und das Salz dazugeben, alles gut verrühren und mit dem Kochlöffel so lange schlagen, bis der Teig Blasen wirft. Zugedeckt an einem warmen Ort 20-30 Minuten gehen lassen, kurz durcharbeiten und erneut gehen lassen.
• Den Teig auf einer bemehlten Arbeitsfläche ausrollen, auf ein ausgefettetes Backblech legen und einen Rand hochziehen.
• Die Sauerkirschen gut abtropfen lassen, den Saft mit dem Zucker aufkochen und mit der Speisestärke binden. Die Kirschen dazugeben und etwas abkühlen lassen. Danach auf dem Teig verteilen.
• Das Mehl mit dem Zucker, dem Zimt und der weichen Butter zu Streuseln verarbeiten und diese auf die Kirschen streuen.
• Im auf 200-220° C vorgeheizten Backofen 25-30 Minuten backen, bis die Streusel hellbraun sind. herausnehmen, auf dem Blech erkalten lassen und nach Geschmack mit Puderzucker bestreuen.

Rhabarberküchlein

• 500 g Mehl • 1 Päckchen Trockenhefe • 50 g Zucker • 1 Prise Salz • gut 1/8 l lauwarme Milch • 1 Ei • 200 g Margarine • Mehl zum Ausrollen • Fett fürs Blech • 500-750 g geputzten, in Stücke geschnittenen Rhabarber • Zucker und Zimt • 1 Ei zum Bestreichen • 1 Päckchen klaren Tortenguss • geschlagene, gesüßte Sahne • Zitronenmelisseblättchen zum Garnieren

• Das Mehl in eine Schüssel sieben und mit der Trockenhefe, dem Zucker und dem Salz verrühren. Die Milch, das Ei und die weiche, fast flüssige Margarine dazugeben, alles gut vermischen und den Teig mit dem Kochlöffel so lange schlagen, bis er Blasen wirft. Zugedeckt an einem warmen Ort 20-30 Minuten gehen lassen, nochmals durcharbeiten und erneut gehen lassen.
• Den Teig auf einer bemehlten Arbeitsfläche zentimeterdick ausrollen, runde Stücke von 10 cm Durchmesser ausstechen und den Rand etwas hochziehen. Auf ein ausgefettetes Backblech legen und den Rhabarber darauf verteilen. Mit Zucker und Zimt bestreuen und die Teigränder mit verschlagenem Ei bestreichen. Im auf 180-200° C vorgeheizten Backofen goldgelb abbacken, herausnehmen, etwas abkühlen lassen und dann mit dem Tortenguss überziehen.
• Die Törtchen vollständig abtrocknen lassen, mit der geschlagenen Sahne verzieren, mit Zitronenmelisseblättchen ausgarnieren und servieren.

Mohnkuchen mit Backpflaumen

• 500 g Mehl • 1 Päckchen Trockenhefe • 50 g Butter oder Margarine • 50 g Zucker • 1 Prise Salz • 1 Ei • knapp 1/4 l lauwarme Milch • 2 Eier • 250 g Sahnequark • 1 EL geriebene Zitronenschale • 75 g Zucker • 1 EL Vanillezucker • 1 EL Vanille-Puddingpulver • 1 Packung Mohnback • 250 g Backpflaumen • 4 cl Rum

• Aus den Teigzutaten einen Hefeteig zubereiten und zugedeckt an einem warmen Ort 1/2 Stunde gehen lassen.
• Die Eier trennen, den Quark mit den Eigelben, der Zitronenschale, dem Zucker, dem Vanillezucker und dem Vanille-Puddingpulver in eine Schüssel geben und verrühren. Das Eiweiß steif schlagen und vorsichtig unterheben.
• Das Mohnback nach Anweisung zubereiten, die Backpflaumen klein schneiden und im Rum ziehen lassen.
• Den Hefeteig auf einem gefetteten Backblech ausrollen, dabei einen Rand hochziehen, und erneut an einem warmen Ort kurz gehen lassen.
• Den Quark und den mit den abgetropften Backpflaumen vermischten Mohn abwechselnd auf dem Teig anrichten, im auf 180-200° C vorgeheizten Backofen in 35-40 Minuten backen, herausnehmen, erkalten lassen, anrichten, ausgarnieren und servieren.

Mohnkuchen vom Blech

• 250 g Mehl • 1/2 Päckchen Trockenhefe • 20 g Zucker • 1/8 l Milch • 30 g weiche Butter • 1 Ei • 1 Prise Salz • Margarine fürs Blech • 1/2 l Milch • 40 g Butter • 60 g Grieß • 200 g gemahlenen Mohn • 6 EL Zucker • 2 Ei • 1 Prise Zimt • 175 g Mehl • 4 EL Zucker • 1 Prise Zimt • 100 g weiche Butter • Puderzucker zum Bestreuen

• Das Mehl in eine Schüssel sieben, die Trockenhefe, den Zucker, die Milch, die Butter, das Ei und das Salz dazugeben, alles gut verrühren und mit dem Kochlöffel so lange schlagen, bis der Teig Blasen wirft. Zugedeckt an einem warmen Ort 20-30 Minuten gehen lassen, kurz durcharbeiten und erneut gehen lassen.
• Den Teig auf einer bemehlten Arbeitsfläche ausrollen, auf ein ausgefettetes Backblech legen und einen Rand hochziehen.
• Die Milch mit der Butter aufkochen, den Grieß einstreuen, unter Rühren fünf Minuten garen, von der Kochstelle nehmen und den Mohn, den Zucker, die Eier und den Zimt unterrühren. Die Mohnmischung auf dem Hefeteig verteilen.
• Das Mehl mit dem Zucker, dem Zimt und der weichen Butter zu Streuseln verarbeiten und diese auf die Mohnmischung streuen.
• Im auf 180-200° C vorgeheizten Backofen 30 Minuten backen, bis die Streusel hellbraun sind. Herausnehmen, auf dem Blech erkalten lassen und nach Geschmack mit Puderzucker bestreuen.

Quark-Streuselkuchen vom Blech

• 250 g Mehl • 1/2 Päckchen Trockenhefe • 20 g Zucker • 1/8 l Milch • 30 g weiche Butter • 1 Ei • 1 Prise Salz • Margarine fürs Blech • 2 Eigelb • 8 EL Zucker • 2-3 EL Vanillezucker • 4 EL Sahne • 500 g Sahnequark • 2 Eiweiß • 175 g Mehl • 4 EL Zucker • 1 Prise Zimt • 100 g weiche Butter • Puderzucker zum Bestreuen

• Das Mehl in eine Schüssel sieben, die Trockenhefe, den Zucker, die Milch, die Butter, das Ei und das Salz dazugeben, alles gut verrühren und mit dem Kochlöffel so lange schlagen, bis der Teig Blasen wirft. Zugedeckt an einem warmen Ort 20-30 Minuten gehen lassen, kurz durcharbeiten und erneut gehen lassen.
• Den Teig auf einer bemehlten Arbeitsfläche ausrollen, auf ein ausgefettetes Backblech legen und einen Rand hochziehen.
• Das Eigelb mit dem Zucker und dem Vanillezucker cremig rühren. Die Sahne und den Quark einrühren, das Eiweiß steif schlagen und unterheben. Die Quarkmasse auf dem Hefeteig verteilen.
• Das Mehl mit dem Zucker, dem Zimt und der weichen Butter zu Streuseln verarbeiten und diese auf der Quarkmasse verteilen.
• Im auf 180-200° C vorgeheizten Backofen 35-40 Minuten backen, bis die Streusel hellbraun sind. Herausnehmen, auf dem Blech erkalten lassen und nach Geschmack mit Puderzucker bestreuen.

Pflaumenkuchen mit Dickmilch

• 1/4 l Milch • 1 Würfel Hefe • 1 EL Zucker • 120 g Zucker • 500 g Mehl • 1 Prise Salz • 125 g Butter • 2 Eier • 500 g Pflaumen • 2 EL Vanillezucker • 70 g Zucker • 4 cl Zwetschgenwasser • Mehl zum Ausrollen • Fett zum Ausfetten • 1/4 l Sahnedickmilch • 2 Eier • Zucker

• Die Milch erwärmen, die Hefe hineinbröckeln, 1 EL Zucker einrühren und an einem warmen Ort 10-15 Minuten gehen lassen. Den restlichen Zucker mit dem Mehl und dem Salz vermischen, die flüssige Butter und die Eier dazugeben, die Hefemilch einrühren und zu einem glatten Teig verarbeiten. So lange schlagen, bis der Teig Blasen wirft, dann zugedeckt an einem warmen Ort 30 Minuten gehen lassen, nochmals kräftig durchschlagen und weitere 30 Minuten gehen lassen.
• In der Zwischenzeit die Pflaumen halbieren, mit dem Zucker bestreuen, mit Zwetschgenwasser übergießen und etwas ziehen lassen.
• Den Teig ausrollen, auf ein ausgefettetes Backblech geben, die Pflaumen eindrücken und im auf 180-200° C vorgeheizten Backofen 40-45 Minuten backen.
• Die Dickmilch mit den Eiern verschlagen, mit Zucker nach Geschmack süßen und etwa 20 Minuten vor Garende auf die Pflaumen gießen. Fertig backen, aus dem Ofen nehmen, auskühlen lassen, in Stücke schneiden, anrichten, ausgarnieren und servieren.

Hefe-Apfelstrudel

• 1 Würfel Hefe • 1/4 l Milch • 1-2 EL Zucker • 40 g Zucker • 500 g Mehl • 40 g Butter oder Margarine • 1 EL geriebene Zitronenschale • 1 Päckchen Vanillezucker • 2 Eier • 1 Prise Salz • 5-6 säuerliche Äpfel • Saft von 1 Zitrone • 125 g Rumrosinen • 1 EL Zimtpulver • 2 -3 EL Vanillezucker • 200 g Mandelkrokant • 1 EL geriebene Zitronenschale • 4 cl Apfelschnaps

• Aus den Teigzutaten einen Hefeteig zubereiten und auf die doppelte Menge aufgehen lassen.
• Für die Füllung die Äpfel grob raspeln, sofort mit Zitronensaft beträufeln und mit den Rumrosinen, dem Zimtpulver, den Vanillezucker, den Nüssen und der Zitronenschale in einer Schüssel vermischen. Mit Apfelschnaps marinieren.
• Den Teig auf einer bemehlten Arbeitsfläche nochmals kräftig durchkneten und etwa 1/2 Zentimeter dick zu einem großen Rechteck ausrollen. Die Füllung gleichmäßig darauf verteilen und von der breiten Seite her zusammenrollen.
• Den Strudel auf ein ausgefettetes Backblech geben und im auf 180-200° C vorgeheizten Backofen 40-50 Minuten backen. Herausnehmen, in Scheiben schneiden, anrichten und mit Vanillesauce servieren.

Zwetschgenkuchen mit Mandeln

• 500 g Mehl • 1 Würfel Hefe • 75 g Zucker • 75 g flüssige Butter oder Margarine • 1 Prise Salz • 2 Eier • 1/4 l lauwarme Milch • Fett zum Ausfetten • 1 kg Zwetschgen • 2-3 EL Zucker • 1 Prise Zimt • 75 g Mandelstifte • 1 Becher Sahne • 1 EL Vanillezucker • Zucker nach Geschmack • Zitronenmelisseblättchen zum Garnieren

• Aus den Teigzutaten einen Hefeteig herstellen und zugedeckt an einem warmen Ort mindestens 1/2 Stunde gehen lassen.
• Den Teig durcharbeiten, auf einem ausgefetteten Backblech ausrollen, dabei den Rand formen, erneut 1/2 Stunde ruhen lassen.
• Die Zwetschgen waschen, halbieren, entsteinen und dekorativ auf dem Teig anrichten. Mit Zucker, Zimt und Mandelstiften bestreuen und im auf 180-200° C vorgeheizten Backofen in 30-40 Minuten abbacken.
• Die Sahne halb steif schlagen, mit Vanillezucker und Zucker nach Geschmack verfeinern, den Zwetschgenkuchen anrichten, mit der Sahne überziehen, mit Zitronenmelisseblättchen ausgarnieren und servieren.

Rosinenzopf

• 250 ml Buttermilch • 1 EL Zucker • 1 Würfel Frischhefe • 125 g Zucker • 1 EL Vanillezucker • 100 g flüssige Butter • etwas Zitronenschalenaroma • 2 cl Rum • 500 g Weizenmehl • 200 g Rosinen • Mehl zum Ausrollen • Fett zum Ausfetten • 1 Eigelb zum Bestreichen

• Die Buttermilch handwarm erhitzen, den Zucker und die zerbröckelte Hefe einrühren und an einem warmen Ort 10-15 Minuten gehen lassen.
• Den Zucker mit dem Vanillezucker, der Butter, dem Zitronenschalenaroma, dem Rum, dem gesiebten Mehl der Hefemilch und den Rosinen in eine Schüssel geben, zu einem glatten Teig verarbeiten und mit dem Kochlöffel so lange schlagen, bis er Blasen wirft.
• Den Teig zugedeckt an einem warmen Ort mindestens 30 Minuten gehen lassen, nochmals kräftig durcharbeiten und weitere 30 Minuten gehen lassen.
• Den Teig auf einer bemehlten Arbeitsfläche durcharbeiten, in drei gleich große Stücke teilen, zu Rollen formen und einen Zopf daraus flechten.
• Den Zopf auf ein ausgefettetes Blech legen und 15 Minuten gehen lassen. Mit dem Eigelb bestreichen und im auf 180-200° C vorgeheizten Ofen 40-50 Minuten ausbacken.

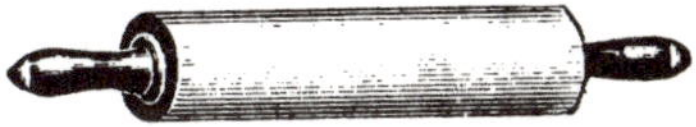

Hefekranz „mit Schuss"

• 1/8 l Milch, • 1/2 Würfel Hefe • 40 g Zucker • 100 g Weizenmehl Type 550 • 100 g Weizenmehl Type 1050 • 50 g Buchweizenmehl • 100 g zerlassene Butter • 1 Prise Salz • 2 Eier • 1 EL geriebene Zitronenschale • 1 Tasse Orangensaft • 1 Tasse Rotwein • 1 Tasse Rum • 1/2 TL Zimtpulver • etwas Zitronensaft • 1 Päckchen Vanillezucker • Zucker nach Geschmack

• Die Milch handwarm erhitzen, die Hefe hineinbröckeln, den Zucker unterrühren und 10-12 Minuten gehen lassen.
• Die Mehlsorten in einer Schüssel vermischen, die Butter, das Salz, die Eier und die Zitronenschale zugeben. Die Hefemilch dazu gießen, zu einem glatten Teig verarbeiten und mit dem Kochlöffel so lange schlagen, bis der Teig Blasen wirft.
• Den Teig mit einem sauberen Küchentuch abdecken und 30 Minuten gehen lassen. Nochmals durchschlagen und weitere 30 Minuten gehen lassen. Danach in eine ausgefettete Kranzform geben, nochmals kurz gehen lassen und im auf 180-200° C vorgeheizten Backofen 30-40 Minuten backen. Aus der Form stürzen und mit einer Nadel mehrmals einstechen.
• Den Orangensaft, den Rotwein, den Rum und die Gewürze miteinander vermischen und kurz auf dem Herd einreduzieren lassen, noch heiß den heißen Hefekranz damit tränken, vollständig erkalten lassen und servieren.

Mohnstriezel

• 250 g Mohn • 1 Würfel Hefe • 1/4 l lauwarme Milch • 1-2 EL Zucker • 175 g Zucker • 500 g Mehl • 1 Prise Salz • 150 g Butter • 1 Ei • 2 Eigelb • 2 Päckchen Vanillezucker • 100 g gemahlene Haselnüsse • 100 g Schokoraspeln • 4 cl Rum • 50 g Grieß • 3 Eiweiß • 100 g Puderzucker • 1 Eigelb • etwas Orangensaft

• Den Mohn am Vortag in Salzwasser aufkochen, vom Feuer nehmen und 30 Minuten ausquellen lassen. Anschließend auf ein Sieb geben und über Nacht abtropfen lassen.
• Die Hefe in die lauwarme Milch bröckeln, den Zucker dazugeben und 10-12 Minuten gehen lassen.
• Den Zucker, das gesiebte Mehl, das Salz, 100 g zerlassene Butter und das Ei in eine Schüssel geben, die Hefemilch darüber gießen und alles zu einem glatten Teig verarbeiten. Mit dem Kochlöffel so lange schlagen, bis der Teig Blasen wirft. Zugedeckt auf die doppelte Menge aufgehen lassen.
• Den Mohn 2-3 mal durch die feine Scheibe des Fleischwolfs drehen und in eine Schüssel geben. Die restliche Butter, die Eigelbe, den Vanillezucker, die Haselnüsse, die Schokoraspeln, den Rum und den Grieß zum Mohn geben und alles gut miteinander verrühren. Das Eiweiß sehr steif schlagen, den gesiebten Puderzucker kräftig darunter schlagen und die Eiweißcreme unter die Mohnmasse ziehen.
• Den Hefeteig auf einer bemehlten Arbeitsfläche nochmals kräftig durchkneten und zu einem Rechteck von 40 x 60 cm Größe ausrollen, die Mohnmasse darauf streichen, zusammenrollen und auf ein ausgefettetes Backblech geben.
• Die Teigrolle mit einem Messer alle 4-5 Zentimeter einen Zentimeter einschneiden und im auf 180-200° C vorgeheizten Backofen 35-45 Minuten backen. Kurz vor Backende das Eigelb mit dem Orangensaft verrühren und den Striezel damit bestreichen. Fertigbacken, herausnehmen, auskühlen lassen, in Scheiben schneiden und servieren.

Striezel mit Apfel-Mandel-Füllung

Apfel-Mandel-Füllung:
• 4 säuerliche Äpfel • Saft von 1 Zitrone • 200 g gemahlene Mandeln • 2 Eier • 1 EL Vanillezucker • 3-4 EL Zucker • 1 Prise Zimtpulver • 1 Prise Nelkenpulver

• Zubereitung wie Mohnstriezel
• Die Äpfel schälen, entkernen, grob raspeln, mit dem Zitronensaft beträufeln und mit den Mandeln vermischen. Die Eier verschlagen und unterheben. Mit Vanillezucker, Zucker nach Geschmack, Zimtpulver und Nelkenpulver aromatisieren. Das Ganze gleichmäßig auf den ausgerollten Hefeteig streichen und wie beschrieben den Hefeteig zusammenrollen und ausbacken.

Buttermilchzopf

• 250 ml Buttermilch • 1 EL Zucker • 1 Würfel Frischhefe • 100 g Zucker • 1 EL Vanillezucker • 100 g flüssige Butter • 2 EL geriebene Zitronenschale • einige Tropfen Rumaroma • 500 g feines Mehl • Mehl zum Ausrollen • Fett zum Ausfetten • 1 Eigelb zum Bestreichen • Puderzuckerglasur

• Die Buttermilch handwarm erhitzen, den Zucker und die zerbröckelte Hefe einrühren und an einem warmen Ort 10-15 Minuten gehen lassen. Den Zucker mit dem Vanillezucker, der Butter, der Zitronenschale, dem Rumaroma, dem gesiebten Mehl und der Hefemilch in eine Schüssel geben, zu einem glatten Teig verarbeiten und mit dem Kochlöffel so lange schlagen, bis der Teig Blasen wirft. Mit einem sauberen Küchentuch abdecken und an einem warmen Ort mindestens 30 Minuten gehen lassen.
• Den Teig nochmals kräftig durcharbeiten, zugedeckt weitere 30 Minuten an einem warmen Ort gehen lassen in 3 gleich große Stücke teilen, diese zu Strängen formen und einen Zopf daraus flechten.
• Den Zopf auf ein ausgefettetes Blech legen und 15 Minuten gehen lassen. Mit dem glatt gerührten Eigelb bestreichen und im auf 180-200° C vorgeheizten Ofen 40-50 Minuten ausbacken.
• Vollständig auskühlen lassen und mit der Puderzuckerglasur bestreichen.

Süsses Hefebrot

• 1/4 l Milch • 1 Würfel Hefe • 1-2 EL Zucker • 600 g Mehl • 100 g Zucker • 125 g Butter • 2 Eier • 50 g Zitronat • 50 g Orangeat • 1 Päckchen Vanillezucker • 1 Prise Salz • 1 TL gemahlenen Anis • 2 Eigelb • 100 g Mandelblättchen • 75 g Hagelzucker • Butter zum Ausbacken

• Aus der Milch, der Hefe, dem Zucker, dem Mehl, der Butter, den Eiern, dem Zitronat, dem Orangeat, dem Vanillezucker, dem Salz und dem Anis einen Hefeteig bereiten. In eine Schüssel geben, mit einem sauberen Küchentuch abdecken und auf die doppelte Größe aufgehen lassen.
• Den Teig aus der Schüssel nehmen und auf einer bemehlten Arbeitsfläche kräftig durchkneten. Einen Laib formen, auf ein ausgefettetes Backblech geben und im auf 180-200° C vorgeheizten Backofen 50-60 Minuten backen.
• 20 Minuten vor Garende das Eigelb mit Wasser glatt rühren, das Hefebrot damit bestreichen, mit den Mandelblättchen und dem Hagelzucker garnieren und fertig backen.
• Das süße Hefebrot auskühlen lassen und in Scheiben schneiden. Jede Scheibe in Butter goldgelb backen, herausnehmen und servieren.

Butterkuchen

• 1 Würfel Hefe • 1/4 l handwarme Milch • 1 EL Zucker • 1 Prise Salz • 125 g Butter oder Margarine • 125 g Zucker • 2 Eigelb • 1 Ei • 1 EL geriebene Zitronenschale • 500 g Mehl • 1 Becher süße Sahne • 100 g Butterflöckchen • 100 g groben Zucker • 125 g Mandelblättchen

• Die Hefe in die Milch bröckeln, den Zucker und das Salz dazugeben und das Ganze 10-15 Minuten gehen lassen. Die Butter oder Margarine mit dem Zucker in einer Schüssel schaumig schlagen, die Eigelbe, das Ei und die Zitronenschale nach und nach zugeben.
• Das Mehl in eine Schüssel sieben, die Hefemilch und die Schaummasse dazugeben und mit einem Kochlöffel zu einem glatten Teig verarbeiten.
• Den Teig mit einem sauberen Küchentuch abdecken und 30 Minuten warm stellen. Den Teig nochmals durcharbeiten, auf ein ausgefettetes Backblech geben und mit der süßen Sahne bestreichen.
• Alle 5 cm mit den Fingern eine Mulde eindrücken und mit Butterflöckchen belegen.
• Den Zucker und die Mandelblättchen gleichmäßig darauf streuen.
• Das Ganze in den auf 180-200° C vorgeheizten Backofen schieben und 30-40 Minuten backen, herausnehmen und auskühlen lassen. In Stücke schneiden, ausgarnieren, anrichten und servieren.

Omas Zwetschgenkuchen

• 1 Würfel Hefe • 1/4 1 Milch • 1-2 EL Zucker • 150 g Zucker • 600 g Mehl • 1 Prise Salz • 125 g Butter oder Margarine • 2 Eier • 1 1/2 kg Zwetschgen • 2 EL Vanillezucker • 70 g Zucker • 1-2 EL Zimtpulver • 4 cl Weinbrand • 1-1 1/2 Becher Crème fraîche • 2 Eier • 100 g Mandelstifte

• Die Hefe in die lauwarme Milch bröckeln, den Zucker einrühren und 10-12 Minuten gehen lassen.
• Den Zucker mit dem Mehl und dem Salz in einer Schüssel vermischen, die flüssige Butter und die Eier dazugeben, die Hefemilch einrühren und alles zu einem glatten Teig verarbeiten.
• Den Hefeteig mit dem Kochlöffel so lange schlagen, bis der Teig Blasen wirft. Anschließend mit einem sauberen Küchentuch abdecken und einem warmen Ort 30 Minuten gehen lassen.
• Den Teig erneut kräftig durchschlagen und weitere 30 Minuten gehen lassen.
• In der Zwischenzeit die Zwetschgen halbieren und entsteinen, in eine Schüssel geben, mit dem Vanillezucker, dem Zucker und dem Zimtpulver bestreuen und mit dem Weinbrand aromatisieren.
• Den Teig auf einer bemehlten Arbeitsfläche nochmals kräftig durchkneten, ausrollen und auf ein ausgefettetes Backblech legen.
• Die Zwetschgen gut abtropfen lassen, auf dem Teig verteilen und das Ganze im auf 180-200° C vorgeheizten Backofen 40-45 Minuten backen.
• Die Crème fraîche, die Eier und das Abgetropfte von den Zwetschgen miteinander verschlagen und nach 20 Minuten über die Zwetschgen gießen, mit den Mandelstiften bestreuen und fertig backen. Herausnehmen, auskühlen lassen, anrichten und servieren.

Kuchen aus dem Topf

• 1/4 l Milch • 1 Würfel Hefe • 1-2 EL Zucker • 650 g Mehl • 125 g Zucker • 200 g Butter • 1 Ei • 4 Eigelb • 1 TL Salz • 2 EL geriebene Zitronenschale • 1 Päckchen Vanillezucker • 25 g gehackte Mandeln • 25 g Pinienkerne • 25 g Pistazienkerne • 75 g Zitronat • 75 g Orangeat • 125 g Rumrosinen • Eigelb zum Bestreichen • Butter zum Ausfetten

• Die Milch handwarm erhitzen, die Hefe hineinbröckeln, den Zucker unterrühren und 10-12 Minuten gehen lassen.
• Das Mehl, den Zucker, die flüssige Butter, das Ei, die Eigelbe, das Salz, die Zitronenschale und den Vanillezucker in einer Schüssel verrühren, die Hefemilch dazugeben, zu einem glatten Teig verarbeiten. Die Mandeln, die Pinienkerne, die Pistazienkerne, das Zitronat, das Orangeat und die abgetropften Rosinen zum Teig geben, alles gut unterarbeiten und so lange schlagen, bis der Teig Blasen wirft. Zugedeckt an einem warmen Ort zur doppelten Menge aufgehen lassen.
• Einen Topf mit feuerfesten Henkeln mit Pergamentpapier auslegen und ausfetten, den Hefeteig hineinfüllen und erneut gehen lassen. Das Eigelb mit etwas Wasser glatt rühren, den Teig damit bestreichen, mit einem Messer über Kreuz einschneiden.
• Den Kuchen im auf 180° C vorgeheizten Backofen 70-90 Minuten backen, herausnehmen, auskühlen lassen und servieren.

Johannisbeer-Streuselkuchen

• 1 Würfel Hefe • 1/4 l handwarme Milch • 1 EL Zucker • 1 Prise Salz • 125 g Butter oder Margarine • 125 g Zucker • 2 Eigelb • 1 Ei • 1 EL geriebene Zitronenschale • 500 g Mehl • 1 kg rote Johannisbeeren • 3-4 EL Zucker • 4 cl Rum • 200 g Mehl • 150 g braunen Zucker • 50 g gehackte Pistazien • 50 g gehackte Mandeln • 1-2 EL Zimtpulver • 150 g Butter oder Margarine

• Die Hefe in die Milch bröckeln, den Zucker und das Salz dazugeben und das Ganze 10-15 Minuten gehen lassen. Die Butter oder Margarine mit dem Zucker in einer Schüssel schaumig schlagen, die Eigelbe, das Ei und die Zitronenschale nach und nach zugeben.
• Das Mehl in eine Schüssel sieben, die Hefemilch und die Schaummasse dazugeben und mit einem Kochlöffel zu einem glatten Teig verarbeiten.
• Den Teig mit einem sauberen Küchentuch abdecken und 30 Minuten warm stellen. Den Teig nochmals durcharbeiten und bereitstellen.
• Die Johannisbeeren mit Zucker bestreuen und mit dem Rum aromatisieren.
• Für die Streusel das Mehl mit dem braunen Zucker, den Pistazien und den Mandeln vermischen und auf eine Arbeitsfläche geben. Das Zimtpulver darüber streuen, die Butter oder Margarine in Flöckchen darauf setzen, mit bemehlten Händen schnell zu Streuseln verarbeiten.
• Den Hefeteig auf einer bemehlten Arbeitsfläche ausrollen und auf ein ausgefettetes Backblech geben.
• Die abgetropften Johannisbeeren und die Streusel auf dem Boden verteilen. Das Ganze im auf 180-200° C vorgeheizten Backofen 35 Minuten backen. Herausnehmen, erkalten lassen, anrichten und servieren.

Hefeblechkuchen

• 1/8 l Milch • 2 EL Honig • 1 Würfel Frischhefe • 100 g Butter • 100 g Honig • 1 TL geriebene Zitronenschale • 1 Päckchen Vanillearoma • 500 g Weizenmehl • 1 TL Zimtpulver • Margarine und Semmelbrösel fürs Blech • 200 g Butter • 125 g Honig • 200 g saure Sahne • 200 g Mandelblättchen

• Die Milch mit dem Honig erwärmen, die Frischhefe hineinbröckeln und 10-15 Minuten gehen lassen. Die Butter mit dem Honig, der Zitronenschale und dem Vanillearoma in einen Topf geben und unter ständigem Rühren erwärmen.
• Die Hefemilch mit der Honigmischung zum gesiebten Mehl geben und mit dem Zimtpulver zu einem glatten Teig verarbeiten und mit einem Kochlöffel so lange schlagen, bis der Teig Blasen wirft. Zugedeckt an einem warmen Ort zur doppelten Menge aufgehen lassen. Den Teig nochmals durcharbeiten und zu einem Rechteck ausrollen.
• Ein Backblech ausfetten, mit den Semmelbröseln bestreuen und den Teig darauf legen. Die Butter in feine Würfel schneiden, auf den Teig verteilen und hineindrücken. Den Honig mit der sauren Sahne glatt rühren und den Teig damit bestreichen. Das Ganze mit Mandelblättchen bestreuen und im auf 180-200° C vorgeheizten Backofen 30-40 Minuten backen. Herausnehmen, in Stücke schneiden und servieren.

Ausgezogene Hefeküchlein

Für die Hefeküchlein die Teigkugeln flachdrücken und so formen, dass in der Mitte der Teig sehr dünn und an den Rändern sehr dick ist. Im schwimmenden Fett goldgelb ausbacken, mit Zimtzucker bestreuen und servieren.

Hefeblechkuchen mit Äpfeln und Streuseln

• 1/8 l Milch • 2 EL Honig • 1 Würfel Frischhefe • 100 g Butter • 100 g Honig • 1 TL geriebene Zitronenschale • 1 Päckchen Vanillearoma • 500 g Weizenmehl • 1 TL Zimtpulver • Margarine und Semmelbrösel fürs Blech • 750 g säuerliche Äpfel • Saft von 1 Zitrone • Zucker nach Geschmack • 100 g Rumrosinen • 200 g Butter • 125 g Honig • 200 g saure Sahne • 200 g Mandelblättchen • 1/2 Grundrezept „Streusel" • Puderzucker zum Bestäuben

Zubereitung wie Hefeblechkuchen
• Die Äpfel schälen, entkernen, grob raspeln und sofort mit Zitronensaft beträufeln. Die Äpfel auf dem Hefeteig verteilen, mit etwas Zucker bestreuen, die Rosinen darauf verteilen und wie im Rezept „Hefeblechkuchen" beschrieben weiter arbeiten. Zum Schluss die Streusel darübergeben und im auf 180-200° C vorgeheizten Backofen 35-45 Minuten backen. Herausnehmen, vollständig erkalten lassen, mit Puderzucker bestäuben, in Stücke schneiden und servieren.

Faschingskrapfen

• 1/4 l Milch • 1 1/2 Würfel Hefe • 1-2 EL Zucker • 900 g Mehl • 100 g Butter oder Margarine • 100 g Zucker • 2 Päckchen Vanillezucker • 1 EL geriebene Zitronenschale • 3 Eier • 3 Eigelb • 1 Tasse saure Sahne • 1 Prise Salz • Fritierfett • rote Marmelade zum Füllen • Puderzucker zum Bestäuben

• Die Milch erwärmen, die Hefe hineinbröckeln, den Zucker einrühren und das Ganze 1012 Minuten gehen lassen.
• Das Mehl in eine Schüssel sieben, die flüssige Butter oder Margarine, den Zucker, den Vanillezucker, die Zitronenschale, die Eier, die Eigelbe, die lauwarme saure Sahne und das Salz, sowie die Hefemilch zum Mehl geben, alles zu einem glatten Teig verarbeiten und mit einem Kochlöffel so lange schlagen bis er Blasen wirft. Zugedeckt an einem warmen Ort zur doppelten Größe aufgehen lassen.
• Den Teig auf einer bemehlten Arbeitsfläche nochmals durcharbeiten und Kugeln abdrehen.
• Die Kugeln nochmals kurz gehen lassen und im schwimmenden Fett goldgelb ausbacken. Die Marmelade verflüssigen, in eine Spritze mit langer Spitze geben, die Krapfen füllen. Mit Puderzucker bestäuben und servieren.

Böhmische Krapfen

• Für die Böhmischen Krapfen den Faschingskrapfenteig nach Anweisung zubereiten und mit 100 g Zitronat, 100 g Orangeat und 100 g Rumrosinen anreichern. Längliche Nudeln formen, kurz gehen lassen. Im schwimmenden Fett goldgelb ausbacken, mit Puderzucker bestreuen.

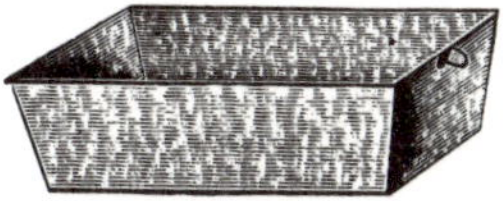

Hefeblechkuchen mit Streuseln

• 1/8 l Milch • 2 EL Honig • 1 Würfel Frischhefe • 100 g Butter • 100 g Honig • 1 TL geriebene Zitronenschale • 1 Päckchen Vanillearoma • 500 g Weizenmehl • 1 TL Zimtpulver • Margarine und Semmelbrösel fürs Blech • 200 g Butter • 125 g Honig • 200 g saure Sahne • 200 g Mandelblättchen • 1/2 Grundrezept „Streusel"

• Zubereitung wie Hefeblechkuchen

Grundrezept „Rührteig“

• 250 g Butter • 250 g Zucker • 4 große Eier • 1 EL geriebene Zitronenschale • 1 Prise Salz • 1 EL Vanillezucker • einige Tropfen Rumaroma • 200 g Weizenmehl • 50 g Speisestärke • Margarine und Semmelbrösel für die Form

• Die Butter mit dem Zucker schaumig rühren, die Eier nach und nach dazugeben.
• Die Zitronenschale, das Salz und den Vanillezucker einrühren, mit Rumaroma aromatisieren.
• Das Mehl mit der Speisestärke vermischen, sieben und zum Teig geben.
• Eine Kastenform mit Margarine ausfetten und mit Semmelbröseln ausstreuen, den Teig einfüllen, glatt streichen und im auf 180-200° C vorgeheizten Backofen 50-60 Minuten backen.

Mandelkuchen mit Schoko

• 1 Grundrezept „Rührteig“ • 100 g gemahlene Mandeln • 1 Päckchen Schokoladenglasur • 125 g gehackte Mandeln

• Nach Grundrezept „Rührteig“ einen Teig herstellen und zum Schluss die gemahlenen Mandeln unterziehen.
• Den Teig in eine ausgefettete und mit Semmelbröseln ausgestreute Kastenform einfüllen. Im auf 180-200° C vorgeheizten Backofen 50-60 Minuten backen.
• Den Mandelkuchen herausnehmen, stürzen, erkalten lassen. Mit der flüssigen Schokoladenglasur bestreichen. Mit gehackten Mandeln bestreuen, trocknen lassen und servieren.

Nusskuchen

• 1 Grundrezept „Rührteig“ • 100 g gemahlene Haselnüsse • 100-150 g Puderzucker • Saft von 1 Zitrone • 125 g gehackte Haselnüsse

• Zubereitung wie Mandelkuchen
• Den Puderzucker mit dem Zitronensaft nicht zu dick anrühren und den erkalteten Kuchen damit überziehen. Nach Geschmack mit gehackten Haselnüssen bestreuen.

Kirschkuchen

• 1 Grundrezept „Rührteig" • 100 g Schokostreusel • Glas Sauerkirschen • Puderzucker

• Nach Grundrezept einen Rührteig herstellen und die Schokostreusel einrühren.
• Die Sauerkirschen sehr gut abtropfen lassen und vorsichtig unter den Teig heben.
• Den Teig in eine ausgefettete und mit Semmelbröseln ausgestreute Napfkuchenform füllen und im auf 180-200° C vorgeheizten Backofen 50-60 Minuten ausbacken.
• Den Kuchen herausnehmen, stürzen, auskühlen lassen und mit Puderzucker bestäubt servieren.

Rosinenkuchen

1 Grundrezept „Rührteig" • etwas Mehl • 100 g Rosinen • 50 g gehackte Mandeln • Puderzucker

• Nach Grundrezept einen Rührteig herstellen, zum Schluss die in Mehl gewendeten Rosinen und die Mandeln unterziehen.
• Eine Kastenkuchenform ausfetten, mit Paniermehl ausstreuen, den Teig einfüllen und im auf 180-200° C vorgeheizten Backofen in 40-50 Minuten abbacken.
• Den Kuchen aus der Form stürzen, erkalten lassen, mit Puderzucker bestäuben oder mit Puderzuckerglasur überziehen, vollständig abtrocknen lassen und servieren.

Ananaskuchen

• 1 Grundrezept Rührteig • etwas Mehl • 2-3 Scheiben Ananas • 50 g Kokosraspeln • 100-150 g Puderzucker • einige EL Ananassaft • 1 EL Arrak

• Nach Grundrezept einen Rührteig herstellen.
• Die Ananas in ganz feine Stückchen schneiden, gut abtropfen lassen und mit den Kokosraspeln unter den Teig ziehen.
• Eine Kastenkuchenform ausfetten, mit Paniermehl ausstreuen, den Teig einfüllen und im auf 180-200° C vorgeheizten Backofen in 40-50 Minuten abbacken. Herausnehmen, aus der Form stürzen und erkalten lassen.
• Den Puderzucker mit dem Ananassaft und dem Arrak anrühren und über den Ananaskuchen gießen. Glatt streichen, vollständig abtrocknen lassen, in Scheiben schneiden und servieren.

Schnelle Walnusstorte

• 1 Rezept „Rührteig" • 250 g Magerquark • 1 Schuss Sahne • 2 EL Vanillezucker • 4-5 EL braunen Zucker • 100 g geriebene Walnüsse • einige Tropfen Arrak • 1 Becher Sahne • 1 Päckchen Sahnesteif • Zucker nach Geschmack • Walnusshälften und Krokant zum Verzieren

• Den Rührteig nach Rezept zubereiten und in einer Springform abbacken.
• Den fertigen Tortenboden vollständig erkalten lassen, mit einem scharfen Messer quer halbieren und auseinander klappen.
• Den Quark mit der Sahne glatt rühren, mit Vanillezucker und braunem Zucker süßen, die geriebenen Walnüsse und den Arrak unterziehen.
• Die Sahne mit dem Sahnesteif steif schlagen, ebenfalls unter den Quark ziehen und das Ganze mit Zucker nach Geschmack süßen.
• Einen Boden mit der Creme bestreichen, den anderen darauf setzen, ebenfalls mit Creme überziehen und glatt streichen. Die restliche Creme in einen Spritzbeutel füllen, die Torte damit verzieren, mit Walnusshälften ausgarnieren, mit Krokant bestreuen und servieren.

Saftiger Stachelbeerkuchen

• 750 g Stachelbeeren • 250 g weiche Butter • 250 g Zucker • 1 geh. EL Vanillezucker • 6 Eier • 100 ml süße Sahne • 300 g Mehl • 1 Päckchen Backpulver • Margarine und Semmelbrösel fürs Blech • 4 EL Hagelzucker und 2 EL gehackte Pistazien zum Bestreuen

• Von den Stachelbeeren den Stiel- und Blütenansatz abschneiden, die Beeren kurz kalt waschen und gründlich abtropfen lassen.
• Die Butter mit dem Zucker und dem Vanillezucker sehr schaumig rühren, die Eier nach und nach unterrühren. Die Sahne zugießen und alles glatt verrühren. Das Mehl mit dem Backpulver vermischen und eßlöffelweise unter die Fett-Ei-Masse rühren, so dass eine lockere Teigmasse entsteht.
• Ein Backblech gut fetten und mit Semmelbröseln ausstreuen, den Teig darauf füllen und gleichmäßig verstreichen. Die Stachelbeeren darauf verteilen.
• Den Kuchen im auf 175° C vorgeheizten Backofen 35 Minuten backen. Nach 20 Minuten Backzeit den Hagelzucker und die Pistazien über den Kuchen streuen und weiter backen. Herausnehmen, auskühlen lassen und in Stücke schneiden.

Grundrezept „Rührteig fein“

• 250 g Butter • 250 g Zucker • 4 Eier • 350 g Mehl • 1 Päckchen Backpulver • 100 g Speisestärke • 1 Prise Salz • 1 EL Vanillezucker • abgeriebene Schale von 1 Zitrone • 1/8 l Sahne

• Die Butter in eine Schüssel geben und schaumig schlagen, bis sie Spitzen zieht. Den Zucker und die Eier abwechselnd unter die Buttermasse schlagen, bis sie sehr schaumig ist.
• Das Mehl mit dem Backpulver und der Speisestärke sieben und das Salz, den Vanillezucker und die Zitronenschale untermischen.
• Die Mehlmischung abwechselnd mit der Sahne rasch unter den Teig rühren und zur weiteren Verwendung bereitstellen.

Orangentorte sehr fein

• 1/2 Rezept „Rührteig fein“ • 1/2 Glas Orangengelee • 4 cl Orangenlikör • 750 g Sahnequark • 125 g Zucker • 2-3 EL Vanillezucker • je 1 EL geriebene Zitronen- und Orangenschale • 4 cl Orangenlikör • 12 Blatt weiße Gelatine • 1 Becher Sahne • 4 Orangen • 1 Päckchen hellen Tortenguss

• Den Rührteig nach Grundrezept zubereiten, in eine ausgefettete Springform füllen und im auf 180-200° C vorgeheizten Backofen 20-30 Minuten backen. Das Orangengelee mit dem Orangenlikör glatt rühren, erwärmen und nach Ende der Backzeit auf den Kuchen streichen.
• Für die Quarkcreme den Sahnequark mit dem Zucker, dem Vanillezucker, der Zitronen- und Orangenschale sowie dem Orangenlikör in einer Schüssel glatt rühren. Die eingeweichte und gut ausgedrückte Blattgelatine in etwas heißem Wasser auflösen und unter den Quark schlagen. Die Sahne steif schlagen und vorsichtig unter den Quark heben.
• Die Creme auf dem erkalteten Tortenboden gleichmäßig verteilen, glatt streichen und im Kühlschrank vollständig erkalten lassen.
• Die Orangen schälen, in Scheiben schneiden und auf die Quarkcreme legen. Das Ganze mit dem Tortenguss überziehen, ausgarnieren und servieren.

Kiwitorte

• 1/2 Rezept „Rührteig fein“ • 1/2 Glas Kiwi-Stachelbeermarmelade • 4 cl Kiwilikör • 750 g Sahnequark • 125 g Zucker • 2-3 EL Vanillezucker • je 1 EL geriebene Zitronen- und Orangenschale • 4 cl Kiwilikör • 12 Blatt weiße Gelatine • 1 Becher Sahne • 5-6 Kiwis • 1 Päckchen hellen Tortenguss

Zubereitung wie Orangentorte

Schokoladenkuchen mit Rotwein

• 200 g Margarine • 125 g Zucker • 4 Eier • 200 g Mehl • 100 g Schokostreusel • 1/2 TL Zimt • 1 TL Kakao • 1 Päckchen Backpulver • 1/8 l Rotwein • Margarine und Semmelbrösel für die Form • 2 Tassen Puderzucker • Rotwein • Schokoladenstreusel zum Garnieren

• Die Margarine mit dem Zucker schaumig schlagen, die Eier einzeln dazugeben, das Mehl mit dem Backpulver, dem Zimt und dem Kakao vermischen und unterheben, die Schokostreusel und den Rotwein dazugeben und alles zu einem Teig verrühren.
• Eine Kastenkuchenform mit Margarine ausfetten und mit Semmelbröseln ausstreuen, den Teig einfüllen und im auf 180-200° C vorgeheizten Backofen eine Stunde backen. Herausnehmen und erkalten lassen.
• Den Puderzucker mit so viel Rotwein glatt rühren, dass eine nicht zu zähe Masse entsteht, und den Kuchen damit überziehen. Nach Geschmack mit Schokostreuseln ausgarnieren und vollständig abtrocknen lassen.

Feiner Mandelkuchen

• 200 g Hartweizengrieß • 250 g Zucker • 125 g gemahlene Mandeln • 125 g gehackte Mandeln • 1 EL Vanillezucker • 1 Päckchen Backpulver • 1 Msp. Nelkenpulver • 1 TL Kakao • 1 Prise Salz • 1/4 l Sahne • 1 Ei • einige Tropfen Bittermandelaroma • 1/2 Glas Aprikosenmarmelade • 1 Becher Halbbitterkuvertüre • Mandelblättchen zum Bestreuen

• Den Hartweizengrieß, den Zucker, die Mandeln, den Vanillezucker, das Backpulver, das Nelkenpulver, den Kakao und das Salz gut miteinander in einer Schüssel vermischen. Die Sahne, das Ei und das Bittermandelaroma verquirlen, zur trockenen Mischung geben und von der Mitte aus einrühren.
• Eine Springform mit Backtrennpapier auslegen, den Teig einfüllen und im auf 180-200° C vorgeheizten Backofen 40 Minuten backen. Herausnehmen, das Backtrennpapier vorsichtig abziehen und den Mandelkuchen vollständig erkalten lassen. Quer durchschneiden und mit Aprikosenmarmelade füllen.
• Die Kuvertüre im Wasserbad schmelzen lassen, den Kuchen damit überziehen, mit Mandelblättchen bestreuen und vollständig abtrocknen lassen.

Feiner Kokoskuchen

• 200 g Hartweizengrieß • 250 g Zucker • 250 g feine Kokosraspeln • 1 EL Vanillezucker • 1 Päckchen Backpulver • 1 Prise Salz • 1/4 l Milch • 1 Ei • einige Tropfen Bittermandelaroma • 1/2 Glas Ananasmarmelade • Puderzucker zum Bestäuben

• Zubereitung wie Feiner Mandelkuchen.

Kerstins Kuchen

• 250 g Margarine • 5-6 Eier • 400 g Zucker • 1 Prise Salz • 360-400 g Mehl • Margarine und Semmelbrösel fürs Blech • 100 g Mandelblättchen

• Die Margarine schmelzen lassen. Die Eier in einer Schüssel verquirlen und mit dem Zucker und dem Salz leicht schaumig rühren. Die geschmolzene Margarine und das Mehl einrühren.
• Ein Backblech ausfetten und mit Semmelbröseln bestreuen. Den Teig einfüllen, mit den Mandelblättchen bestreuen und im auf 180-200° C vorgeheizten Backofen 50-55 Minuten backen.
• Den Kuchen auf dem Blech auskühlen lassen, in Rauten schneiden und servieren.

Schneller Rührkuchen

• 150 g Butter • 2 Eier • 80 g Zucker • 1 Prise Salz • 80-90 g Mehl • 1 TL Backpulver • 2-3 TL Vanillezucker • 4 EL Kirschsaft • 1/2 Glas Kirschmarmelade • Zucker zum Bestreuen

• Die Butter schmelzen. Die Eier mit dem Zucker und dem Salz schaumig rühren, die Butter einrühren, das mit Backpulver vermischte Mehl und den Vanillezucker unterrühren, zum Schluss den Kirschsaft dazugeben und unterheben.
• Eine Springform (Durchmesser 26-28 cm) mit Backtrennpapier auslegen und den Teig einfüllen. Glatt streichen und im auf 200° C vorgeheizten Backofen 10-12 Minuten backen. Herausnehmen und die Oberseite sofort mit Zucker bestreuen.
• Den Boden vollständig erkalten lassen, dann einmal waagerecht durchschneiden und mit der Marmelade füllen. In Stücke schneiden und servieren.

Osterlämmchen

• 75 g zimmerwarme Butter • 100 g Marzipanrohmasse • 50 g Zucker • 1 EL Vanillezucker • 1 Prise Salz • 2 Eier • 1-2 Tropfen Bittermandelöl • einige Tropfen Zitronensaft • 120 g Weizenmehl • 30 g Speisestärke • 1/2 Päckchen Backpulver • 80 g geriebene Mandeln • Margarine und Grieß für die Form • Puderzucker zum Bestäuben

• Die Butter mit der Marzipanrohmasse schaumig rühren, abwechselnd den Zucker, den Vanillezucker, das Salz, die Eier und das Bittermandelaroma einrühren und mit Zitronensaft aromatisieren.
• Das Mehl mit der Speisestärke und dem Backpulver vermischen und mit den Mandeln unter den Teig heben.
• Eine Osterlammform sehr sorgfältig einfetten und mit Grieß ausstreuen. Den Teig einfüllen und das Ganze im auf 200° C vorgeheizten Backofen 40-50 Minuten backen. Herausnehmen, kurz ausdampfen lassen, aus der Form nehmen und auf einem Kuchengitter vollständig erkalten lassen. Dick mit Puderzucker bestäuben und nach Geschmack eine kleine Schleife mit einem Glöckchen um den Hals hängen.

Grundrezept „Rührteig mittelfest“

• 85 g Butter oder Margarine • 85 g Zucker • 2 Eier • 1 EL geriebene Zitronenschale • 1 Päckchen Vanillezucker • 1/2 Tasse Milch • 200 g Mehl • 11/2 TL Backpulver • Margarine und Mehl für die Form

• Die Butter oder Margarine mit dem Zucker in eine Schüssel geben und schaumig schlagen. Die Eier nach und nach darunter schlagen. Die Zitronenschale und den Vanillezucker unterrühren.
• Die Milch und das gesiebte, mit Backpulver vermischte Mehl abwechselnd rasch unterrühren.

Stachelbeer-Streuselkuchen

• 1 Rezept „Rührteig mittelfesten“ • 25 g zerlassene Butter • 1 kg Stachelbeeren • 1 Tasse Zucker • 1 Tasse geriebene Kuchenbrösel • 1 Päckchen Vanillezucker • 100 g Mehl • 75 g Butter • 75 g Zucker • 1 Päckchen Vanillezucker • 1 Prise Salz

• Den Rührteig nach Grundrezept zubereiten. Auf ein ausgefettetes und mit Mehl bestäubtes Backblech geben. Mit der zerlassenen Butter bestreichen.
• Die Stachelbeeren putzen und in eine Schüssel geben. Den Zucker, die Kuchenbrösel und den Vanillezucker untermischen und die Stachelbeeren auf dem Teig verteilen.
• Für die Streusel das Mehl auf eine Arbeitsfläche sieben, die Butter in Flöckchen darauf setzen, den Zucker, den Vanillezucker und das Salz darüber streuen.
• Mit bemehlten Händen schnell Streusel herstellen und diese gleichmäßig auf den Stachelbeeren verteilen.
• Den Kuchen im auf 180-200° C vorgeheizten Backofen 40-50 Minuten backen.

Heidelbeerkuchen mit Eihaube

• 1 Rezept „Rührteig mittelfesten“ • 25 g zerlassene Butter • 1 kg frische Heidelbeeren • 4 Eigelb • 75 g Zucker • 1/4 l Sahne • 4 EL Heidelbeerlikör • 1-2 EL Speisestärke • 1 Päckchen Vanillezucker • 2 EL geriebene Zitronenschale • 1 Prise Salz • 4 Eiweiß • 1/2 Tasse Honig.

• Den mittelfesten Rührteig nach Grundrezept zubereiten, auf ein ausgefettetes und mit Mehl bestäubtes Backblech geben und mit der zerlassenen Butter gleichmäßig bestreichen.
• Die Heidelbeeren verlesen, waschen, abtropfen lassen und auf den Teig geben.
• Das Eigelb mit Zucker, Sahne, Heidelbeerlikör, Speisestärke, Vanillezucker, Zitronenschale und Salz in einen Topf geben und einmal aufwallen lassen.
• Das Eiweiß sehr steif schlagen und unter den Sahne-Eischaum ziehen.
• Die Haube gleichmäßig auf den Heidelbeeren verteilen und im auf 180-200° C vorgeheizten Backofen 40-50 Minuten backen.
• 2-3 Minuten vor Garende den leicht erwärmten Honig tropfenweise auf den Kuchen träufeln und nochmals kurz überbacken.

Mirabellenkuchen mit Mandeln

• 1 Rezept „Rührteig mittelfesten" • 25 g zerlassene Butter • 1 kg frische Mirabellen • 50 g Hagelzucker • 40 g gehackte Mandeln • 40 g gehackte Haselnüsse • 40 g gehackte Pistazienkerne • 2 Eigelb • 5 EL Creme fraîche

• Den mittelfesten Rührteig nach Grundrezept zubereiten, auf ein ausgefettetes und mit Mehl bestäubtes Backblech geben und mit der zerlassenen Butter gleichmäßig bestreichen.
• Die Mirabellen halbieren, entkernen, in Fächer oder Scheiben schneiden und gleichmäßig auf den Teig legen.
• Den Hagelzucker mit Mandeln, Haselnüssen und Pistazienkernen vermischen und gleichmäßig über die Früchte streuen.
• Das Eigelb mit der Crème fraîche glatt rühren und den Kuchen damit bestreichen. Den Blechkuchen im auf 180-200° C vorgeheizten Backofen 40-45 Minuten backen.

Punschkuchen

• 200 g Butter • 125 g Marzipan-Rohmasse • 5 Eier • 100 g Puderzucker • 1 Päckchen Vanillezucker • 1 Prise Salz • 3 EL Rum • 400 g Weizenmehl • 100 g Speisestärke • 1 TL Backpulver • 100 g gemahlene Mandeln • 6 EL Milch • Margarine und Semmelbrösel für die Form • Saft von 2 Orangen • Saft von 1 Zitrone • 4-5 EL Zucker • 4-5 EL Rum • 1 Beutel Glühweingewürz • 1/2 Glas Orangenmarmelade • 1 Rezept „Eiweißglasur" • Belegkirschen zum Verzieren

• Die Butter sehr schaumig rühren, die Marzipan-Rohmasse zerbröckeln, dazugeben und so lange rühren, bis sie sich vollständig mit der Butter vermischt hat. Dann abwechselnd die Eier, den Puderzucker, das Salz und den Vanillezucker einrühren, den Rum untermischen und das mit Speisestärke und Backpulver vermischte Mehl darüber sieben und mit den gemahlenen Mandeln vorsichtig unterheben. Die Milch gleichzeitig dazugeben.
• Eine Kastenform ausfetten und mit Semmelbröseln ausstreuen, den Teig einfüllen und im auf 180° C vorgeheizten Backofen 60-70 Minuten backen. Herausnehmen, aus der Form nehmen und auf einem Kuchengitter vollständig erkalten lassen.
• Den Orangen- und Zitronensaft mit dem Zucker, dem Rum und dem Glühweingewürz unter Rühren einkochen lassen und durch ein Sieb gießen.
• Die Orangenmarmelade mit ein paar Tropfen der heißen Flüssigkeit glatt rühren, den Rest erkalten lassen.
• Den Kuchen zweimal waagerecht durchschneiden. Die untere Platte mit etwas Punsch tränken, mit Marmelade bestreichen und die mittlere Platte auflegen. Ebenfalls tränken und mit der restlichen Marmelade bestreichen. Die obere Platte auflegen und mit dem restlichen Punsch beträufeln.
• Die Eiweißglasur nach Grundrezept zubereiten und den Kuchen damit überziehen. Die Belegkirschen halbieren und den Kuchen damit verzieren. Vollständig abtrocknen lassen, in Scheiben schneiden und servieren.

Versunkener Apfelkuchen

• 200 g Butter • 200 g Zucker • 1 Prise Salz • abgeriebene Schale von 1 Zitrone • 4 Eier • 200 g Mehl • 1 TL Backpulver • Margarine und Semmelbrösel für die Form • 4 Äpfel • Saft von 1 Zitrone • 2-3 EL Zimtzucker • Puderzucker zum Bestäuben

• Die Butter mit dem Zucker, dem Salz, der Zitronenschale und den Eiern schaumig schlagen, das Mehl mit dem Backpulver vermischen und löffelweise einrühren.
• Eine Springform ausfetten und mit Semmelbröseln ausstreuen und den Teig einfüllen.
• Die Äpfel schälen, halbieren, das Kerngehäuse entfernen und die Apfelhälften an der Rundung einschneiden. Die Apfelhälften mit der Rundung nach oben auf den Teig legen, mit Zitronensaft beträufeln und mit dem Zimtzucker bestreuen.
• Im auf 180-200° C vorgeheizten Backofen 60 Minuten backen, herausnehmen, vollständig auskühlen lassen und mit Puderzucker bestreut servieren.

Birnen-Dickmilchkuchen

• 6 Birnen • Saft von 1 Zitrone • 250 g Butter oder Margarine • 150 g Puderzucker • 4 Eier • 400 g Weizenmehl • 1 TL Zimtpulver • 300 g Sahnedickmilch • Margarine fürs Blech • 100 g Weizenmehl • 100 g Zucker • 100 g Butter • 1 Prise Zimt • 100 g gehackte Pistazien

• Die Birnen schälen, entkernen, raspeln, in eine Schüssel geben und mit Zitronensaft beträufeln.
• Die Butter oder Margarine mit dem Puderzucker in eine Schüssel geben und schaumig schlagen. Die Eier nach und nach kräftig darunter schlagen, abwechselnd das gesiebte Weizenmehl und die mit Zimtpulver vermischte Dickmilch hinzufügen und untermischen.
• Die Hälfte des Teiges auf ein gefettetes Backblech streichen und anschließend die Birnen gleichmäßig darüber verteilen. Den restlichen Teig auf die Birnen geben und glatt streichen.
• Für die Streusel das Weizenmehl mit dem Zucker auf eine Arbeitsfläche geben, die Butter oder Margarine in Flöckchen darauf setzen und das Ganze mit Zimtpulver bestäuben.
• Mit den Händen abbröseln, die Streusel gleichmäßig auf dem Kuchen verteilen und mit den Pistazien bestreuen.
• Den Kuchen im auf 180-200° C vorgeheizten Backofen in 50-60 Minuten abbacken, herausnehmen, erkalten lassen, anrichten, ausgarnieren und servieren.

Schokoladencremekuchen

• 250 g Butter • 5 Eier • 200 g Zucker • 1 EL Vanillezucker • 1 Prise Salz • 500 g Mehl • 1 Päckchen Backpulver • 4 EL Orangenlikör • 8 Blatt weiße Gelatine • 4 Eier • 100 g Zucker • 250 g Zartbitterschokolade • 150 ml Milch • 2 Becher Schlagsahne • Schokostreusel

• Die Butter mit den Eiern, dem Zucker, dem Vanillezucker, dem Salz, dem Mehl und dem Backpulver verrühren. In eine gefettete Springform (26 cm Durchmesser) füllen. In den kalten Backofen schieben, auf 200° C schalten und etwa 35 Minuten backen. Etwas abkühlen lassen, dann mit einem Holzlöffelstiel etwa 20 Löcher in den Kuchen stechen. Die Oberfläche mit Orangenlikör beträufeln.
• Die Gelatine einweichen. Die Schokolade mit der Milch unter Rühren erhitzen, bis die Schokolade geschmolzen ist. Die ausgedrückte Gelatine darin auflösen und das Ganze abkühlen lassen. Die Eier trennen, die Eigelbe mit dem Zucker schaumig schlagen, die Schokoladenmilch unterrühren und 10 Minuten in den Kühlschrank stellen.
• Das Eiweiß und die Sahne getrennt steif schlagen und beides unter die Schokoladencreme ziehen. Die Creme in die Löcher im Kuchen füllen. Die restliche Creme halb fest werden lassen und auf dem Kuchen verteilen. Die Schokostreusel darüber streuen und kalt stellen.

Versteckte Zwetschgen

• 200 g Butter • 200 g Zucker • 1 Prise Salz • abgeriebene Schale von 1 Zitrone • 4 Eier • 200 g Mehl • 1 TL Backpulver • Margarine und Semmelbrösel für die Form • 500 g frische Zwetschgen • Saft von 1/2 Zitrone • 2 EL Zimt-Zucker-Mischung • Puderzucker zum Bestäuben

• Die Butter mit dem Zucker, dem Salz, der Zitronenschale und den Eiern schaumig schlagen, das Mehl mit dem Backpulver vermischen und löffelweise einrühren.
• Eine Springform ausfetten, mit den Semmelbröseln ausstreuen und den Teig einfüllen.
• Die Zwetschgen halbieren, den Kern herauslösen und die Zwetschgenhälften längs bis zur Mitte einschneiden. Fächerartig auf dem Teig verteilen, mit Zitronensaft beträufeln und mit der Zimt-Zucker-Mischung bestreuen.
• Im auf 180-200° C vorgeheizten Backofen 60 Minuten backen, herausnehmen, vollständig auskühlen lassen und mit Puderzucker bestreut servieren.

Versteckte Johannisbeeren

• 200 g Butter • 200 g Zucker • 1 Prise Salz • abgeriebene Schale von 1 Zitrone • 4 Eier • 200 g Mehl • 1 TL Backpulver • Margarine und Semmelbrösel für die Form • 500 g rote Johannisbeeren • Saft von 1/2 Zitrone • 2 EL Zimt-Zucker-Mischung • Puderzucker zum Bestäuben

Zubereitung wie Versteckte Zwetschgen

Birnenkuchen mit Guss

• 200 g Butter • 200 g Zucker • 1 Prise Salz • abgeriebene Schale von 1 Zitrone • 4 Eier • 200 g Mehl • 1 TL Backpulver • Margarine und Semmelbrösel für die Form • 3-4 Birnen • Saft von 1/2 Zitrone • 1 Handvoll Rosinen • Puderzuckerglasur • Zitronenmelisseblättchen und geschlagene, gesüßte Sahne zum Garnieren

• Die Butter mit dem Zucker, dem Salz, der Zitronenschale und den Eiern schaumig schlagen, das Mehl mit dem Backpulver vermischen und löffelweise einrühren.
• Eine Springform ausfetten und mit Semmelbröseln ausstreuen und den Teig einfüllen.
• Die Birnen schälen, vierteln, das Kerngehäuse entfernen, die Birnen in Schnitze schneiden, fächerförmig auf den Teig legen, mit Zitronensaft beträufeln und die Rosinen darüber streuen.
• Im auf 180-200° C vorgeheizten Backofen 60 Minuten backen, herausnehmen, vollständig auskühlen lassen und mit Puderzuckerglasur überziehen. Vollständig abtrocknen lassen, in Stücke schneiden, mit Zitronenmelisseblättchen und der geschlagenen Sahne ausgarnieren und sofort servieren.

Königskuchen mit Schokoglasur

• 250 g Butter • 250 g Zucker • 4 Eier • 500 g Mehl • 1 Päckchen Backpulver • 1/8 l Milch • einige Tropfen Rumaroma • Saft von 1/2 Zitrone • 200 g Rosinen • 1-2 EL Mehl • Margarine und Semmelbrösel für die Form • 100 g Schokoladenglasur

• Die Butter mit dem Zucker und den Eiern schaumig schlagen, das Mehl mit dem Backpulver vermischen und in den Teig sieben.
• Die Milch, das Rumaroma und den Zitronensaft einrühren, die Rosinen in Mehl wenden und unterziehen.
• Eine Gugelhupfform (Durchmesser 22 cm) ausfetten und mit Semmelbröseln ausstreuen, den Teig einfüllen, glatt streichen und im auf 175-190° C vorgeheizten Backofen 60-70 Minuten backen.
• Den Kuchen aus dem Ofen nehmen, aus der Form stürzen, auskühlen lassen und mit der Schokoladenglasur überziehen.

GROSSMUTTERS APFELKUCHEN

• 2 kg Äpfel • 250 g Butter • 250 g Zucker • 1 EL Vanillezucker • 5 Eier • 350 g Mehl • 1 Päckchen Backpulver • Margarine zum Fetten • Mehl oder Grieß zum Bestreuen • Puderzucker zum Bestäuben

• Die Äpfel schälen, entkernen und in feine Schnitze schneiden. Die Butter mit dem Zucker und dem Vanillezucker schaumig rühren, die Eier einzeln einrühren.
• Das Mehl mit dem Backpulver mischen, sieben und unter den Teig heben. Die Apfelschnitze unter den Teig ziehen.
• Ein Backblech mit Margarine ausfetten und mit Mehl oder Grieß ausstreuen. Den Teig einfüllen, glatt streichen und im auf 200° C vorgeheizten Backofen 30-35 Minuten backen.
• Herausnehmen, auskühlen lassen, mit Puderzucker bestäuben und servieren.

ZUCCHINITORTE

• 175 g Butter • 250 g Zucker • 1 Prise Salz • 4 Eigelb • je 75 g gemahlene Mandeln und Haselnüsse • 1-2 EL geriebene Zitronenschale • 1 EL Vanillezucker • 1 TL Zimtpulver • 1 TL Lebkuchengewürz • 1 Tasse Multivitaminsaft • einige Tropfen Rumaroma • 500 g Zucchini • 250 g Weizenmehl • 50 g Speisestärke • 1 Päckchen Backpulver • 4 Eiweiß • Butter zum Ausfetten • 1 Tasse Zwiebackbrösel • Puderzuckerglasur • 4 cl Orangenlikör • Zuckerschrift zum Verzieren

• Die Butter in eine Schüssel geben. Mit dem Zucker, dem Salz und den Eigelben schaumig schlagen. Die Mandeln, die Haselnüsse, die Zitronenschale, den Vanillezucker, das Zimtpulver und das Lebkuchengewürz miteinander vermischen. Den Multivitaminsaft mit Rumaroma aromatisieren.
• Die Zucchini schälen, sehr fein reiben, in einem sauberen Küchentuch ausdrücken, mit den Nüssen und dem Multivitaminsaft abwechselnd unter den Schaum rühren.
• Das Weizenmehl mit der Speisestärke und dem Backpulver auf den Teig sieben und ebenfalls untermischen. Die Eiweiße sehr steif schlagen und vorsichtig unter den Teig heben.
• Den Teig in eine gut ausgefettete und mit Semmelbröseln ausgestreute Springform füllen und im auf 180-200° C vorgeheizten Backofen 50-60 Minuten backen.
• Nach Ende der Backzeit die Torte herausnehmen und auskühlen lassen. Die Puderzuckerglasur mit dem Orangenlikör verfeinern und die Torte damit überziehen, vollständig abtrocknen lassen, mit Zuckerschrift verzieren und servieren.

Schokoladenbrot

• 250 g Butter • 250 g Zucker • 6 Eier • 250 g geriebene Blockschokolade • 250 g gemahlene Nüsse • 100 g Mehl • weiße und braune Schokoladenglasur

• Die Butter mit dem Zucker schaumig schlagen, die Eier einzeln darunter schlagen.
• Die Blockschokolade, die Nüsse und das Mehl mischen und unter den Eierschaum ziehen.
• Den Teig ca. 5 mm dick auf ein gefettetes Backblech streichen und bei 170-180° C in 10 Minuten abbacken.
• Die Schokoladenglasur schmelzen, das Schokoladenbrot mit der dunklen Glasur überziehen und mit der hellen Streifen oder Muster aufmalen. Vollständig erkalten lassen und in Würfel schneiden.

Eierlikörkuchen

• 5 Eier • 200 g Puderzucker • 2-3 EL Vanillezucker • 1/4 l Eierlikör • 1/4 l Öl • 250 g Mehl • 1 Päckchen Backpulver • Margarine und Grieß für die Form • Puderzucker zum Bestäuben

• Die Eier mit dem Zucker schaumig schlagen, den Eierlikör und das Öl einrühren, das Mehl mit dem Backpulver mischen, über den Teig sieben und einrühren.
• Eine Napfkuchenform ausfetten und mit Grieß ausstreuen, den Teig einfüllen und im auf 180-200° C vorgeheizten Backofen eine Stunde backen.
• Herausnehmen, aus der Form stürzen, vollständig erkalten lassen, mit Puderzucker bestäuben und servieren.

Apfeltorte

• 200 g Butaris Butterschmalz • 250 g Zucker • 1 EL Vanillezucker • abgeriebene Schale von 1/2 Zitrone • 4 Eier • 250 g Mehl • 150 g Speisestärke • 1 TL Backpulver • 2 EL Milch • Fett für die Form • 4 säuerliche Äpfel • 1/2 Tasse Mandelblättchen • 1-2 EL Zucker • 1 Prise Zimt

• Das weiche Butterschmalz mit dem Zucker, dem Vanillezucker und der Zitronenschale schaumig schlagen, nach und nach die Eier dazugeben und schlagen, bis eine cremige Masse entstanden ist.
• Das Mehl mit der Speisestärke und dem Backpulver vermischen und mit der Milch unter den Teig rühren.
• Die Hälfte des Teiges in eine gefettete Springform füllen, die Äpfel schälen, entkernen und in Spalten schneiden, die Hälfte davon auf dem Teig verteilen. Den restlichen Teig darüber füllen und die restlichen Äpfel darauflegen. Den Kuchen mit den Mandelblättchen sowie Zimt und Zucker bestreuen und im auf 180° C vorgeheizten Backofen 60 Minuten backen. Herausnehmen, vollständig erkalten lassen und servieren.

Orangensaftkuchen

• 250 g Butter • 200 g Zucker • 3 Eier • Saft von 1 Orange • 200 g Mehl • 200 g Speisestärke • 1 Beutel Backpulver • 100 g Orangeat • Margarine für die Form • 150 g Puderzucker • Orangensaft

• Die Butter mit dem Zucker schaumig rühren, die Eier und den Orangensaft hinzugeben und verrühren.
• Das Mehl mit der Speisestärke und dem Backpulver vermischen und mit dem klein gewürfelten Orangeat zum Teig geben.
• Eine Springform gut fetten, den Teig einfüllen und im auf 175° C vorgeheizten Backofen 70 Minuten backen.
• Den Puderzucker mit dem Orangensaft glatt rühren und den noch warmen Kuchen damit überziehen.

Erdbeertorte sehr fein

• 1 Grundrezept „Butter-Biskuitboden" • 3/4 l süße Sahne • 1 Packung „san-apart" • 1 Päckchen Vanillezucker • 500 g Erdbeeren • 1 kleines Stück Blockschokolade

• Den Butter-Biskuitboden nach Grundrezept zubereiten, abbacken, erkalten lassen und zweimal durchschneiden.
• Die Schlagsahne mit 6 leicht geh. TL „san-apart" und dem Vanillezucker steif schlagen.
• Den Unterboden mit einem Drittel der Schlagsahne bestreichen. 2 TL „san-apart" gleichmäßig darüber streuen.
• Die verlesenen, gewaschenen, gut abgetropften und halbierten Erdbeeren dicht auflegen.
• Den Mittelboden darauf setzen, gleichermaßen füllen und mit dem Deckel abschließen.
• Die Torte mit der restlichen Schlagsahne einstreichen, ausgarnieren, mit der geraspelten Blockschokolade bestreuen, einige Sahnerosetten obenauf spritzen, halbierte Erdbeeren einsetzen, ausgarnieren, vollständig erkalten lassen und zum Verzehr bereitstellen.

Himbeertorte

• 1 Grundrezept „Butter-Biskuitboden" • 3/4 l süße Sahne • 1 Packung „san-apart" • 1 Päckchen Vanillezucker • 500 g frische Himbeeren • Schokostreusel

Zubereitung wie Erdbeertorte

Zitronenkuchen mit Haselnüssen

• 300 g Butter • 300 g Zucker • 8 Eier • 1 Prise Salz • abgeriebene Schale von 1 Zitrone • 1 EL Vanillezucker • einige Tropfen weißen Rum • 1 TL Lebkuchengewürz • 200 g Weizenmehl • 100 g Schmelzflocken • 50 g Speisestärke • 1 geh. TL Backpulver • 200 g Zitronat • 100 g gehackte Haselnüsse • Butter zum Ausfetten • Schokoladenglasur

• Die Butter in einer Schüssel schaumig schlagen, den Zucker und die Eier nach und nach darunter schlagen, bis eine Schaummasse entstanden ist. Das Salz, die Zitronenschale, den Vanillezucker, den Rum und das Lebkuchengewürz unterrühren.
• Das gesiebte Mehl, die Schmelzflocken, die Speisestärke und das Backpulver miteinander vermischen und unter den Teig ziehen.
• Das Zitronat und die Haselnüsse unter den Teig heben. In eine ausgefettete und mit Mehl bestäubte Napfkuchenform füllen und im auf 180-200° C vorgeheizten Backofen 50-60 Minuten ausbacken. Herausnehmen, stürzen, mit der Schokoladenglasur überziehen, vollständig abtrocknen lassen und servieren.

Kaffeekuchen mit Rum

• 200 g Butter • 200 g Zucker • 4 Eier • 2-3 EL Kaffeepulver • 2 EL kochendes Wasser • 1 EL Vanillezucker • 1 EL geriebene Zitronenschale • 1 Prise Salz • 200 g Mehl • 1 TL Backpulver • Margarine und Mehl für die Form • 1 Tasse starken Kaffee • 2 EL braunen Zucker • 4 cl Rum • Puderzucker zum Bestäuben

• Die Butter mit dem Zucker weiß-schaumig schlagen, die Eier nach und nach einrühren.
• Das Kakaopulver im kochenden Wasser auflösen und mit dem Vanillezucker, der Zitronenschale und dem Salz unter den Schaum ziehen.
• Das Mehl, die Speisestärke und das Backpulver sieben und unter den Teig heben.
• Den Teig in eine ausgefettete und bemehlte Kuchenform füllen und im auf 180-200° C vorgeheizten Backofen 40-50 Minuten backen.
• Den Kaffee mit dem braunen Zucker vermischen, einmal aufkochen lassen. Mit Rum aromatisieren und den kalten Kuchen damit tränken.
• Den Kuchen 4-5 Minuten ziehen lassen, mit Puderzucker bestäuben und servieren.

Schokoladen-Nusskuchen

• 200 g Butter oder Margarine • 200 g Zucker • 6 Eier • 1 Prise Salz • 1 EL geriebene Zitronen- oder Orangenschale • 1 EL Vanillezucker • 150 g Mehl • 50 g Speisestärke • 50 g gemahlene Haselnüsse • 100 g fein geriebene Vollmilchschokolade • Margarine und Grieß für die Form • Puderzucker zum Bestäuben

• Die Butter oder Margarine mit dem Zucker schaumig schlagen, die Eier nach und nach kräftig darunter schlagen und mindestens fünf Minuten rühren. Zum Schluss das Salz, die Zitronen- oder Orangenschale und den Vanillezucker untermischen.
• Das Mehl mit der Speisestärke und den Nüssen vermischen und esslöffelweise unter den Schaum ziehen.
• Die Masse halbieren, unter eine Hälfte des Teiges die geriebene Schokolade ziehen.
• Die helle Masse in eine ausgefettete und mit Grieß ausgestreute Gugelhupfform füllen, die Schokoladenmasse darauf verteilen und mit einer Gabel spiralförmig unter den hellen Teig ziehen.
• Im auf 180-200° C vorgeheizten Backofen in 50-60 Minuten abbacken, herausnehmen, aus der Form stürzen, erkalten lassen, mit Puderzucker bestäuben, ausgarnieren und servieren.

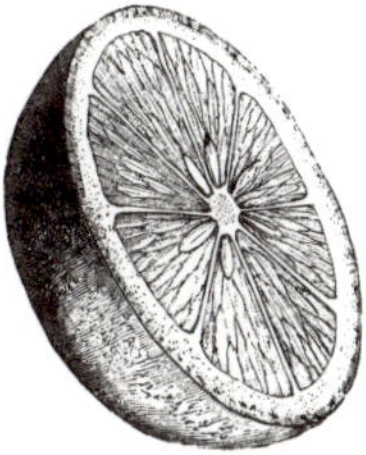

Orangenkuchen

• 250 g Butter oder Margarine • 250 g Puderzucker • 5 Eier • 400 g Mehl • 100 g Speisestärke • 1 Prise Salz • 1 EL Vanillezucker • je 1 EL geriebene Zitronen- und Orangenschale • 1 Päckchen Backpulver • 1/8 l Orangensaft • Margarine und Mehl für die Form • Puderzucker-Orangen-Glasur

• Die Butter oder Margarine schaumig schlagen, die Eier nach und nach dazugeben und kräftig darunter schlagen, das Ganze muß sehr schaumig sein.
• Das gesiebte Mehl mit der Speisestärke, dem Salz, dem Vanillezucker, der Zitronen- und Orangenschale und dem Backpulver vermischen.
• Das Mehl abwechselnd mit dem Orangensaft rasch unter den Teig rühren, in eine gefettete und mit Mehl bestäubte Kastenform füllen und im auf 180-200° C vorgeheizten Backofen in 50-60 Minuten abbacken.
• Herausnehmen, auf ein Kuchengitter stürzen, mit der Orangen-Glasur bestreichen, vollständig abtrocknen lassen, in Scheiben schneiden und servieren.

Roter Beerenkuchen

• 180 g Butter oder Margarine • 180 g Mehl • 1 Päckchen Backpulver • 150 g Zucker • 2 Eier • Margarine zum Ausfetten • 1 kg gemischte rote Beeren (Himbeeren, Erdbeeren, Johannisbeeren) • 2-3 EL Zucker • 2 Päckchen roten Tortenguss • 100 g Mandelblättchen • 1 Becher geschlagene, gesüßte Sahne • einige Zitronenmelisseblättchen

• Die Butter oder Margarine schaumig rühren, das Mehl, das Backpulver, den Zucker und die Eier dazugeben und mit dem elektrischen Handrührgerät fünf Minuten kräftig schlagen.
• Ein Backblech ausfetten, den Teig darauf verstreichen und im auf 180-200° C vorgeheizten Backofen in 20-25 Minuten abbacken. Herausnehmen und erkalten lassen.
• Die Beeren auf dem Kuchenboden dekorativ anrichten und mit dem restlichen Zucker bestreuen.
• Den Tortenguss nach Anweisung zubereiten, gleichmäßig darüber verteilen, glatt streichen, mit den Mandelblättchen bestreuen, vollständig abtrocknen lassen, mit Sahne und Zitronenmelisseblättchen ausgarnieren, in Stücke schneiden und servieren.

Streuselkuchen mit Kirschen

• 90 g Butter • 90 g Mehl • 70 g Zucker • 1 Ei • 1 TL Backpulver • 2 Gläser Schattenmorellen • 90 g Butter • 2 Eigelb • 125 g Zucker • 120 g Mehl • 30 g Speisestärke

• Die Butter, das Mehl, den Zucker, das Ei und das Backpulver in einer Schüssel mit dem Handrührgerät fünf Minuten kräftig verrühren, in eine ausgefettete Springform füllen, glatt streichen und im auf 180-200° C vorgeheizten Backofen in 20-25 Minuten abbacken.
• Die Kirschen gut abtropfen lassen und gleichmäßig den Boden damit belegen.
• Für die Streusel die Butter, die Eigelbe, den Zucker, das Mehl und die Speisestärke auf eine Arbeitsfläche geben, mit den Händen verkneten und abbröseln. Die Streusel gleichmäßig auf die Kirschen verteilen und anschließend im auf 180-200° C vorgeheizten Backofen weitere 40 Minuten backen.

Streuselkuchen mit Stachelbeeren

• 90 g Butter • 90 g Mehl • 70 g Zucker • 1 Ei • 1 TL Backpulver • 2 Gläser Stachelbeeren • 90 g Butter • 2 Eigelb • 125 g Zucker • 120 g Mehl • 30 g Speisestärke

• Zubereitung wie Streuselkuchen mit Kirschen.

Feine Apfeltorte

• 250 g Butter • 250 g Zucker • 200 g Mehl • 1 Päckchen Backpulver • 200 g gemahlene Haselnüsse • 4 Eier • je 1 EL Zimt und Kakao • 4-6 Äpfel • 100 ml Weinbrand oder Rumtopfflüssigkeit • 1 Glas Apfelmus • 3 Blatt Gelatine • Zucker nach Geschmack • 3 Becher Sahne • 3 Päckchen Sahnesteif • gehackte Pistazien

• Aus der Butter, dem Zucker, dem mit Backpulver vermischten Mehl, den Nüssen, den Eiern, dem Zimt und dem Kakao einen Rührteig zubereiten.
• Die Äpfel schälen, entkernen, in Schnitze schneiden, mit Weinbrand oder Rumtopfflüssigkeit übergießen und zugedeckt fünf Minuten ziehen lassen. Gut abtropfen lassen, unter den Rührteig mischen und im auf 180-200° C vorgeheizten Backofen 60 Minuten backen.
• Den Kuchen herausnehmen, vollständig erkalten lassen, einmal waagerecht durchschneiden und einen Tortenring um die untere Hälfte legen.
• Das Apfelmus mit der eingeweichten, gut ausgedrückten Gelatine verrühren und nach Geschmack mit Zucker süßen. Die Sahne mit dem Sahnesteif steif schlagen, den Boden damit fingerdick bestreichen, das Apfelmus darüber geben und den zweiten Boden darauf setzen.
• Einige Stunden in den Kühlschrank stellen, dann den Tortenring abnehmen, die Torte oben und an der Seite mit Sahne und Pistazien ausgarnieren und gut gekühlt servieren.

Zitronenkuchen mit Schokolade

• 250 g Butter oder Margarine • 200 g Zucker • 4 Eier • 2 unbehandelte Zitronen • 200 g Mehl • 100 g Speisestärke • 1 TL Backpulver • 1 Prise Salz • 150 g Schokostreusel • Fett und Paniermehl für die Form • 50 g Puderzucker • 100 g Halbbitter-Kuvertüre • 100 g Vollmilch-Kuvertüre • kandierte Zitronenscheiben

• Die Butter oder Margarine und den Zucker in eine Rührschüssel geben und mit den Schneebesen des Handrührgeräts schaumig rühren. Die Eier nach und nach unterrühren. Die Zitronen heiß abwaschen, trockentupfen, einige feine Streifen abschneiden und beiseite legen, den Rest abreiben.
• Das Mehl, die Speisestärke, das Backpulver, das Salz und die abgeriebene Zitronenschale mischen und unter die Fett-Zuckermasse rühren. Die Schokostreusel unterheben, den Teig in eine gefettete und mit Paniermehl ausgestreute Kastenform (25 cm Länge) füllen und glatt streichen. Im auf 175-190° C vorgeheizten Backofen 65-75 Minuten backen.
• Den Kuchen aus der Form stürzen und an der Oberfläche mehrmals einstechen. Die Zitronen auspressen, den Zitronensaft mit dem Puderzucker glatt rühren und den Guss auf dem Kuchen verteilen. Über Nacht einziehen lassen.
• Die Kuvertüre fein hacken und im heißen Wasserbad schmelzen. Den Kuchen gleichmäßig mit der Kuvertüre überziehen und mit den kandierten Zitronenscheiben und den beiseite gelegten Zitronenstreifen verzieren.

Schokoladenkuchen

• 300 g Margarine • 275 g Zucker • 1 Päckchen Vanillezucker • 1 Prise Salz • einige Tropfen Rumaroma • 5 Eier • 375 g Mehl • 1 Päckchen Backpulver • 50 g Kakaopulver • 100 g flüssige Schokolade • Margarine und Semmelbrösel für die Form • 1 Becher Zitronenglasur

• Die Margarine schaumig schlagen, den Zucker, den Vanillezucker, das Salz und das Rumaroma dazugeben und solange schlagen, bis sich der Zucker vollständig aufgelöst hat.
• Die Eier nach und nach darunter schlagen, das Mehl sieben, mit dem Backpulver und dem Kakaopulver vermischen und esslöffelweise unter den Teig rühren.
• Die Schokolade tropfenweise unterziehen, die Masse in eine ausgefettete und mit Semmelbröseln bestreute Gugelhupfform füllen, im auf 180-200° C vorgeheizten Backofen in 50-60 Minuten abbacken, herausnehmen, aus der Form stürzen und leicht erkalten lassen.
• Mit der nach Anweisung zubereiteten Zitronenglasur überziehen, vollständig trocknen lassen, ausgarnieren und servieren.

Weisser Schokoladenkuchen

• 300 g Margarine • 275 g Zucker • 1 Päckchen Vanillezucker • 1 Prise Salz • einige Tropfen Rumaroma • 5 Eier • 400 g Mehl • 1 Päckchen Backpulver • 100 g flüssige weiße Schokolade • Margarine und Semmelbrösel für die Form • 1 Becher helle Schokoladenglasur

• Zubereitung wie Schokoladenkuchen.

Amarettokuchen

• 250 g Butter oder Margarine • 200 g Zucker • 4 Eier • 2 Zitronen • 200 g Mehl • 100 g Speisestärke • 1 TL Backpulver • 1 Prise Salz • 100 g gehackte Mandeln • Fett und Paniermehl für die Form • 4-5 EL Amarettolikör • 200 g Puderzucker • 4 EL Zitronensaft

• Die Butter oder Margarine und den Zucker in eine Rührschüssel geben und mit den Schneebesen des Handrührgeräts schaumig rühren. Die Eier nach und nach unterrühren. Die Zitronen heiß abwaschen und die Schale fein abreiben.
• Das Mehl, die Speisestärke, das Backpulver und das Salz mischen und unter die Fett-Zuckermasse rühren. Die Mandeln unterheben, den Teig in eine gefettete und mit Paniermehl ausgestreute Kastenform (25 cm Länge) füllen und glatt streichen. Im auf 175-190° C vorgeheizten Backofen 65-75 Minuten backen.
• Den Kuchen aus der Form stürzen und an der Oberfläche mehrmals einstechen. Den Amarettolikör in die Löcher träufeln und den Kuchen mit einer Glasur aus Puderzucker, der mit dem Zitronensaft glatt gerührt wurde, überziehen.

Donauwellen

• 200 g Butter • 200 g Zucker • 1 Päckchen Vanillezucker • 5 Eier • 300 g Mehl • 1/2 Päckchen Backpulver • Margarine fürs Blech • 1 EL Kakao • 1 EL Milch • 1 Glas Sauerkirschen • 250 g Butter • 1/2 l Vanillepudding • 4 EL Puderzucker • 2 EL Zucker • 3 EL Kakao • 2 Eier • 6-8 Riegel Kokosfett • 1 Schuss Rum

• Die Butter mit dem Zucker und dem Vanillezucker schaumig schlagen, die Eier einzeln unterschlagen, das Mehl mit dem Backpulver mischen, über den Teig sieben und einrühren.
• Die Hälfte des Teiges auf ein ausgefettetes Backblech streichen, den Rest mit dem Kakao und der Milch vermengen und auf dem hellen Teig verteilen. Die Sauerkirschen gut abtropfen lassen und auf den Teig geben. Im auf 180-200° C vorgeheizten Backofen 30-35 Minuten backen, herausnehmen und vollständig erkalten lassen.
• Die Butter schaumig rühren und den kalten Vanillepudding unterrühren. Auf den Boden geben und glatt streichen. Für den Schokoguss den Puderzucker, den Zucker, den Kakao und die Eier im Mixer gut mixen, das aufgelöste Kokosfett und den Rum dazugeben.
• Den fertigen Guss auf der Buttercreme verteilen, im Kühlschrank vollständig fest werden lassen und servieren.

Napfkuchen

• 250 g Butter • 250 g Zucker • 6 Eigelb • 1 Vanilleschote • abgeriebene Schale von 1/2 Zitrone • 2 EL Weinbrand • 1 Prise Salz • 500 g Mehl • 1 Päckchen Backpulver • 1/8 l Sahne • 6 Eiweiß • 125 g gehackte Mandeln • Margarine und Semmelbrösel für die Form • Puderzucker zum Bestäuben

• Die Butter schaumig rühren, den Zucker eßlöffelweise darunterrühren, bis eine gebundene Masse entstanden ist. Die Eigelbe nach und nach unterrühren. So lange rühren, bis sich der Zucker vollständig aufgelöst hat.
• Das Vanillemark, die Zitronenschale, den Weinbrand und das Salz darunter rühren. Das Mehl mit dem Backpulver vermischen und sieben, abwechselnd mit der Sahne einrühren. Das Eiweiß steif schlagen und unter den Teig ziehen. Zum Schluß die Mandeln dazugeben.
• Eine Napfkuchenform mit Margarine ausfetten und mit Semmelbröseln ausstreuen. Den Teig einfüllen und im auf 175-190° C vorgeheizten Backofen 50-65 Minuten backen. Herausnehmen, zehn Minuten stehen lassen, dann aus der Form stürzen und vollständig auskühlen lassen. Mit Puderzucker bestäuben und servieren.

Birnenherz

• 100 g Butter • 150 g Zucker • 4 mittelgroße Eier • 1 EL Instant-Kaffee • 2 EL Wasser • 200 g gemahlene Mandeln • 50 g geriebenen Zwieback • 2 gestrichene TL Backpulver • Margarine für die Form • 1 Päckchen Vanille-Puddingpulver • 1 EL Zucker • 1/4 l Milch • 2 EL Rum • 1 große Dose Birnenhälften • 150-200 g blaue Trauben • 1 Päckchen Tortenguss • 1 TL Zucker • 1/4 l Wasser • 2 EL Mandelblättchen

• Die Butter schaumig rühren, den Zucker unterrühren, die Eier nach und nach einrühren und so lange weiterrühren, bis der Zucker gelöst ist. Den Kaffee im Wasser auflösen und zufügen. Die Mandeln, den Zwieback und das Backpulver mischen und unterrühren.
• Ein Backblech mit Backpapier belegen, den gefetteten Herzring darauf setzen, den Teig einfüllen und glatt streichen. Im auf 175° C vorgeheizten Backofen 30 Minuten backen, aus der Form lösen und erkalten lassen.
• Das Vanille-Puddingpulver mit dem Zucker und der Milch glatt rühren, einmal aufkochen und erkalten lassen.
• Die Birnen abtropfen lassen, die Trauben waschen und entkernen. Die Form wieder um das Herz legen, das Herz mit dem Rum tränken, mit dem Pudding bestreichen und mit den Früchten belegen. Tortenguss, Zucker und Wasser verrühren und einmal aufkochen. Den Guss etwas abkühlen lassen und über die Früchte verteilen. Mandelblättchen in der Pfanne ohne Fett bräunen. Den Herzbackring lösen und das Herz am Rand mit Mandeln bestreuen.

Rhabarber-Muffins

• 250 g Rhabarber • 275 g Mehl • 100 g Zucker • 1 Prise Salz • 2 TL Backpulver • 100 g Butter • 150 ml Milch • 1 Ei • Margarine für die Förmchen

• Den Rhabarber putzen, klein schneiden und in 1 EL Mehl wälzen. Den Zucker, das Salz, das restliche Mehl und das Backpulver mischen. Die flüssige Butter, die Milch und das Ei zufügen und zu einem glatten Teig verrühren. Die Rhabarberstückchen unterheben. Ein Muffin-Blech mit Margarine auspinseln, jeweils 2-3 EL Teig in die Förmchen füllen und im vorgeheizten Backofen bei 175° C 25-30 Minuten backen. Ofenfrisch servieren.

Erdbeer-Rhabarber-Herz

• 125 g Butaris Butterschmalz • 100 g Zucker • 2 Päckchen Vanillezucker • 1 Prise Salz • 5 Tropfen Bittermandelaroma • 3 Eier • 100 g Mehl • 1 Päckchen Vanille-Puddingpulver • 2 TL Backpulver • 4 EL Milch • Fett und Mehl für die Form • 250 g Rhabarber • 250 g Erdbeeren • 8 Blatt weiße Gelatine • 100 g Zucker • 2 Becher Schlagsahne • Erdbeeren und Zitronenmelissezweige zum Garnieren

• Das weiche Butterschmalz mit dem Zucker, dem Vanillezucker, dem Salz und dem Bittermandelaroma schaumig rühren, die Eier nach und nach dazugeben und rühren, bis sich der Zucker vollständig aufgelöst hat.
• Das Mehl mit dem Puddingpulver und dem Backpulver vermischen und abwechselnd mit der Milch in den Teig rühren. Den Teig in eine ausgefettete und mit Mehl bestäubte Herzform füllen und im auf 175° C vorgeheizten Backofen 50-55 Minuten backen. Herausnehmen, 10 Minuten in der Form ruhen lassen, dann auf ein Kuchengitter geben und vollständig erkalten lassen.
• Den Rhabarber putzen, waschen, in Stücke schneiden und in 100 ml Wasser 5-8 Minuten dünsten. Vom Feuer nehmen, den Zucker einrühren, die eingeweichte, gut ausgedrückte Gelatine darin auflösen und das Ganze abkühlen lassen.
• Die Erdbeeren waschen, pürieren und unter die Rhabarbermasse rühren. Die Sahne steif schlagen und etwas davon in einen Spritzbeutel füllen. Den Rest unter die Creme heben, sobald sie zu gelieren beginnt.
• Das Herz einmal waagrecht durchschneiden und ein Drittel der Creme auf den unteren Boden streichen. Den Deckel daraufsetzen und das Herz mit der restlichen Creme bestreichen. Eine Stunde kalt stellen, mit der Sahne aus dem Spritzbeutel verzieren, mit den restlichen Erdbeeren und den Zitronenmelissezweigen ausgarnieren und servieren.

Einfacher Karottenkuchen

• 4 Eier • 2 Tassen Zucker • 1 Tasse Öl • 2 Tassen ganz fein geriebene Karotten • 1/2 Tasse gemahlene Nüsse • 3-4 Tassen Mehl • 1 Päckchen Backpulver • 1 gestrichenen TL Zimt • Margarine und Semmelbrösel für die Form • 1 Tasse Puderzucker • 1/2 TL Zimt • etwas Öl • etwas Wasser

• Die Eier mit dem Zucker, dem Öl, den Karotten, den Nüssen und dem mit Backpulver und Zimt vermischten Mehl verrühren. Den Teig in eine gefettete und mit Semmelbrösel ausgestreute Gugelhupfform füllen und im auf 180-200° C vorgeheizten Backofen eine Stunde backen. Herausnehmen und erkalten lassen.
• Den Puderzucker mit dem Zimt mischen, mit etwas Öl und etwas Wasser glatt rühren und den Kuchen damit überziehen. Vollständig erkalten lassen und servieren.

Gefüllter Mohnkuchen

• 250 g Butter • 5 ganze Eier • 250 g Zucker • 1 Päckchen Vanillezucker • 250 g Mehl • 1/2 Päckchen Backpulver • 250 g ungemahlenen Mohn • Backtrennpapier • 1/2 Glas Pfirsich-Maracuja-Marmelade • Puderzucker oder Halbbitterkuvertüre

• Die Butter mit den Eiern schaumig rühren, den Zucker und den Vanillezucker einrieseln lassen, das mit Backpulver vermischte Mehl und den Mohn dazugeben und unterrühren.
• Eine Springform (Durchmesser 26 cm) mit Backtrennpapier auslegen, den Teig einfüllen und im auf 180-200° C vorgeheizten Backofen 45-50 Minuten backen. Herausnehmen, vollständig erkalten lassen, einmal waagerecht durchschneiden und die Marmelade auf den unteren Boden streichen. Den oberen Boden wieder darauf legen und den Mohnkuchen mit Puderzucker bestäuben oder mit Kuvertüre überziehen.

Variation:
Dazu benötigt man 200 g Marzipanrohmasse, die mit soviel Puderzucker verknetet wird, dass eine glatte Masse entsteht. Diese wird - ebenfalls auf Puderzucker - in Springformgröße ausgerollt und als Deckel auf den mit Marmelade bestrichenen Kuchen gelegt. Vom Rest Streifen ausrollen und um den Rand legen. Mit Schokoladenglasur bestreichen, vollständig abtrocknen lassen und servieren.

Aprikosenkuchen

• 85 g Butter oder Margarine • 85 g Zucker • 1 EL geriebene Zitronenschale • 1 Päckchen Vanillezucker • 2 Eier • 1/2 Tasse Milch • 200 g Mehl • 1 TL Backpulver • Margarine und Mehl fürs Blech • 25 g zerlassene Butter • 1 kg frische Aprikosen • 60 g Hagelzucker • 50 g gehackte Mandeln • 30 g Pinienkerne • 2 Eigelbe • 4 EL Crème fraîche • Zitronenmelisseblättchen

• Die Butter mit dem Zucker, der Zitronenschale und dem Vanillezucker in einer Schüssel schaumig schlagen und die Eier nach und nach zugeben. Die Milch und das mit Backpulver vermischte, gesiebte Mehl abwechselnd rasch unterrühren.
• Den Teig auf einem ausgefetteten und mit Mehl bestäubten Backblech gleichmäßig verteilen und mit der zerlassenen Butter bestreichen.
• Die Aprikosen halbieren, entkernen, in Fächer oder Scheiben schneiden und gleichmäßig auf den Teig legen. Den Hagelzucker mit den Mandeln und den Pinienkernen vermischen, gleichmäßig über die Früchte streuen.
• Die Eigelbe mit der Crème fraîche glatt rühren und den Kuchen damit bestreichen. Im auf 180-200° C vorgeheizten Backofen 40-45 Minuten backen, herausnehmen, vollständig erkalten lassen und mit ganz fein gehackten Zitronenmelisseblättchen bestreuen.

Rhabarber-Streuselkuchen

• 1 Grundrezept „Rührteig" • Margarine und Mehl fürs Blech • 25 g zerlassene Butter • 1 kg Rhabarber • 1 Tasse Zucker • 1 Tasse Kuchenbrösel • 1 Päckchen Vanillezucker • 100 g Mehl • 75 g Butter • 75 g Zucker • 1 Päckchen Vanillezucker • 1 Prise Salz • Puderzucker zum Bestäuben • Zitronenmelisseblättchen zum Garnieren

• Den Rührteig nach Grundrezept zubereiten, auf ein ausgefettetes und mit Mehl bestäubtes Backblech geben und mit der zerlassenen Butter bestreichen.
• Den Rhabarber putzen, schälen, in 1 cm große Stücke schneiden, in eine Schüssel geben und mit dem Zucker, den Kuchenbröseln und dem Vanillezucker vermischen. Die Rhabarbermischung auf dem Teig verteilen.
• Für die Streusel das Mehl auf eine Arbeitsfläche sieben, die Butter in Flöckchen darauf setzen, den Zucker, den Vanillezucker und das Salz darüber streuen. Mit bemehlten Händen schnell Streusel herstellen und diese gleichmäßig auf dem Rhabarber verteilen.
• Den Kuchen im auf 180-200° C vorgeheizten Backofen 40-50 Minuten backen. Herausnehmen, vollständig erkalten lassen, nach Geschmack mit Puderzucker bestäuben und mit Zitronenmelisseblättchen ausgarnieren.

Marmor-Mandel-Kuchen

• 200 g Butter oder Margarine • 200 g Zucker • 5 Eier • 1 Tasse Sahne • 1 EL Vanillezucker • 1-2 EL geriebene Zitronenschale • 1 Prise Salz • 400 g Mehl • 100 g Speisestärke • 1 Päckchen Backpulver • Margarine und Semmelbrösel für die Form • 100 g Vollmilchschokolade • 2-3 EL Kakaopulver • 50 g gehackte Mandeln • einige Tropfen Rumaroma • Puderzucker zum Bestäuben

• Die Butter oder Margarine in einer Schüssel schaumig schlagen und nach und nach den Zucker, die Eier, die Sahne, den Vanillezucker, die Zitronenschale und das Salz zugeben. Das Mehl mit der Speisestärke und dem Backpulver auf den Teig sieben und unterziehen.
• Zwei Drittel des Rührteiges in eine ausgefettete und mit Semmelbröseln bestreute Form füllen.
• Die Schokolade im Wasserbad schmelzen lassen, den Kakao, die Mandeln, die Haselnüsse und das Rumaroma einrühren und mit dem verbliebenen Rührteig vermischen. Auf dem hellen Teig verteilen und im auf 180-200° C vorgeheizten Backofen 30-40 Minuten backen. Herausnehmen, erkalten lassen, mit Puderzucker bestäuben und servieren.

Einfacher Sahnekuchen

• 1/4 l Sahne • 1 Päckchen Puderzucker • 3 Eier • 150 g feines Weizenmehl • 150-180 g Weizenvollkornmehl • 1 Päckchen Backpulver • Margarine und Semmelbrösel für die Form • Puderzucker zum Bestäuben

• Die Sahne mit dem Puderzucker, den Eiern, dem Mehl und dem Backpulver verrühren.
• Eine Kastenkuchenform mit Margarine ausfetten und mit Semmelbröseln ausstreuen, den Teig einfüllen und glatt streichen.
• Im auf 180-200° C vorgeheizten Backofen bei 180° C eine Stunde backen. Herausnehmen, vollständig erkalten lassen, mit Puderzucker bestäuben und servieren.

Einfacher Schokoladenkuchen

• 1/4 l Milch • 1 Päckchen Puderzucker • 3 Eier • 150 g feines Weizenmehl • 150-180 g Weizenvollkornmehl • 1 Päckchen Backpulver • 1-2 EL Kakaopulver • Margarine und Semmelbrösel für die Form • Puderzucker zum Bestäuben

• Zubereitung wie Einfacher Sahnekuchen.

Pfirsich-Streuselkuchen

• 1 Grundrezept „Rührteig" • Margarine und Mehl fürs Blech • 25 g zerlassene Butter • 1 kg Pfirsichhälften• 1 Tasse Zucker • 1 Tasse geriebene Kuchenbrösel • 1 EL Vanillezucker • 100 g Mehl • 75 g Butter • 75 g Zucker • 1 EL Vanillezucker • 1 Prise Salz • Puderzucker zum Bestäuben

• Den Rührteig nach Grundrezept zubereiten, auf ein ausgefettetes und mit Mehl bestäubtes Backblech geben und mit der zerlassenen Butter bestreichen.
• Die Pfirsichhälften in Würfel schneiden, in eine Schüssel geben und mit dem Zucker, den Kuchenbröseln und dem Vanillezucker vermischen. Die Pfirsichmischung auf dem Teig verteilen.
• Für die Streusel das Mehl auf eine Arbeitsfläche sieben, die Butter in Flöckchen darauf setzen, den Zucker, den Vanillezucker und das Salz darüber streuen. Mit bemehlten Händen schnell Streusel herstellen und diese gleichmäßig auf den Pfirsichen verteilen.
• Den Kuchen im auf 180-200° C vorgeheizten Backofen 40-50 Minuten backen. Herausnehmen, vollständig erkalten lassen, nach Geschmack mit Puderzucker bestäuben und servieren.

Schokotröpfchenkuchen

• 200 g Butter oder Margarine • 200 g Zucker • 5 Eier • 1 Tasse Sahne • 1 EL Vanillezucker • 1-2 EL geriebene Zitronenschale • 1 Prise Salz • 400 g Mehl • 100 g Speisestärke • 1 Päckchen Backpulver • 150 g Schokotröpfchen • 1 EL Kakaopulver • 50 g gemahlene Mandeln • 2-3 Tropfen Bittermandelaroma • Margarine und Semmelbrösel für die Form • Puderzucker zum Bestäuben

• Die Butter oder Margarine in einer Schüssel schaumig schlagen und nach und nach den Zucker, die Eier, die Sahne, den Vanillezucker, die Zitronenschale und das Salz zugeben. Das Mehl mit der Speisestärke und dem Backpulver auf den Teig sieben und unterziehen, die Schokotröpfchen, den Kakao, die Mandeln und das Bittermandelaroma einrühren.
• Den Teig in eine ausgefettete und mit Semmelbröseln bestreute Form füllen und im auf 180-200° C vorgeheizten Backofen 30-40 Minuten backen. Herausnehmen, erkalten lassen, mit Puderzucker bestäuben und servieren.

Lagenkuchen

• 250 g Butter • 250 g Zucker • 2-3 EL Vanillezucker • 1 EL geriebene Zitronenschale • einige Tropfen Rumaroma • 5 Eier • 125 g Mehl • 75 g Speisestärke • 1 TL Backpulver • 100 g gemahlene Mandeln • 1 Prise Lebkuchengewürz • 1 Glas Orangenkonfitüre • 4 cl Orangenlikör • 2 Becher Schokoglasur

• Die Butter in einer Schüssel schaumig schlagen, den Zucker, den Vanillezucker, die Zitronenschale und das Rumaroma dazugeben und schaumig schlagen. Die Eier nach und nach dazugeben und zu einer Schaummasse aufschlagen.
• Das Mehl mit der Speisestärke und dem Backpulver vermischen, auf den Teig sieben und unterheben. Die Mandeln mit dem Lebkuchengewürz einrühren.
• Eine rechteckige große Alubackform ausfetten und ein Sechstel der Teigmenge dünn hineinstreichen und im auf 200° C vorgeheizten Backofen 5-8 Minuten backen.
• Die Konfitüre mit dem Orangenlikör glatt rühren, erhitzen und den Boden damit einstreichen. Ein weiteres Sechstel Teig einfüllen und weitere 5-8 Minuten backen. Den Vorgang so lange wiederholen, bis der ganze Teig aufgebraucht ist. Alle Teigschichten übereinander legen und andrücken.
• Noch warm in Rechtecke, Quadrate oder Dreiecke schneiden, mit der flüssigen Schokoglasur überziehen, abtrocknen lassen und servieren.

MOKKAKUCHEN

• 200 g Butter • 200 g Zucker • 4 Eier • 2-3 EL Kakaopulver • 3 EL kochendes Wasser • 1 Päckchen Vanillezucker • 1 EL geriebene Zitronenschale • 1 Prise Salz • 150 g Mehl • 50 g Speisestärke • 1 TL Backpulver • 1 Tasse gebrühten Mokka • 2 EL braunen Zucker • 4 cl Rum • geschlagene, gesüßte Sahne

• Die Butter in eine Schüssel geben und schaumig schlagen, den Zucker und die Eier nach und nach darunter schlagen, bis eine Schaummasse entstanden ist. Das Kakaopulver mit dem kochenden Wasser verrühren, mit dem Vanillezucker, der Zitronenschale und dem Salz unter den Schaum ziehen. Das Mehl mit der Speisestärke und dem Backpulver über den Teig sieben und unterheben. In eine ausgefettete und mit Mehl bestäubte Kuchenform füllen und im auf 180-200° C vorgeheizten Backofen 40-50 Minuten backen.
• Den Mokka mit dem Zucker vermischen, einmal aufkochen lassen, mit dem Rum aromatisieren und den noch warmen Kuchen damit tränken. 4-5 Minuten ziehen lassen, dann stürzen, erkalten lassen, ausgarnieren und mit der Sahne servieren.

FRÜCHTEKUCHEN

• 300 g Butter • 300 g Zucker • 8 Eier • 1 Prise Salz • 1 TL geriebene Zitronenschale • 1 TL geriebene Orangenschale • 1 EL Vanillezucker • einige Tropfen Rumaroma • 1 TL Zimtpulver • 1 Prise Nelkenpulver • 200 g Weizenmehl • 100 g Instant-Haferflocken • 50 g Speisestärke • 1/2 EL Backpulver • je 100 g Zitronat, Orangeat, kandierte Kirschen, kandierte Aprikosen und gehackte Mandeln • Margarine und Semmelbrösel für die Form • Puderzucker zum Bestäuben

• Die Butter in einer Schüssel schaumig schlagen, den Zucker einrieseln lassen und die Eier nach und nach darunter schlagen.
• Das Salz, die Zitronenschale, die Orangenschale, den Vanillezucker, das Rumaroma, den Zimt und das Nelkenpulver unterrühren. Das gesiebte Weizenmehl, die Haferflocken, die Speisestärke und das Backpulver miteinander vermischen und alles unter die Schaummasse ziehen.
• Das Zitronat, das Orangeat, die Kirschen und die Aprikosen klein schneiden und mit den Mandeln unter den Teig heben.
• Eine Napfkuchenform ausfetten und mit Semmelbröseln ausstreuen, den Teig einfüllen und im auf 180-200° C vorgeheizten Backofen 50-60 Minuten ausbacken.
• Den Kuchen herausnehmen, auf ein Kuchengitter stürzen und vollständig erkalten lassen. Mit Puderzucker bestäuben und servieren.

Mandelkuchen

• 300 g Butter • 300 g Zucker • 8 Eier • 1 Prise Salz • abgeriebene Schale von 1 Zitrone • 1 EL Vanillezucker • einige Tropfen Arrak • 1 Prise Zimt • 200 g Weizenmehl • 100 g Schmelzflocken • 50 g Speisestärke • 1 geh. TL Backpulver • 100 g gemahlene Mandeln • 100 g gehackte Mandeln • Butter zum Ausfetten • Nussfettglasur • Haselnusskrokant zum Bestreuen

• Die Butter in einer Schüssel schaumig schlagen, den Zucker und die Eier nach und nach darunter schlagen, bis eine Schaummasse entstanden ist. Das Salz, die Zitronenschale, den Vanillezucker, den Arrak und den Zimt unterrühren.
• Das gesiebte Mehl, die Schmelzflocken, die Speisestärke und das Backpulver miteinander vermischen und unter den Teig ziehen.
• Die Mandeln unter den Teig heben, den Teig in eine ausgefettete und mit Mehl bestäubte Napfkuchenform füllen und im auf 180-200° C vorgeheizten Backofen 50-60 Minuten ausbacken. Herausnehmen, stürzen, mit der Nussfettglasur überziehen, mit dem Krokant bestreuen, vollständig abtrocknen lassen und servieren.

Feine Karottentorte

• 500 g Karotten • 6 Eigelb • 4 EL heißes Wasser • 125 g Zucker • 1 EL Vanillezucker • 6 Eiweiß • 1 Prise Salz • 125 g Zucker • 250 g gemahlene Mandeln • 4 EL Speisestärke • 1/2 TL Backpulver • 1 TL Zimt • 1 TL Zitronenschalenaroma • 1 Fläschchen Rumaroma • Margarine und Semmelbrösel für die Form • 2 Tassen Puderzucker • Saft von 1 Zitrone • Zuckerschrift • Dekorblättchen

• Die Karotten waschen, putzen und ganz fein reiben. Das Karottenmus in ein sauberes Küchentuch geben und den Saft herauspressen. Die Karotten müssen danach ganz trocken sein.
• Die Eigelbe in einer Schüssel mit dem Wasser, dem Zucker und dem Vanillezucker schaumig schlagen. Das Eiweiß mit Salz in einer Rührschüssel sehr steif schlagen und den restlichen Zucker nach und nach zugeben.
• Die ausgepressten Karotten, die Mandeln, die Speisestärke, das Backpulver, den Zimt, das Zitronenschalenaroma und das Rumaroma darüber verteilen. Alles vorsichtig zu einem Teig verrühren, in eine gefettete und mit Semmelbröseln ausgestreute Springform (26 cm Durchmesser) füllen und glatt streichen.
• Im auf 180-200° C vorgeheizten Backofen eine Stunde backen, herausnehmen und erkalten lassen. Aus Puderzucker und Zitronensaft eine Zitronenglasur zubereiten und die Torte damit überziehen. Mit Dekorblättchen und Zuckerschrift verzieren, vollständig abtrocknen lassen und servieren.

Joghurttorte

• 100 g Butter • 100 g Zucker • 1 EL Vanillezucker • 1 Ei • 75 g Weizenmehl • 25 g Speisestärke • 1/2 TL Backpulver • 6 Blatt weiße Gelatine • 600 g Joghurt • 300 g Crème fraîche • 75 g Puderzucker • 2 TL Zitronensaft • 1 Päckchen roten Tortenguss • 1/4 l Wasser • 1/2 Becher steif geschlagene, gesüßte Sahne und Zitronenmelisseblättchen zum Garnieren

• Die Butter schaumig rühren, nach und nach 100 g Zucker, den Vanillezucker und das Ei hineingeben. Mehl mit Speisestärke und Backpulver sieben und schnell unterrühren. Den Teig in einer eingefetteten Springform (24 cm Durchmesser) glatt streichen. Im vorgeheizten Backofen bei 180-200° C 20 Minuten backen.
• Den Tortenboden auf ein Kuchengitter gleiten und ganz auskühlen lassen. Danach auf eine Tortenplatte geben und einen Tortenring herumlegen. Die Gelatine in kaltem Wasser einweichen. Den Joghurt mit Crème fraîche, Puderzucker und Zitronensaft verrühren, die Gelatine im heißen Wasserbad auflösen und leicht abgekühlt in die Creme rühren. Die Masse auf dem Tortenboden verteilen und kühl stellen, bis sie fest ist.
• Den Tortenguss nach Anweisung zubereiten und vorsichtig auf der Quarkmasse verteilen. Fest werden lassen und anschließend mit Sahnetuffs und Zitronenmelisse ausgarnieren. Gut gekühlt servieren.

Schneewittchentorte

• 2 Eier • 125 g Zucker • 125 g Butter • 1 Päckchen Vanillezucker • 175 g Mehl • 1 TL Backpulver • Margarine und Semmelbrösel für die Form • 2 EL Nuss-Nougat-Creme • 1 Glas Sauerkirschen • 500 g Magerquark • 125 g Zucker • 2 Becher Sahne • 6 Blatt weiße Gelatine • 1/4 l Kirschsaft • 1 Päckchen roten Tortenguss • geschlagene, gesüßte Sahne und Zitronenmelisseblättchen zum Garnieren

• Die Eier mit dem Zucker und der Butter schaumig schlagen, den Vanillezucker und das mit Backpulver vermischte Mehl einrühren und die Hälfte des Teiges in eine ausgefettete, mit Semmelbröseln ausgestreute Springform füllen. Die Nuss-Nougat-Creme in die andere Hälfte einrühren und den dunklen Teig auf dem hellen verstreichen.
• Im auf 180° C vorgeheizten Backofen 20-25 Minuten backen, herausnehmen und erkalten lassen. Den Boden auf eine Tortenplatte setzen und einen Tortenring darum legen. Die Kirschen auf dem Boden verteilen.
• Den Quark mit dem Zucker verrühren, die steif geschlagene Sahne unterziehen und die eingeweichte, im Wasserbad aufgelöste Gelatine tropfenweise einrühren. Die Quarkmasse auf die Kirschen geben, glatt streichen und im Kühlschrank erstarren lassen.
• Den Tortenguss mit dem Kirschsaft nach Anweisung zubereiten und über die fest gewordene Quarkmasse gießen. Vorsichtig verteilen, nach Belieben mit Sahnetupfern und Zitronenmelisseblättchen ausgarnieren und bis zum Verzehr kalt stellen.

Grundrezept „Streusel“

• 100 g Butter oder Margarine • 100 g Zucker • 1 EL Vanillezucker • 200 g Mehl • 1 Msp. Backpulver

• Die Butter oder Margarine mit dem Zucker und dem Vanillezucker verkneten.
• Das Mehl mit dem Backpulver vermischen, mit der Butter-Zucker-Mischung vermengen zu Streuseln verarbeiten.

Quark-Streusel-Kuchen

• Doppelte Menge vom Grundrezept „Streusel„ • Margarine und Paniermehl für die Form • 500 g Quark • 25 g flüssige Butter • 70 g Zucker • 1 Päckchen Vanillezucker • 2 Eier • etwas Rum • 15 g Speisestärke • Puderzucker zum Bestäuben

• Den Streuselteig nach Anweisung herstellen, 2/3 davon verkneten und in eine gefettete und mit Paniermehl ausgestreute Springform (26 cm Durchmesser) füllen. Dabei einen 3 cm hohen Rand formen.
• Den Quark mit der Butter, dem Zucker, dem Vanillezucker, den Eiern, dem Rum und der Speisestärke vermischen und auf den Teig geben. Die restlichen Streusel darüber verteilen und das Ganze im auf 200° C vorgeheizten Backofen 45 Minuten backen. Herausnehmen, in der Form abkühlen lassen und vor dem Servieren mit Puderzucker bestäuben.

Doppelter Stachelbeer-Streuselkuchen

• Doppelte Menge vom Grundrezept „Streusel“ • Margarine und Paniermehl für die Form • 1 Tasse Kuchenbrösel • 2 Gläser Stachelbeeren • Zucker nach Geschmack • 1 Päckchen Vanillezucker • Puderzucker zum Bestäuben • Zitronenmelisseblättchen und geschlagene, gesüßte Sahne zum Garnieren

• Den Streuselteig nach Anweisung herstellen, 2/3 davon verkneten und in eine gefettete und mit Paniermehl ausgestreute Springform (26 cm Durchmesser) füllen. Dabei einen 3 cm hohen Rand formen.
• Die Kuchenbrösel auf dem Teig verteilen und die gut abgetropften Stachelbeeren darauf geben. Mit Zucker und Vanillezucker bestreuen, mit den restlichen Streuseln abdecken und im auf 200° C vorgeheizten Backofen 45-50 Minuten backen. Herausnehmen, vollständig erkalten lassen, mit Puderzucker bestäuben, mit der Sahne und den Zitronenmelisseblättchen ausgarnieren und servieren.

SCHÜTTELKUCHEN

• 300 g Mehl • 300 g Zucker • 1/2 Päckchen Backpulver • 3 EL Kakao • 1 TL Zimt • 180 g geriebene Nüsse • 4 ganze Eier • 1 Tasse starken Bohnenkaffee • 180 g zerlassene Butter • Margarine fürs Blech • Puderzucker zum Bestäuben

• Das Mehl, den Zucker, das Backpulver, den Kakao, den Zimt und die geriebenen Nüsse in eine Schüssel geben und gut miteinander vermischen.
• Die Eier, den Kaffee und die zerlassene Butter in eine dicht schließende Schüssel geben und gut durchschütteln.
Die trockenen Zutaten zu der Eier-Kaffee-Butter-Mischung geben, die Schüssel verschließen und alles nochmals kräftig durchschütteln.
• Den Teig auf ein gefettetes Backblech streichen und im auf 180-200° C vorgeheizten Backofen 30-35 Minuten backen. Herausnehmen, vollständig erkalten lassen, mit Puderzucker bestäuben und servieren.

Tip:
• Für kleine Feste, z.B. Kindergeburtstag, können Sie den Schüttelkuchenteig auch in kleine Papierförmchen füllen und im auf 180-200° C vorgeheizten Backofen goldgelb abbacken. (Da sich die Backzeit nach der Größe der Förmchen richtet, immer eine Stäbchenprobe machen!)
• Herausnehmen, mit Puderzuckerglasur überziehen und nach Belieben mit Zuckerschrift Gesichter oder ähnliches aufmalen. Vollständig abtrocknen lassen, aus den Papierförmchen lösen und servieren.

SCHÜTTELKUCHEN-VARIATION

• 300 g Mehl • 300 g Zucker • 1/2 Päckchen Backpulver • 3 EL Schokostreusel • 1 TL Zimt • 1 TL Kakao • 180 g geriebene Mandeln • 4 ganze Eier • 1 Glas Rotwein • 180 g zerlassene Butter • Margarine fürs Blech • 2 Tassen Puderzucker und Saft von 1 Zitrone für die Glasur • Zuckerschrift

• Das Mehl, den Zucker, das Backpulver, die Schokostreusel, den Zimt den Kakao und die geriebenen Mandeln in eine Schüssel geben und gut miteinander vermischen.
• Die Eier, den Rotwein und die zerlassene Butter in eine dicht schließende Schüssel geben und gut durchschütteln.
Die trockenen Zutaten zu der Eier-Wein-Butter-Mischung geben, die Schüssel verschließen und alles nochmals kräftig durchschütteln.
• Den Teig auf ein gefettetes Backblech streichen und im auf 180-200° C vorgeheizten Backofen 30-35 Minuten backen.
• Den Puderzucker mit dem Zitronensaft glatt rühren und den fertigen Kuchen damit bestreichen. Nach Belieben mit brauner oder bunter Zuckerschrift ein Muster aufspritzen.

Käsekuchen

• 400 g Mehl • 1/2 Päckchen Backpulver • 175 g Zucker • 175 g Butter • 1 Ei • 750 g Quark • 150 g Zucker • 3 Eigelb • 1/4 l kalte Milch • 1 Päckchen Käsekuchenhilfe • 3 Tropfen Zitronenaroma • 4 Eiweiß • 125 g Rosinen • 1 Eigelb • Zucker zum Bestreuen • 50 g Mandeln

• Das Mehl mit dem Backpulver vermischen und auf eine Arbeitsfläche sieben. Den Zucker darüber streuen, die Butter in Flöckchen darauf setzen und das Ei dazugeben. Das Ganze mit bemehlten Händen schnell zu einem glatten, kompakten Teig verarbeiten, in Frischhaltefolie einwickeln und eine Stunde kühl stellen.
• Den Teig in eine ausgefettete Springform legen und einen Rand hochziehen. Den Boden mehrmals mit einer Gabel einstechen und im auf 200° C vorgeheizten Backofen 15-20 Minuten vorbacken.
• Den Quark mit dem Zucker und 3 Eigelben glatt rühren, die Milch, die Käsekuchenhilfe und das Zitronenaroma dazugeben. Das Eiweiß zu steifem Schnee schlagen und mit den Rosinen vorsichtig unter die Quarkmasse ziehen. Das Ganze auf dem vorgebackenen Teig verteilen.
• Den restlichen Teig ausrollen und auf die Quarkmasse legen, mit dem Eigelb bestreichen und mit Zucker und den Mandeln bestreuen. Im auf 150° C vorgeheizten Backofen 60-70 Minuten backen.

Käsekuchen mit Birnen

• 400 g Mehl • 1/2 Päckchen Backpulver • 175 g Zucker • 175 g Butter • 1 Ei • 750 g Quark • 150 g Zucker • 3 Eigelb • 1/4 l kalte Milch • 1 Päckchen Käsekuchenhilfe • 3 Tropfen Zitronenaroma • 4 Eiweiß • 2 geraspelte Birnen • 125 g Rosinen • 1 Eigelb • Zucker zum Bestreuen • 50 g Mandeln

• Zubereitung wie Käsekuchen.
• Die Birnen werden mit unter den Teig gehoben.

Käsekuchen ohne Boden

• 125 g Butter • 250 g Zucker • Saft und Schale 1/2 Zitrone • 4 Eier • 50 g Grieß • 1 Päckchen Vanille-Saucenpulver • 500 g Quark • 1 Handvoll Rosinen • Margarine und Semmelbrösel für die Form

• Die Butter mit dem Zucker schaumig schlagen, Zitronensaft und -schale dazugeben und die Eier einzeln darunter schlagen. Den Grieß mit dem Saucenpulver vermischen und in die Eischaummasse einrühren.
• Zum Schluss den Quark und die Rosinen dazugeben und alles zu einer glatten Masse verrühren.
• Den Teig in eine gefettete und mit Semmelbröseln ausgestreute Springform füllen und im auf 200° C vorgeheizten Backofen 45-50 Minuten und dann bei 150° C noch weitere 15-20 Minuten backen.
Unbedingt in der Form auskühlen lassen!

Grundrezept „Strudelteig“

• 250 g Weizenmehl • 1 Prise Salz • 2 EL Olivenöl • 1 Ei • 1/8 l lauwarmes Wasser • flüssige Butter zum Bestreichen • Mehl zum Bestäuben

• Aus dem Mehl, dem Salz, dem Olivenöl, dem Ei und dem Wasser einen Strudelteig herstellen.
• Den Teig mit der Hand kräftig durchschlagen, mit etwas flüssiger Butter bestreichen und eine 1/2 Stunde ruhen lassen.
• Danach den Teig auf einer bemehlten Arbeitsfläche hauchdünn ausrollen und auf ein sauberes Küchentuch legen. Erneut mit flüssiger Butter bestreichen und mit Mehl bestäuben.
• Je nach Rezept weiter verarbeiten.

Feigenstrudel

• 1 Grundrezept „Strudelteig“ • 150 g getrocknete Feigen • 100 g Rumrosinen • 1/8 l Rum • 150 g Honig • 5 EL Sahne • 2 Eigelb • 1 Prise Salz • 1 Prise Zimtpulver • 1 Prise gemahlene Muskatblüte • Butter zum Bestreichen • Semmelbrösel • 100 g gemahlene Haselnüsse • Margarine fürs Blech • Puderzucker zum Bestäuben

• Den Strudelteig nach Grundrezept zubereiten. Für die Füllung die Feigen fein würfeln, die Rosinen waschen, beides im Rum zugedeckt quellen lassen.
• Den Honig erwärmen, bis er flüssig ist, wieder abkühlen lassen. Die Sahne, die Eigelbe und die Gewürze dazugeben und den nicht eingezogenen Rum einrühren.
• Den Strudelteig mit der Butter bestreichen und mit den Semmelbröseln dünn bestreuen. Die Honigmischung darauf verstreichen, dabei die Ränder frei lassen. Die Feigen-Rosinen-Mischung mit den Nüssen auf dem Honig verteilen und den Strudelteig über die Füllung schlagen. Den Strudel mit Hilfe eines Küchentuchs aufrollen und auf ein gefettetes Backblech setzen.
• Im auf 200° C vorgeheizten Backofen 30-35 Minuten backen, herausnehmen und sofort mit Puderzucker bestäuben.

Apfel-Quarkstrudel

• 1 Grundrezept „Strudelteig“ • 500 g Sahnequark • 3 Eier • 1 EL geriebene Zitronenschale • 75 g Zucker • 1 EL Vanillezucker • 500 g Äpfel • 6 cl Apfelschnaps • Margarine für die Form • Puderzucker zum Bestäuben

• Für die Füllung den Quark mit den Eiern, der Zitronenschale, dem Zucker und dem Vanillezucker in einer Schüssel glatt rühren.
• Die Äpfel schälen, entkernen, in Schnitze schneiden, in eine Schüssel geben, mit Apfelschnaps beträufeln und ziehen lassen.
• Den Quark auf den Teig streichen und die Apfelschnitze darauf verteilen. Den Strudel mit Hilfe des Küchentuchs zusammenrollen, in eine ausgefettete Strudelform setzen und im auf 180-200° C vorgeheizten Backofen in 35 Minuten backen.
• Den Strudel anrichten, mit Puderzucker bestäuben, ausgarnieren und servieren.

Birnenstrudel

• 1 Grundrezept „Strudelteig“ • 5-6 Birnen • Saft von 1 Zitrone • 125 g Rumrosinen • 1 EL Zimtpulver • 2 EL Vanillezucker • je 100 g gehackte Mandeln und Haselnüsse • Schale von 1 Zitrone • 1-2 EL Birnendicksaft • Puderzucker

• Nach dem Grundrezept einen Strudelteig herstellen.
• Für die Füllung die Birnen schälen, entkernen und in feine Scheiben schneiden. Mit Zitronensaft beträufeln und mit den Rumrosinen, dem Zimtpulver, dem Vanillezucker, den Nüssen und der Zitronenschale in einer Schüssel vermischen, mit Birnendicksaft abschmecken.
• Den Teig auf einer bemehlten Arbeitsfläche nochmals kräftig durchkneten und etwa 1/2 cm dick zu einem großen Rechteck ausrollen.
• Die Füllung auf dem Teig verteilen und von der breiten Seite her zusammenrollen.
• Den Strudel auf ein ausgefettetes Backblech geben und im auf 180-200° C vorgeheizten Backofen 45 Minuten backen. Den Strudel herausnehmen, mit Puderzucker bestäuben, in Scheiben schneiden, anrichten und mit Vanillesauce servieren.

Strudel mit Trockenobst

• 1 Grundrezept „Strudelteig“ • 1 Päckchen gemischtes Trockenobst • 100 g Rosinen • 1/8 l Rum oder Obstsaft • 2 EL Vanillezucker • je 100 g gehackte Mandeln und Haselnüsse • Schale von 1 Zitrone • 1-2 EL Birnendicksaft • Puderzucker zum Bestäuben

• Zubereitung wie Birnenstrudel.
• Das Trockenobst und die Rosinen im Rum oder Obstsaft einweichen und gut abtropfen lassen.

Apfelstrudel mit Marzipan

• 1 Grundrezept „Strudelteig“ • 2-3 säuerliche Äpfel • Saft von 1 Zitrone • 200 g Marzipanrohmasse • 125 g Rumrosinen • 1 EL Zimtpulver • 2 EL Vanillezucker • je 100 g gehackte Mandeln und Haselnüsse • Schale von 1 Zitrone • 4 cl Apfelschnaps

• Nach dem Grundrezept einen Strudelteig herstellen.
• Für die Füllung die Äpfel schälen, entkernen und in feine Scheiben schneiden. Mit Zitronensaft beträufeln und mit dem in kleine Würfel geschnittenen Marzipan, den Rumrosinen, dem Zimtpulver, dem Vanillezucker, den Nüssen und der Zitronenschale in einer Schüssel vermischen, mit Apfelschnaps aromatisieren.
• Den Teig auf einer bemehlten Arbeitsfläche nochmals kräftig durchkneten und etwa 1/2 cm dick zu einem großen Rechteck ausrollen.
• Die Füllung auf dem Teig verteilen und von der breiten Seite her zusammenrollen.
• Den Strudel auf ein ausgefettetes Backblech geben und im auf 180-200° C vorgeheizten Backofen 40-50 Minuten backen. Den Strudel herausnehmen, mit Puderzucker bestäuben, in Scheiben schneiden, anrichten und servieren.

Grundrezept „Mürbteig“

• 300 g Mehl • 200 g Butter • 100 g Zucker • 1 Ei • 1 Prise Salz • Butter oder Margarine • Semmelbrösel zum Bestreuen • Mehl zum Ausrollen

• Das Mehl auf eine Arbeitsfläche sieben, eine Mulde eindrücken, die Butter in Flöckchen darauf setzen.
• Zucker darüber streuen, das Ei und das Salz in die Mulde geben.
• Mit bemehlten Händen von außen nach innen schnell zu einem glatten, kompakten Teig verkneten, in ein feuchtes Küchentuch oder in Frischhaltefolie einwickeln und mindestens eine Stunde im Kühlschrank ruhen lassen.
• Eine Springform ausfetten und mit Semmelbröseln ausstreuen, den Teig auf einer bemehlten Arbeitsfläche ausrollen und in die Form legen. Je nach Rezept weiter verarbeiten.

Nusstaler

• 1 Grundrezept „Mürbteig“ • 400-450 g Haselnüsse • 100 g Zucker • 1 EL Honig • 1 Glas Weinbrand • 1 Becher Kuvertüre

• Den Mürbteig nach Grundrezept zubereiten und kalt stellen.
• Die Haselnüsse auf einem trockenen Backblech für 10 Minuten in den auf 200° C vorgeheizten Backofen schieben, auf ein Tuch schütten und die braune Haut abrubbeln. Die Nüsse auskühlen lassen
• Den Teig 4 mm dick ausrollen und 5 cm große Kreise ausstechen. Ein Backblech mit Alufolie auslegen, leicht einfetten und die Taler darauf legen.
• Den Zucker mit dem Honig und dem Weinbrand unter Rühren erhitzen und mit einem Pinsel auf die Taler streichen. Die Nüsse dicht nebeneinander darauf setzen und ebenfalls mit der Zuckermasse bestreichen. Im auf 200° C vorgeheizten Backofen 10 Minuten abbacken, herausnehmen und erkalten lassen.
• Die Kuvertüre schmelzen lassen und die Unterseiten und die Ränder der Taler damit bestreichen. Vollständig abtrocknen lassen und servieren.

Quark-Dickmilch-Kuchen

• 1 Grundrezept „Mürbteig“ • 700 g Magerquark • 1 Becher Sahnedickmilch • 120 g Zucker • Saft von 1 Orange • einige Tropfen Zitronensaft • 1 EL Vanillezucker • 50 g flüssige Butter • 3 Eigelbe • 50 g Speisestärke • 3 Eiweiße • 1 Prise Salz

• Den Mürbteig nach Grundrezept zubereiten, in die Springform legen und dabei einen 3 cm hohen Rand hochziehen.
• Den Quark mit der Dickmilch, dem Zucker, dem Orangensaft, dem Zitronensaft und dem Vanillezucker glatt rühren, die Butter mit den Eigelben und der Speisestärke verrühren, unter den Quark rühren.
• Das Eiweiß mit dem Salz zu steifem Schnee schlagen und unter die Masse heben.
• Die Masse auf dem Teigboden verteilen, glatt streichen und im auf 180-200° C vorgeheizten Backofen 40-45 Minuten backen.
• Den Kuchen herausnehmen, erkalten lassen und zum Verzehr bereitstellen.

Vanille-Quark-Kuchen

• 1 Grundrezept „Mürbteig" • 750 g Magerquark • 1/2 Becher Sahne • 100-120 g Zucker • Saft von 1 Zitrone • 1 EL Vanillezucker • 50 g flüssige Butter oder Margarine • 3 Eigelbe • Vanille-Puddingpulver nach Geschmack • 1-2 EL Speisestärke • 3 Eiweiße • 1 Prise Salz

• Den Mürbteig nach Grundrezept zubereiten, in die Springform legen und einen 3 cm hohen Rand formen.
• Den Quark mit der Sahne, dem Zucker, dem Zitronensaft und dem Vanillezucker glatt rühren. Die Butter oder Margarine mit den Eigelben und der Speisestärke verrühren und unter den Quark ziehen. Das Eiweiß mit dem Salz steif schlagen und unter die Masse heben.
• Die Masse auf dem Teigboden verteilen, glatt streichen und im auf 180-200° C vorgeheizten Backofen 40-45 Minuten backen.
• Den Kuchen herausnehmen, erkalten lassen und zum Verzehr bereitstellen.

Mohn-Quark-Torte

• 1 Rezept „Mürbteig" • 1 große Backoblate • 250 g Mohn • 1 EL Vanillezucker • 1 EL Zimtpulver • 2 Eier • 1/4 l Milch • 75 g Zucker • 750 g Sahnequark • 1 Päckchen Vanille-Puddingpulver • 1 Tasse Orangensaft • 4 cl Orangenlikör • 125 g Rumrosinen • 4 Eigelb • 100 g Zucker • 4 Eiweiße • 1 Prise Salz

• Den Mürbteig nach Grundrezept zubereiten, in eine Springform legen und einen Rand hochziehen. Mit einer Gabel den Boden mehrmals einstechen und mit einer Backoblate belegen.
• Den Mohn in Salzwasser 5-6 Minuten kochen, abtropfen lassen, mit dem Vanillezucker, dem Zimtpulver und den Eiern in eine Schüssel geben und verrühren.
• Die Milch erhitzen, heiß zur Mohnmasse geben, unterziehen und mit Zucker nach Geschmack süßen. Die Mohnmasse auf die Backoblate streichen.
• Den Sahnequark mit dem Puddingpulver verrühren, den Orangensaft, den Orangenlikör und die Rumrosinen unterziehen.
• Die Eigelbe mit der Hälfte des Zuckers schaumig schlagen, das Eiweiß mit dem Salz und dem restlichen Zucker steif schlagen. Eischaum und Eiweiß unter die Quarkmasse ziehen.
• Den Quark auf die Mohnfüllung streichen und das Ganze im auf 180-200° C vorgeheizten Backofen 50-60 Minuten ausbacken. Herausnehmen, erkalten lassen, ausgarnieren und servieren.

Saftiger Birnenkuchen

• 1 Grundrezept „Mürbteig" • 6 vollreife, kleine Birnen • Saft von 1 Zitrone • 4 EL Kirschmarmelade • 2 Becher Sahnequark • 2 Eier • Saft von 1 Zitrone • 2-3 EL Speisestärke • 75 g Zucker • 1 Prise Salz

• Den Mürbteig nach Grundrezept zubereiten, in der Springform auslegen und mit einer Gabel mehrmals einstechen.
• Die Birnen schälen, halbieren, entkernen und mit Zitronensaft beträufeln.
• Jede Birnenhälfte mit etwas Kirschmarmelade füllen und vorsichtig mit der Marmelade nach unten auf den Teig setzen.
• Den Quark mit den Eiern und dem Zitronensaft schaumig schlagen, Speisestärke, Zucker und Salz unterrühren, über die Birnen verteilen.
• Im auf 180-200° C vorgeheizten Backofen 40-45 Minuten backen.

Spitzbuben

• 375 g Mehl • 125 g Zucker • 1 Päckchen Vanillezucker • 250 g Butter • Mehl für das Blech • 1 kleines Glas Marmelade • 1 Rezept Zitronenglasur

• Die Zutaten nach Grundrezept „Mürbteig" zu einem Mürbteig verarbeiten.
• Den Teig in ein feuchtes Küchentuch wickeln und im Kühlschrank mindestens eine Stunde ruhen lassen.
• Anschließend den Teig auf einer bemehlten Arbeitsfläche strohhalmdick ausrollen. Runde Formen von 3 cm Durchmesser ausstechen und diese auf einem bemehlten Backblech im auf 190-200° C vorgeheizten Backofen in 10-12 Minuten abbacken.
• Nach dem Abbacken und Auskühlen immer 2 Plätzchen mit Marmelade zusammensetzen, obenauf mit Zitronenglasur überziehen. Vollständig abtrocknen lassen und zum Verzehr bereitstellen.

Himbeer-Sahnetorte

• 1 Rezept „Mürbteig" • 1 kleines Glas Himbeermarmelade • 6 cl Orangenlikör • 500 g frische Himbeeren • 150 g Zucker • 2 EL Vanillezucker • je 6 Blatt weiße und rote Gelatine • 1 Tasse Himbeersaft • 1/2 l Sahne

• Den Mürbteig nach Grundrezept zubereiten, in eine Springform legen und im auf 180-200° C vorgeheizten Backofen 20-25 Minuten ausbacken. Den Teig herausnehmen und erkalten lassen, die Marmelade mit dem Likör glatt rühren und darauf streichen.
• Die gewaschenen Himbeeren mit dem Zucker und dem Vanillezucker im Mixer pürieren. Die gewässerte weiße und rote Gelatine im erhitzten Himbeersaft auflösen und unter das Püree rühren.
• Die Sahne steif schlagen, etwas Sahne zum Garnieren abnehmen. Die restliche Sahne mit dem Himbeerpüree vorsichtig vermischen, auf dem Mürbteigboden glatt streichen und im Kühlschrank vollständig erkalten lassen. Mit Sahnetupfern ausgarnieren und servieren.

Johannisbeerkuchen mit Mandeln

• 1 Grundrezept „Mürbteig" • Kuchenbrösel zum Bestreuen • 6 Eiweiß • 750 g Johannisbeeren • 1 Prise Salz • 250 g Zucker • 2 EL Vanillezucker • 150 g gemahlene Mandeln • 1 TL Zimtpulver • 30 g Speisestärke

• Den Mürbteig nach Grundrezept zubereiten. In der Größe einer Springform ausrollen, in die Form geben und einen Rand hochziehen.
• Den Mürbteig im auf 180-200° C vorgeheizten Backofen blind 15-20 Minuten backen, herausnehmen und erkalten lassen.
• Das Eiweiß mit dem Salz steif schlagen, den Zucker und den Vanillezucker unter ständigem Schlagen einrieseln lassen. Die Mandeln, das Zimtpulver und die Speisestärke miteinander vermischen und vorsichtig unter den Eischnee ziehen. Die gewaschenen, gut abgetropften Johannisbeeren unterheben und das Ganze auf dem Kuchen verteilen. Glatt streichen und erneut im auf 180-200° C vorgeheizten Backofen 25-35 Minuten backen, herausnehmen, erkalten lassen und servieren.

Zitronentorte

• 250 g Mehl • abgeriebene Schale von 1 Zitrone • 1 Prise Salz • 1 Ei • 125 g Zucker • 125 g Butter • Margarine und Grieß für die Form • 5 Blatt weiße Gelatine • 200 g Butter • 320 g Zucker • 5 Eier • Saft von 4 Zitronen • abgeriebene Schale von 2 Zitronen • 1-2 Zitronen • 120 g Zucker • 4 EL Wasser

• Das Mehl mit der Zitronenschale, dem Salz, dem Ei, dem Zucker und der Butter zu einem glatten Mürbteig verkneten, in Frischhaltefolie wickeln und eine Stunde kalt stellen.
• Den Teig in eine ausgefettete, mit Grieß ausgestreute Form legen und einen Rand hochziehen. Den Boden mehrmals einstechen und im auf 200° C vorgeheizten Backofen 20-25 Minuten backen.
• Für die Füllung die Gelatine in kaltem Wasser einweichen. Die Butter mit dem Zucker, den Eiern, dem Zitronensaft und Zitronenschale in einer Metallschüssel verrühren und ins heiße, aber nicht kochende Wasserbad stellen. Mit dem elektrischen Rührgerät schaumig schlagen, bis sich der Zucker gelöst hat. Die Gelatine gut ausdrücken und in der heißen Schaummasse auflösen. Unter gelegentlichem Schlagen abkühlen lassen und kurz bevor sie zu gelieren beginnt, in den Mürbteigboden füllen.
• Mindestens 3 Stunden im Kühlschrank fest werden lassen.
• Die Zitronen unter heißem Wasser abbürsten, abtrocknen und in sehr feine Scheiben schneiden.
• Den Zucker mit dem Wasser erhitzen und die Zitronenscheiben darin kurz aufkochen, herausnehmen und den Zucker sirupartig einkochen lassen.
• Die Zitronenscheiben auf der Torte verteilen und mit dem leicht abgekühlten Guss die ganze Oberfläche gleichmäßig überziehen.

Husarenkrapfen

• 200 g Mehl • 70 g Zucker • Saft und Schale von 1 Zitrone • 2 Eigelb
• 120 g Butter • 1 kleines Glas Fruchtgelee • 1 Eigelb
• 30 g gehackte Mandeln • Mehl für das Blech

• Die Teigzutaten nach Grundrezept „Mürbteig" zu einem Mürbteig verarbeiten. In ein feuchtes Küchentuch wickeln und mindestens eine Stunde im Kühlschrank ruhen lassen.
• Anschließend auf einer bemehlten Arbeitsfläche eine Rolle aus dem Teig formen und Scheiben abschneiden.
• Die Scheiben zu Kugeln drehen und etwas breit drücken. In die Mitte mit einem Kochlöffel eine Vertiefung eindrücken und Fruchtgelee einfüllen.
• Das Eigelb mit etwas Wasser glatt rühren und die Husarenkrapfen damit bestreichen. Mit gehackten Mandeln bestreuen und auf ein bemehltes Backblech setzen.
• Das Ganze im auf 190-200° C vorgeheizten Backofen in 12-15 Minuten abbacken. Die Husarenkrapfen herausnehmen, abkühlen lassen und zum Verzehr bereitstellen.

Grundrezept „Mürbteig fein"

• 250 g Mehl • 1 TL Backpulver • 75 g Zucker • 1 Prise Salz • 1 EL Vanillezucker
• 1 EL geriebene Zitronenschale • 2 Eigelb • 1-2 EL Crème fraîche • 125 g Butter

• Das Mehl mit dem Backpulver auf eine Arbeitsfläche sieben, den Zucker, das Salz, den Vanillezucker und die Zitronenschale zugeben und eine Mulde eindrücken. Die Eigelbe und die Crème fraîche in die Mulde geben und die Butter in Flöckchen darauf setzen.
• Das Ganze mit bemehlten Händen von außen nach innen schnell zu einem kompakten Teig verarbeiten. Teig in ein feuchtes Küchentuch wickeln und im Kühlschrank eine Stunde ruhen lassen. Zur weiteren Verarbeitung bereitstellen.

Johannisbeer-Pie

• 1 Rezept „Mürbteig fein" • 2 EL Butter oder Margarine • 2-3 EL Zucker • 1 Glas Multivitaminsaft • 1 kg rote Johannisbeeren • Zucker nach Geschmack • 3-4 EL Speisestärke • 100 g Marzipanrohmasse • 1/2 Tasse Sahne • 2 Eiweiß • 75 g Zucker

• Den Mürbteig nach Grundrezept zubereiten, in eine ausgefettete Pieform geben, einen Rand hochziehen und den Boden mit einer Gabel mehrmals einstechen.
• Die Butter oder Margarine erhitzen und den Zucker darin karamelisieren lassen. Den Zuckerkaramel mit Multivitaminsaft loskochen, die Johannisbeeren dazugeben und 4-5 Minuten köcheln lassen. Je nach Geschmack mit Zucker süßen und mit angerührter Speisestärke binden. Die erkaltete Füllung gleich mäßig auf dem Mürbteig verteilen und im auf 180-200° C vorgeheizten Backofen 30-40 Minuten backen.
• Die Marzipanrohmasse mit der Sahne glatt rühren. Das Eiweiß sehr steif schlagen, den Zucker unter ständigem Schlagen einrieseln lassen, mit der Marzipanrohmasse vermischen und in einen Spritzbeutel füllen.
• Auf den Pie ein Gitter aufspritzen, unter dem Grill goldgelb überbacken, erkalten lassen und servieren.

Gedeckter Apfelkuchen

• 1 1/2 Rezepte „Mürbteig fein" • 2 EL Butter oder Margarine • 2-3 EL Zucker • 1/4 l Apfelsaft • 1/4 l Apfelwein • 1/2 Tasse Apfelschnaps • 2 kg Äpfel • 125 g Rumrosinen • 2 EL Vanillezucker • Zucker nach Geschmack • 3-4 EL Speisestärke • 30 g Sonnenblumenkerne • 30 g Mandelstifte • 200 g Puderzucker • 4 cl Apfelschnaps • 30 g Kokosfett

• Den Mürbteig fein nach Grundrezept zubereiten, zwei Drittel des Teiges ausrollen, eine Springform damit auslegen, mit einer Gabel mehrmals einstechen und in den Kühlschrank stellen.
• Die Butter oder Margarine erhitzen, den Zucker darin karamelisieren lassen, den Karamel mit dem Apfelsaft und dem -wein loskochen und mit Apfelschnaps aromatisieren.
• Die Äpfel schälen, in Scheiben schneiden und im Apfelsud kurz blanchieren. Die Rumrosinen und den Vanillezucker dazugeben und mit Zucker süßen. Den Saft mit angerührter Speisestärke eindicken. Den Teig mit den Apfelscheiben belegen, den erkalteten und eingedickten Saft gleichmäßig darauf geben, mit Sonnenblumenkernen und Mandelstiften bestreuen.
• Den restlichen Mürbteig ausrollen, die Torte damit bedecken und im auf 180-200° C vorgeheizten Backofen 40-50 Minuten backen. Den Puderzucker mit dem Apfelschnaps und dem flüssigen Kokosfett glatt rühren.
• Den noch warmen Kuchen aus der Form nehmen, mit der Glasur überziehen, abtrocknen und auskühlen lassen, in Stücke schneiden und servieren.

Himbeerschnitten mit Mürbteig

• 1 Rezept „Mürbteig fein" • 50 g gemahlene Mandeln • 1 kleines Glas Himbeermarmelade • 4 cl Himbeergeist • 500 g Himbeeren • 50 g Kokosflocken • 50 g Mandelblättchen • 3-4 EL Zucker • 500 g Sahnequark • Saft von 2 Zitronen • 1-2 EL geriebene Zitronenschale • 8 Blatt rote Gelatine • 1 Tasse Himbeersaft • 1 1/2 Becher Schlagsahne • 2 Päckchen Sahnesteif • 2 EL Vanillezucker • Zucker nach Geschmack • 1/4 l roten Tortenguss

• Den Mürbteig mit den Mandeln nach Grundrezept zubereiten, den Teig ausrollen und ein Backblech damit auslegen. Den Teig mit einer Gabel einstechen und im auf 180-200° C vorgeheizten Backofen 25-35 Minuten abbacken.
• Die Marmelade mit dem Himbeergeist glatt rühren und den erkalteten Teig damit bestreichen. Einige schöne Himbeeren zurücklegen, die restlichen mit den Kokosflocken und den Mandelblättchen vermischen, mit Zucker bestreuen und 10-15 Minuten ziehen lassen.
• Den Quark mit dem Zitronensaft und der Zitronenschale glatt rühren. Die im Wasser eingeweichte und im erhitzten Himbeersaft aufgelöste Gelatine unter den Quark ziehen.
• Die Früchte und die mit dem Sahnesteif geschlagene Sahne unter den Quark heben. Mit Vanillezucker und Zucker süßen, die Masse auf den Teig streichen und erkalten lassen.
• Den Tortenguss nach Rezept zubereiten, die Quarkmasse damit überziehen und erkalten lassen. Das Ganze zu Rechtecken schneiden, mit der Sahne und den zurückgelassenen Beeren garnieren und servieren.

Brombeerschnitten

• 1 Rezept „Mürbteig fein" • 1 kleines Glas Waldbeerenmarmelade • 4 cl Brombeerlikör • 500 g Brombeeren • 50 g gehackte Mandeln • 50 g Haselnusskrokant • 3-4 EL Zucker • 500 g Speisequark • Saft von 1 Zitrone • 1 geriebene Zitronenschale • 8 Blatt weiße Gelatine • 1 Tasse Kirschsaft • 1 1/2 Becher Schlagsahne • 2 Päckchen Sahnesteif • 2 EL Vanillezucker • Zucker nach Geschmack • Zitronenmelisseblättchen zum Garnieren

• Den Mürbteig nach Grundrezept zubereiten, den Teig auf einer Arbeitsfläche ausrollen und ein kleines Backblech damit auslegen. Den Teig mit einer Gabel einstechen und im auf 180-200° C vorgeheizten Backofen 25-35 Minuten abbacken.
• Die Marmelade mit dem Brombeerlikör glatt rühren und den erkalteten Teig damit bestreichen.
• Einige schöne Brombeeren zurücklegen, die restlichen mit den Mandeln und dem Haselnusskrokant vermischen, mit Zucker bestreuen und 15 Minuten ziehen lassen.
• Den Quark mit dem Zitronensaft und der -schale glatt rühren. Die im Wasser aufgeweichte und im erhitzten Kirschsaft aufgelöste Gelatine unter den Quark ziehen.
• Die Früchte und die mit dem Sahnesteif geschlagene Sahne unter den Quark heben. Mit Vanillezucker und Zucker süßen. Die Masse auf den Teig streichen und erkalten lassen.
Mit Brombeeren und Zitronenmelisseblättchen ausgarnieren und servieren.

Schokoschnitten

• 500 g Mehl • 1/2 Päckchen Backpulver • 250 g Zucker • 2 EL Kakaopulver • 4 Eier • 250 g Butter • Fett und Mehl für das Blech • 1 Rezept „Schokoladenglasur 1"

• Die Teigzutaten nach Grundrezept zu einem Mürbteig verarbeiten, in ein feuchtes Küchentuch wickeln und im Kühlschrank eine Stunde ruhen lassen.
• Den Teig auf einer bemehlten Arbeitsfläche etwa 1 cm dick ausrollen, auf ein bemehltes Backblech setzen und im auf 200° C vorgeheizten Backofen abbacken.
• Nach dem Abbacken den Kuchen auf dem Blech lockern, mit Schokoladenglasur bestreichen und in 10 cm lange und 4 cm breite Streifen schneiden.
• Die Schokoschnitten vollständig abtrocknen lassen und zum Verzehr bereitstellen.

Marmeladenschnitten

• 500 g Mehl • 1/2 Päckchen Backpulver • 250 g Zucker • 4 Eier • 250 g Butter • 1 kleines Glas Marmelade • Fett und Mehl für das Blech

• Die Teigzutaten nach Grundrezept zu einem Mürbteig verarbeiten, in ein feuchtes Küchentuch wickeln und im Kühlschrank eine Stunde ruhen lassen.
• Den Teig auf einer bemehlten Arbeitsfläche etwa 1 cm dick ausrollen, auf ein bemehltes Backblech setzen, mit der Marmelade bestreichen und im auf 200° C vorgeheizten Backofen abbacken.
• Nach dem Abbacken den Kuchen auf dem Blech lockern, in 10 cm lange und 4 cm breite Streifen schneiden und zum Verzehr bereitstellen.

Quarktörtchen mit Pistazien

• 250 g Mehl • 75 g Zucker • 1 EL Vanillezucker • 1 Prise Salz • abgeriebene Schale von 1/2 Zitrone • 1 Ei • 150 g Butter • Margarine und Semmelbrösel für die Förmchen • 2 Eier • 75 g Zucker • 1 EL Vanillezucker • 250 g Sahnequark • abgeriebene Schale von 1/2 Zitrone • 1 Schuss Sahne • 1/2 Päckchen Vanille-Puddingpulver • 75 g gehackte Pistazien

• Das Mehl auf eine Arbeitsfläche sieben, den Zucker, den Vanillezucker, das Salz und die Zitronenschale untermischen, Das Ei und die Butter dazugeben und alles von außen nach innen schnell zu einem kompakten Teig verarbeiten, in ein feuchtes Küchentuch wickeln und im Kühlschrank eine Stunde ruhen lassen. Anschließend auf einer bemehlten Arbeitsfläche ausrollen, Kreise von 7-10 cm ausstechen. und diese in kleine, mit Butter oder Margarine ausgefettete und mit Semmelbröseln bestreute Förmchen setzen.
• Die Eier in einer feuerfesten Form mit dem Zucker und dem Vanillezucker im Wasserbad schaumig schlagen. Vom Feuer nehmen und kalt schlagen. Den Quark mit der Zitronenschale, der Sahne, dem Vanille-Puddingpulver und den Pistazien glatt rühren, unter die Schaummasse heben und alles in die Mürbteigförmchen füllen.
• Die Törtchen im auf 180-200° C vorgeheizten Backofen 20-30 Minuten backen, herausnehmen, ausgarnieren und servieren.

ERDBEERTÖRTCHEN

• 250 g Mehl • 75 g Zucker • 1 EL Vanillezucker • 1 Prise Salz • abgeriebene Schale von 1/2 Zitrone • 1 Ei • 150 g Butter • Butter oder Margarine und Semmelbrösel für die Förmchen • 500 g Erdbeeren • 1 Becher Sahne • 1 EL Vanillezucker • 1 Päckchen Sahnesteif • 250 g Erdbeeren • Zitronenmelisseblättchen zum Garnieren

• Das Mehl auf eine Arbeitsfläche sieben, den Zucker, den Vanillezucker, das Salz und die Zitronenschale untermischen, Das Ei und die Butter dazugeben und alles von außen nach innen schnell zu einem kompakten Teig verarbeiten, in ein feuchtes Küchentuch wickeln und im Kühlschrank eine Stunde ruhen lassen.
Anschließend auf einer bemehlten Arbeitsfläche ausrollen, Kreise von 7-10 cm ausstechen. und diese in kleine, mit Butter oder Margarine ausgefettete und mit Semmelbröseln bestreute Förmchen setzen.
• Die Törtchen im auf 180-200° C vorgeheizten Backofen 10-15 Minuten backen, herausnehmen und erkalten lassen.
• Die verlesenen und gewaschenen Erdbeeren im Mixer pürieren. Die Sahne mit dem Vanillezucker und dem Sahnesteif steif schlagen, das Erdbeerpüree vorsichtig unterheben, die Masse in einen Spritzbeutel füllen und auf die Törtchen aufspritzen. Mit frischen Erdbeeren und Zitronenmelisseblättchen ausgarnieren und servieren.

KÄSEKUCHEN SEHR FEIN

• 200 g Mehl • 1 TL Backpulver • 1 Prise Salz • 1 EL Vanillezucker • 1 EL geriebene Zitronenschale • 1 Ei • 60 g Zucker • 100 g Butter • 3 Eigelb • 100 g Zucker • 1 EL Vanillezucker • 100 g Butter • 1 Tasse Sahne • 500 g Magerquark • 25 g Speisestärke • 3 Eiweiß • 1 Prise Salz • 1 Eigelb • 2 EL Kaffeesahne

• Die Teigzutaten zu einem Mürbteig verarbeiten, in ein feuchtes Küchentuch wickeln und im Kühlschrank eine Stunde ruhen lassen. Den Teig auf einer bemehlten Arbeitsfläche ausrollen und in eine Springform geben. Einen Rand hochdrücken. Den Boden mehrmals mit einer Gabel einstechen.
• Die Eigelbe mit dem Zucker und dem Vanillezucker schaumig schlagen. Die handwarme Butter und die Sahne kräftig darunter schlagen und mit dem Magerquark vermischen. Die gesiebte Speisestärke und die mit Salz zu Schnee geschlagenen Eiweiße abwechselnd vorsichtig unter die Masse heben.
• Die Quarkmasse auf den Teig geben und glatt streichen. Das Eigelb und die Kaffeesahne glatt rühren. Die Oberfläche des Kuchens einstreichen. Im auf 180-200° C vorgeheizten Backofen 50-60 Minuten backen.
• Den Kuchen herausnehmen und auf ein Kuchengitter stürzen, vollständig erkalten lassen und erst dann aus der Kuchenform nehmen.
• Den Kuchen mit Puderzucker bestäuben, anrichten und servieren.

Saftiger Apfelkuchen

• 200 g Mehl • 2 EL Zucker • 1 Prise Salz • 100 g Butter • 1 Ei • 2 EL Buttermilch • Mehl zum Ausrollen • Margarine und Semmelbrösel für die Form • 4-5 mürbe Äpfel • Saft von 1 Zitrone • 4 EL Johannisbeergelee • 300 g Magerquark • 250 g Sahnedickmilch • 2 Eier • Saft von 1 Zitrone • 3 EL Mehl • 80-100 g Zucker • 1 TL Zimtpulver • 1 Prise Salz

• Das Mehl auf eine Arbeitsfläche sieben, den Zucker und das Salz darüber streuen, die Butter in Flöckchen darauf setzen, das Ei und die Buttermilch dazugeben und alles schnell von außen nach innen zu einem glatten Teig verkneten.
• Den Teig in ein feuchtes Küchentuch wickeln und eine Stunde im Kühlschrank ruhen lassen.
• Den Teig auf einer bemehlten Arbeitsfläche ausrollen, eine Springform ausfetten und mit Semmelbröseln ausstreuen, den Teig einlegen, einen 3 cm hohen Rand hochziehen und mit einer Gabel mehrmals einstechen.
• Die Äpfel schälen, halbieren, entkernen und mit Zitronensaft beträufeln und je 1 TL Johannisbeergelee in die Mitte geben.
• Den Quark mit der Dickmilch, den Eiern und dem Zitronensaft schaumig schlagen. Mehl, Zucker, Zimt und Salz unterrühren.
• Den Teigboden dünn mit der Quarkmasse bedecken, die Äpfel mit dem Johannisbeergelee nach unten einlegen und die restliche Quarkmasse darüber füllen.
• Im auf 180-200° C vorgeheizten Backofen 40-45 Minuten backen.

Quarktorte mit Mandarinen

• 200 g Mehl • 1/2 Päckchen Backpulver • 75 g Zucker • 1 Prise Salz • 1 Ei • 125 g Butter • Mehl zum Ausrollen • Margarine und Semmelbrösel für die Form • 500 g Sahnequark • Saft von 1 Orange • 6 cl Orangenlikör • 2 Päckchen Vanillezucker • 1 Tasse Weißwein • 12 Blatt weiße Gelatine • 2 Becher Sahne • 2 Päckchen Sahnesteif • 2 Dosen Mandarinen • Sahne zum Garnieren • Schokoraspeln zum Bestreuen

• Mehl und Backpulver auf eine Arbeitsfläche sieben. Zucker und Salz dazugeben, eine Mulde eindrücken, das Ei hineingeben, die Butter in Flöckchen darauf setzen, alles von außen nach innen rasch zu einem glatten, kompakten Teig verkneten und im Kühlschrank mindestens eine Stunde ruhen lassen.
• Den Teig in eine ausgefettete und mit Semmelbröseln ausgestreute Springform geben, mit einer Gabel mehrmals einstechen und im auf 180-200° C vorgeheizten Backofen 25-35 Minuten backen.
• Den Quark mit dem Orangensaft, dem Orangenlikör und dem Vanillezucker glatt rühren. Den Weißwein erhitzen, die gewässerte, gut ausgedrückte Gelatine darin auflösen lassen und tropfenweise unter den Quark ziehen.
• Die Sahne mit dem Sahnesteif steif schlagen und mit den gut abgetropften Mandarinen unter den Quark heben. Einen Tortenrand um den Mürbteig legen, die Masse einfüllen, glatt streichen, im Kühlschrank vollständig erstarren lassen vorsichtig aus der Form lösen, mit etwas Sahne ausgarnieren, mit Schokoraspeln bestreuen und servieren.

Linzer Torte

• 250 g Mehl • 1 Ei • 100 g Zucker • 1 EL Vanillezucker • 1 Prise Nelkenpulver • 1 Prise Zimtpulver • einige Tropfen Zitronenaroma • 100 g gemahlene Mandeln • 180 g Margarine • 350 g rote Marmelade • Margarine für die Form • Milch zum Bestreichen • Puderzucker zum Bestäuben

• Das Mehl in eine Schüssel sieben, in die Mitte eine Vertiefung eindrücken, das Ei, den Zucker, die Gewürze, das Zitronenaroma, die Mandeln und die harte, zerpflückte Margarine hineingeben.
• Alle Zutaten schnell zu einem Mürbteig verarbeiten, in Frischhaltefolie wickeln und eine Stunde im Kühlschrank ruhen lassen.
• Zwei Drittel des Teiges auf einer bemehlten Arbeitsfläche ausrollen, in eine gefettete Springform legen und dabei einen Rand hochziehen. Die Marmelade einfüllen und den restlichen Teig in Streifen radeln. Mit den Streifen ein Gitter auf die Marmelade legen und dieses mit der Milch bestreichen.
• Im auf 180-200° C vorgeheizten Backofen 60-70 Minuten abbacken, herausnehmen, auskühlen lassen und mit Puderzucker bestreut servieren.

Kirsch-Käsekuchen

• 250 g Mehl • 150 g Margarine • 100 g Zucker • 2 Eigelb • abgeriebene Schale von 1/2 Zitrone • 2-3 EL Rum • 1 Prise Salz • 80 g gemahlene Mandeln • 750 g Magerquark • 3 Eigelb • 100 g Zucker • 1 Päckchen Vanillezucker • abgeriebene Schale von 1/2 Zitrone • 3-4 Tropfen Bittermandelöl • 40 g Speisestärke • 3 Eiweiß • 1/2 l Sahne • 1 Glas Kirschen

• Aus dem Mehl, der Margarine, dem Zucker, den Eigelben, der Zitronenschale, dem Rum und dem Salz einen Knetteig herstellen und diesen 1/2 Stunde kalt stellen.
• Eine ausgefettete Springform (Durchmesser 26 cm) mit dem Teig auslegen und die Hälfte der Mandeln darauf streuen.
• Für die Füllung die restlichen Mandeln mit dem Quark vermischen. Die Eigelbe mit dem Zucker und dem Vanillezucker schaumig schlagen, mit der Zitronenschale und dem Bittermandelöl zum Quark geben. Die Speisestärke darüber sieben und unterheben.
• Das Eiweiß zu steifem Schnee schlagen, die Sahne steif schlagen und beides vorsichtig unter die Quarkmasse heben.
• Die gut abgetropften Kirschen auf dem Teig verteilen, die Quarkmasse darüber gießen und glatt streichen.
• Im auf 230° C vorgeheizten Backofen in 60-70 Minuten goldbraun abbacken. In der Form erkalten lassen, nach Geschmack mit Puderzucker bestäuben und servieren.

Apfelkuchen mit Kirschmarmelade

• 200 g Mehl • 1 Prise Salz • 1 geh. EL Zucker • 100 g Butter • 1 Ei • 1 EL Sahnequark • 6 kleine, weiche Äpfel • 8 TL Kirschmarmelade • 200 g Magerquark • 2 Becher Sahnedickmilch • 2 Eier • 2 EL Zitronensaft • 2 EL Speisestärke • 75 g Zucker • 1 Msp. Zimt • 1 Prise Salz

• Aus dem Mehl, dem Salz, dem Zucker, der Butter und dem Ei mit bemehlten Händen einen Mürbteig herstellen, in Frischhaltefolie wickeln und eine Stunde kalt stellen. Eine Springform (Durchmesser 26 cm) einfetten und mit dem Teig auslegen. Dabei einen Rand formen.
• Die Äpfel schälen, halbieren und das Kerngehäuse herausschneiden. Mit je 1 TL Kirschmarmelade füllen und mit der Wölbung nach oben auf den Teig legen.
• Den Quark mit der Sahnedickmilch, den Eiern und dem Zitronensaft schaumig schlagen, die Speisestärke, den Zucker, den Zimt und das Salz unterrühren, die Masse über die Äpfel geben und glatt streichen.
• Im auf 180-200° C vorgeheizten Backofen 45-50 Minuten backen, herausnehmen und erkalten lassen.

Variation:
Zur Abwechslung aus einem kleinen Teigrest Rollen oder Streifen formen und diese vor dem Backen gitterförmig auf den Kuchen legen.

Apfel-Blechkuchen

• 600 g Mehl • 1 Päckchen Backpulver • 200 g Butter • 100 g Zucker • 1 Prise Salz • 1 EL geriebene Zitronenschale • 1 Becher Sahne • 1,5 kg säuerliche Äpfel • Saft von 1 Zitrone • 150 g Zucker • 1 TL Zimtpulver • 100 g gehackte Haselnüsse • 1/2 Tasse Rumrosinen • Mehl zum Ausrollen • 1 Eigelb • 1 EL Sahne

• Das Mehl mit dem Backpulver vermischen und auf eine Arbeitsfläche sieben. In die Mitte eine Mulde drücken, die Butter in Flöckchen darauf setzen, mit Zucker, Salz und Zitronenschale bestreuen. Die Sahne in die Mulde geben, leicht verrühren, mit bemehlten Händen von außen nach innen zu einem kompakten Teig verarbeiten und im Kühlschrank mindestens eine Stunde ruhen lassen.
• In der Zwischenzeit die Äpfel schälen, raspeln, mit Zitronensaft beträufeln, mit dem Zucker, dem Zimt, den Haselnüssen und den gut abgetropften Rumrosinen vermischen.
• 3/4 des Teiges auf einem gefetteten Backblech ausrollen, dabei einen Rand formen.
• Die Apfelmischung darauf verteilen, aus dem restlichen Teig Streifen formen und den Kuchen damit belegen. Das Eigelb mit der Sahne verrühren, das Gitter bestreichen und den Kuchen im auf 180-200° C vorgeheizten Ofen in 40-50 Minuten abbacken. Herausnehmen, ausgarnieren, anrichten und servieren.

Schwäbischer Sauerkirschkuchen

• 150 g Mehl • 1/2 TL Backpulver • 75 g Zucker • 1 Päckchen Vanillezucker • 1 Ei • 75 g Butter oder Margarine. • 500 g Sauerkirschen • 2 Eier • 100 g Zucker • 1 Päckchen Vanillezucker • 1 TL Zitronensaft • 4 EL saure Sahne • 1 EL Speisestärke

• Das Mehl mit dem Backpulver vermischen und auf eine Arbeitsfläche sieben. Den Zucker, den Vanillezucker und das Ei dazugeben und die Butter oder Margarine in Flöckchen darauf setzen.
• Schnell zu einem glatten Teig verkneten. Sollte er kleben, 1/2-1 Stunde kalt stellen.
• Eine gefettete Springform mit dem Teig auslegen, dabei den Rand ca. 3 cm hochziehen.
• Die Sauerkirschen gut abtropfen lassen, auf den Teig geben und das Ganze im auf 200° C vorgeheizten Backofen 15 Minuten vorbacken.
Für den Guss die Eier mit dem Zucker, dem Vanillezucker, dem Zitronensaft, der sauren Sahne und der Speisestärke glatt rühren, auf die Kirschen geben und bei 200° C weitere 45 Minuten backen.

Ananaskuchen mit Kokosbaiser

• 200 g Mehl • 125 g Butter • 100 g Zucker • 4 Eigelb • 1 Prise Salz • 1 EL geriebene Zitronenschale • 1 EL Vanillezucker • 1 kleines Glas Ananasmarmelade • 4 cl Kokoslikör • 1 frische Ananas • 4 Eiweiß • 100 g Zucker • 200 g Kokosflocken

• Aus den Teigzutaten einen Mürbteig herstellen, in ein feuchtes Küchentuch wickeln und im Kühlschrank eine Stunde ruhen lassen. Anschließend den Teig auf einer bemehlten Arbeitsfläche ausrollen, in eine Springform geben, einen Rand hochziehen und den Teigboden mehrmals mit einer Gabel einstechen.
Im auf 180-200° C vorgeheizten Backofen 25-35 Minuten backen, herausnehmen und erkalten lassen.
• Die Ananasmarmelade mit dem Kokoslikör glatt rühren und den gebackenen Teig damit bestreichen. Die Ananas schälen, in Scheiben schneiden und das Fruchtfleisch fein würfeln. Gut abtropfen lassen und auf dem Mürbteigboden verteilen.
• Das Eiweiß sehr steif schlagen und den Zucker unter ständigem Weiterschlagen einrieseln lassen. Die Kokosflocken vorsichtig unterheben und den Kuchen damit gleichmäßig bestreichen. Den Ananaskuchen unter dem Grill goldgelb überbacken, herausnehmen, erkalten lassen, anrichten und servieren.

Apfelkuchen

• 250 g Mehl • 1 Päckchen Backpulver • 75 g Zucker • 1 Prise Salz • 1 EL geriebene Zitronenschale • 1 Päckchen Vanillezucker • 2 Eigelb • 125 g Butter • 2-3 EL saure Sahne • 800 g säuerliche Äpfel • Saft von 1 Zitrone • 125 g Magerquark • 1 Becher saure Sahne • 2 Eier • 1 Päckchen Vanillezucker • Zucker nach Geschmack • 100 g Mandelsplitter

• Das Mehl mit dem Backpulver vermischen, mit dem Zucker, dem Salz, der Zitronenschale und dem Vanillezucker auf eine Arbeitsfläche geben und eine Mulde eindrücken. Das Eigelb in die Mulde geben, die Butter in Flöckchen darauf setzen und den Sauerrahm darüber träufeln und alles zu einem glatten Teig verkneten und zugedeckt im Kühlschrank mindestens eine Stunde ruhen lassen.
• Den Teig erneut auf einer Arbeitsfläche kurz durchkneten, ausrollen, eine ausgefettete Springform mit dem Teig auslegen und einen Rand dabei hochdrücken.
• Den Teigboden mehrmals mit einer Gabel einstechen und bereitstellen.
• Die Äpfel schälen, entkernen, in Schnitze schneiden, mit Zitronensaft beträufeln und den Teigboden damit belegen.
• Den Quark mit der sauren Sahne, den Eiern und dem Vanillezucker in eine Schüssel geben und glatt rühren, mit Zucker nach Geschmack süßen und anschließend gleichmäßig auf die Äpfel verteilen.
• Zum Schluss die Mandelsplitter darüber streuen und den Kuchen im auf 180-200° C vorgeheizten Backofen 50-60 Minuten abbacken.
• Den Apfelkuchen herausnehmen, erkalten lassen, anrichten, ausgarnieren und servieren.

Mandarinentörtchen

• 250 g Mehl • 75 g Zucker • 1 EL Vanillezucker • 1 Prise Salz • abgeriebene Schale von 1/2 Zitrone • 1 Ei • 150 g Butter oder Margarine und Semmelbrösel für die Förmchen • 2-3 kleine Dosen Mandarinen • 2 Päckchen klaren Tortenguss • 1 Becher Sahne • 1 EL Vanillezucker • 1 Päckchen Sahnesteif • Zitronenmelisseblättchen zum Garnieren

• Das Mehl auf eine Arbeitsfläche sieben, den Zucker, den Vanillezucker, das Salz und die Zitronenschale untermischen. Das Ei und die Butter dazugeben und alles schnell zu einem kompakten Teig verarbeiten, in ein feuchtes Küchentuch wickeln und im Kühlschrank eine Stunde ruhen lassen. Anschließend auf einer Arbeitsfläche ausrollen, Kreise von 7-10 cm ausstechen. und diese in kleine, mit Butter oder Margarine ausgefettete und mit Semmelbröseln bestreute Förmchen setzen.
• Die Törtchen im auf 180-200° C vorgeheizten Backofen 10-15 Minuten backen, herausnehmen und erkalten lassen.
• Die Mandarinen gut abtropfen lassen, einige Spalten zum Garnieren zurückbehalten und den Rest mit einer Gabel zerdrücken. Den Tortenguss nach Anweisung mit dem Mandarinensaft und Wasser kochen und etwas abkühlen lassen.
• Das Mandarinenpüree unter den Tortenguss ziehen, das Ganze auf den Törtchen verteilen und vollständig erkalten lassen.
• Die Sahne mit dem Vanillezucker und dem Sahnesteif steif schlagen, in einen Spritzbeutel füllen und die Törtchen damit verzieren. Mit Mandarinenspalten und Zitronenmelisseblättchen ausgarnieren und servieren.

Obsttörtchen

• 250 g Mehl • 75 g Zucker • 1 EL Vanillezucker • 1 Prise Salz • abgeriebene Schale von 1/2 Zitrone • 1 Ei • 150 g Butter • Margarine und Semmelbrösel für die Förmchen • 500 g Früchte nach Wahl • 4 cl Orangenlikör • 1 EL Vanillezucker • 75 g Zucker • 1-2 Päckchen Tortenguss • geschlagene, gesüßte Sahne • Zitronenmelisseblättchen zum Garnieren

• Das Mehl auf eine Arbeitsfläche sieben, den Zucker, den Vanillezucker, das Salz und die Zitronenschale untermischen, Das Ei und die Butter dazugeben und alles von außen nach innen schnell zu einem kompakten Teig verarbeiten, in ein feuchtes Küchentuch wickeln und im Kühlschrank eine Stunde ruhen lassen.
Anschließend auf einer bemehlten Arbeitsfläche ausrollen, Kreise von 7-10 cm ausstechen und diese in kleine, mit Butter oder Margarine ausgefettete und mit Semmelbröseln bestreute Förmchen setzen.
• Die Törtchen im auf 180-200° C vorgeheizten Backofen 10-15 Minuten backen, herausnehmen und erkalten lassen.
• Die Früchte verlesen, waschen, gut abtropfen lassen, klein schneiden, Orangenlikör, Vanillezucker und Zucker bestreuen und 10-15 Minuten ziehen lassen.
• Die Törtchen nach Geschmack mit den Früchten belegen, den Tortenguss nach Anweisung zubereiten und die Früchte damit überziehen. Vollständig erkalten lassen, mit der Sahne und Zitronenmelisseblättchen ausgarnieren und sofort servieren.

Festliche Käsetorte

• 200 g Mehl • 1/2 TL Backpulver • 40 g Zucker • 1 EL Vanillezucker • 1 Ei • 80 g Butter • Margarine für die Form • 1 kg Magerquark • 5 Eigelb • 80 g Speisestärke • 90 g Zucker • 1-2 EL Vanillezucker • abgeriebene Schale von 1 Orange • 5 Eiweiß • etwas verschlagenes Eigelb zum Bestreichen

• Aus dem Mehl, dem Backpulver, dem Zucker, dem Vanillezucker, dem Ei und der Butter einen Mürbteig kneten, in Frischhaltefolie wickeln und eine Stunde kalt stellen.
• Den Boden und den Rand einer gefetteten Springform (28 cm) mit dem Teig auslegen. Mit einer Gabel mehrmals einstechen und im auf 200° C vorgeheizten Backofen 10 Minuten backen.
• Den Quark mit den Eigelben, der Speisestärke, dem Zucker, dem Vanillezucker und der Orangenschale verrühren. Das Eiweiß steif schlagen und unterheben. Die Masse auf den vorgebackenen Boden geben und mit etwas verschlagenem Eigelb bestreichen.
• Im auf 175° C vorgeheizten Backofen 60-70 Minuten backen und im abgeschalteten Ofen bei geöffneter Türe auskühlen lassen.

Crème-fraîche-Torte

• 200 g Mehl • 1 TL Backpulver • 75 g Zucker • 1 Päckchen Vanillezucker • 1 Ei • 75 g Butter • 2 Päckchen Vanille-Puddingpulver • 1/2 l Milch • 600 g Crème fraîche • 1 kleine Dose Birnen • 150 g Zucker

• Das mit Backpulver vermischte Mehl, den Zucker, den Vanillezucker, das Ei und die Butter rasch zu einem glatten Mürbteig verkneten. In Frischhaltefolie einwickeln und mindestens 2 Stunden kühl stellen. Dann den Teig in eine ausgefettete Springform legen und einen Rand hochziehen.
• Aus dem Puddingpulver und der Milch einen Pudding kochen und diesen kalt werden lassen. Die Crème fraîche und den Zucker einrühren, die Birnen in Würfel schneiden und unterheben. Die Masse auf dem Mürbteig verteilen und das Ganze im auf 180-200° C vorgeheizten Backofen 35-40 Minuten backen. Herausnehmen, erkalten lassen und servieren.

Sauerkirsch-Teilchen

• 150 g Magerquark • 6 EL Milch • 6 EL Öl • 75 g Zucker • 1 Vanillezucker • 1 Prise Salz • 300 g Mehl • 1 Päckchen Backpulver • 450 g Sauerkirschen aus dem Glas • Kondensmilch • 1 Msp. Zimtpulver • 1 EL Zucker • 50 g gestiftelte Mandeln

• Den Quark ausdrücken und mit der Milch, dem Öl, dem Zucker, dem Vanillezucker und dem Salz verrühren. Danach gut die Hälfte des mit Backpulver gemischten und gesiebten Mehls eßlöffelweise dazugeben, den Rest des Mehls unterkneten.
• Den Teig ausrollen, in 12 x 12 cm große Quadrate schneiden und auf ein gefettetes Backblech legen.
• Die Kirschen abtropfen lassen. Auf die Teigstücke die Kirschen in die Mitte verteilen, die Teigecken zur Mitte hin zusammenlegen und mit Kondensmilch bestreichen.
• Das Zimtpulver mit dem Zucker vermischen. Die Teilchen damit und mit den Mandelstiften bestreuen und im auf 200° C vorgeheizten Backofen 20 Minuten backen. Herausnehmen, erkalten lassen und servieren.

Pflaumenkuchen

• 150 g Speisequark • 6 EL Milch • 6 EL Speiseöl • 75g Zucker • 1 Päckchen Vanillezucker • etwas Salz • 300 g Weizenmehl • 1 Päckchen Backpulver • Margarine fürs Blech • 1 1/2 kg Zwetschgen • Zimtzucker zum Bestreuen • Zitronenmelisseblättchen zum Garnieren

• Den Quark ausdrücken und mit der Milch, dem Öl, dem Zucker, dem Vanillezucker und dem Salz verrühren. Danach gut die Hälfte des mit Backpulver gemischten und gesiebten Mehls eßlöffelweise dazugeben, den Rest des Mehls unterkneten.
• Den Teig auf einem gefetteten Backblech ausrollen, die Zwetschgen waschen, halbieren, entsteinen und mit der Innenseite nach oben auf den Teig legen.
• Im auf 200° C vorgeheizten Backofen 20 Minuten backen, herausnehmen, abkühlen lassen, mit Zimtzucker bestreuen und mit Zitronenmelisse ausgarnieren.

Quarkkuchen mit Äpfeln

• 200 g Magerquark • 1 Schuss Sahne • 1 Ei • 2-3 EL Öl • 75-100 g Zucker • 1 Päckchen Vanillezucker • 1 Prise Salz • 1 EL geriebene Zitronenschale • 400 g Mehl • 1 Päckchen Backpulver • 1 kg süßsäuerliche Äpfel • Saft von 2 Zitronen • 50 g flüssige Butter • 3-4 EL Zimtzucker • 100 g Vollmilchschokolade • etwas Kokosfett

• Den Quark mit der Sahne, dem Ei, dem Öl, dem Zucker, dem Vanillezucker, dem Salz und der Zitronenschale solange schlagen, bis sich der Zucker vollständig aufgelöst hat.
• Das Mehl mit dem Backpulver vermischen und unter den Teig arbeiten.
• Den Teig gut durchkneten, ausrollen und auf ein ausgefettetes Backblech legen, dabei den Rand hochdrücken.
• Die Äpfel schälen, entkernen, in Spalten schneiden, mit Zitronensaft beträufeln und gleichmäßig auf den Teig setzen. Mit der flüssigen Butter beträufeln, mit Zimtzucker bestreuen und im auf 180-200° C vorgeheizten Backofen in 30-40 Minuten abbacken. Herausnehmen und erkalten lassen.
• Die Schokolade mit dem Kokosfett schmelzen lassen, in einen Spritzbeutel füllen, ein Muster auf den Kuchen zeichnen, vollständig erkalten lassen und servieren.

Stachelbeerkuchen mit Streuseln

• 250 g Magerquark • 1 Ei • 1/8 l Öl • 100 g Zucker • 1 Prise Salz • 400 g Mehl • 1 Päckchen Backpulver • Mehl zum Ausrollen • Margarine fürs Blech • 2-3 Gläser Stachelbeeren • 100 g Butter • 100 g Zucker • 1 Päckchen Vanillezucker • 200 g Mehl • 1/2 TL Backpulver • 1 Eigelb • 50 g Mandelsplitter • Puderzucker zum Bestäuben • 1 Becher Sahne • Zucker zum Süßen

• Den Quark gut abtropfen lassen oder ausdrücken, mit dem Ei, dem Öl, dem Zucker und dem Salz verrühren. Das Mehl mit dem Backpulver mischen, sieben und nach und nach unterrühren.
• Den Teig 30 Minuten im Kühlschrank ruhen lassen, anschließend auf einer bemehlten Arbeitsfläche ausrollen und auf ein gefettetes Backblech legen. Die Stachelbeeren darauf verteilen.
• Aus der Butter, dem Zucker, dem Vanillezucker, dem Mehl, dem Backpulver und dem Eigelb Streusel herstellen und auf den Stachelbeeren verteilen. Mit den Mandelsplittern bestreuen und im auf 180-200° C vorgeheizten Backofen 40-35 Minuten backen.
• Herausnehmen, auskühlen lassen, mit Puderzucker bestäuben und mit der geschlagenen, gesüßten Sahne servieren.

Grundrezept „Biskuit 1 mit Rum“

• 6 Eier • 180 g Zucker • 1 Prise Salz • 150 g Mehl • 1 TL Backpulver • einige Tropfen Rum

• Die Eier mit dem Zucker und dem Salz weiß-schaumig aufschlagen.
• Das Mehl mit dem Backpulver vermischen, löffelweise vorsichtig unter den Eischaum heben und den Teig mit Rum aromatisieren.
• Eine Springform (Durchmesser 26 cm) mit Backtrennpapier auslegen, den Teig einfüllen und im auf 180-200° C vorgeheizten Backofen 20 Minuten backen.
• Nach Ende der Backzeit auf ein Kuchengitter stürzen, das Backtrennpapier vorsichtig abziehen, den Kuchen erkalten lassen und einmal waagerecht durchschneiden.

„Biskuit 1“ als Obstkuchen

• 6 Eier • 180 g Zucker • 1 Prise Salz • 150 g Mehl • 1 TL Backpulver • einige Tropfen Rum • beliebiges Obst • 1 Päckchen Tortenguss • geschlagene, gesüßte Sahne zum Garnieren

• Den Teig nach Grundrezept zubereiten und abbacken.
• Nach dem Auskühlen den Boden einmal waagerecht durchschneiden, einen Tortenring um einen der Böden legen, beliebiges Obst dekorativ darauf anrichten und das Ganze mit Tortenguss überziehen.
• Nach dem vollständigen Abtrocknen mit Sahnetuffs ausgarnieren und servieren.

Waldbeeren-Milchreis-Torte

• 1 Becher Milchreis (ohne Früchte) • 1 EL Vanillezucker • einige Tropfen Zitronensaft • 200 ml Sahne • 1 Päckchen Sahnesteif • 3 Blatt weiße Gelatine • 1 fertigen Boden aus „Grundrezept Biskuit 1 mit Rum“ • 500 g Früchte nach Wahl (Walderdbeeren, Himbeeren, Heidelbeeren) • 1 Päckchen roten Tortenguss • 2 EL Zucker

• Den Milchreis mit dem Vanillezucker und dem Zitronensaft abschmecken, die Sahne mit Sahnesteif steif schlagen und vorsichtig unter den Milchreis heben. Etwas Sahne zum Verzieren beiseite stellen.
• Die Gelatine einweichen, gut ausdrücken und in wenig heißem Wasser auflösen.
• Tropfenweise die Gelatine unter die Reismischung heben.
• Einen Tortenring um den Biskuit legen, die Reismasse einfüllen und auf dem Biskuit glatt streichen.
• Die Früchte dekorativ auf dem Reis anrichten.
• Den Tortenguss nach Anweisung zubereiten, mit Zucker süßen, auf den Früchten verteilen und an einem kühlen Ort vollständig abtrocknen lassen.
• Den Tortenring ablösen, die Torte mit der restlichen Sahne ausgarnieren und zum Verzehr bereitstellen.

Kiwi-Reis-Torte

• 1 Becher Milchreis (ohne Früchte) • 1 Päckchen Vanillezucker • einige Tropfen Zitronensaft • 200 ml Sahne • 1 Päckchen Sahnesteif • 3 Blatt weiße Gelatine • 1 fertigen Boden aus Grundrezept „Biskuit 1 mit Rum" • 500 g Kiwis • 1 Päckchen klaren Tortenguss • 2 EL Zucker • Mandelblättchen

• Den Milchreis mit dem Vanillezucker abschmecken, mit Zitronensaft aromatisieren, die Sahne mit Sahnesteif steif schlagen und vorsichtig unter den Milchreis heben. Etwas Sahne zum Verzieren beiseite stellen.
• Die Gelatine einweichen, gut ausdrücken und in wenig heißem Wasser auflösen.
• Die Gelatine tropfenweise unter die Reismischung heben.
• Einen Tortenring um den Biskuit legen, die Reismasse einfüllen und auf dem Biskuit verteilen.
• Die Kiwis schälen, in Scheiben schneiden und dekorativ auf den Reis legen.
• Den Tortenguss nach Anweisung zubereiten, esslöffelweise auf den Kiwis verteilen und an einem kühlen Ort vollständig abtrocknen lassen.
• Den Springformrand ablösen und die Torte mit Mandelblättchen und Sahne ausgarnieren.

Variation:
Zur Abwechslung statt der Kiwis 500 g frische Waldbeeren (Himbeeren, Heidelbeeren, Walderdbeeren) verwenden und das Ganze mit rotem Tortenguss überziehen.

Erdbeer-Joghurt-Torte

• 600 g Sahnejoghurt mit Erdbeeren • 6 Blatt weiße Gelatine • 1 fertigen Boden von Grundrezept „Biskuit 1 mit Rum" • 500 g frische Erdbeeren • 1 Päckchen klaren oder roten Tortenguss • 4 EL Zucker • geschlagene, gesüßte Sahne oder gehackte Nüsse zum Garnieren

• Den Joghurt in einer Schüssel glatt rühren. Die eingeweichte, gut ausgedrückte Gelatine in wenig heißem Wasser auflösen und unter den Joghurt ziehen.
• Einen Tortenring um den Biskuitboden legen, die Joghurtmasse darauf verteilen und die Erdbeeren dekorativ darauf anrichten.
• Den Tortenguss nach Anweisung zubereiten und über die Erdbeeren ziehen.
• Abtrocknen lassen, mit geschlagener, gesüßter Sahne verzieren, mit gehackten Nüssen bestreuen und servieren.
• Den zweiten Boden können Sie einfrieren oder für eine leckere Ananastorte verwenden.

Schnelle Ananastorte

• 1 fertigen Biskuitboden von Grundrezept „Biskuit 1 mit Rum" • 4 Becher Ananasjoghurt • 6 Blatt weiße Gelatine • 1 kleine Dose Ananas • 1-2 Blättchen Zitronenmelisse • 1 Päckchen klaren Tortenguss • geschlagene, gesüßte Sahne

• Einen Tortenring um den fertigen Biskuitboden legen.
• Den Ananasjoghurt in einer Schüssel glatt rühren. Die eingeweichte, gut ausgedrückte Gelatine in heißem Wasser auflösen und unter den Joghurt ziehen.
• Den Joghurt auf dem Boden verteilen, mit Ananasscheiben oder -stückchen belegen und nach Geschmack mit ganz fein geschnittener Zitronenmelisse bestreuen.
• Den Tortenguss nach Anweisung zubereiten und über die Ananas ziehen.
• Abtrocknen lassen, mit der Sahne ausgarnieren und servieren.

Kuppeltorte

• 1 Grundrezept „Biskuit 1 mit Rum" • 1 Rezept „Schokoladen-Buttercreme" • 1 kleines Glas Marmelade • Kuchenreste oder Löffelbiskuits • Rum zum Beträufeln • 1 Rezept „Schokoladenglasur" • 50 g gehobelte Mandeln

• Den Biskuitboden nach Grundrezept zubereiten, abbacken, erkalten lassen und einen dünnen Deckel abschneiden.
• Den restlichen Kuchen nochmals durchschneiden, mit glatt gerührter Marmelade bestreichen und zusammensetzen.
• Die Schokoladencreme nach Vorschrift bereiten und in Stücke gebrochene Kuchenreste oder Löffelbiskuits, die mit Rum beträufelt wurden, kuppelförmig auf den Mittelpunkt streichen.
• Den zurückgelegten, dünnen Tortendeckel obenauf setzen, fest andrücken, so dass eine kuppelförmige Torte entsteht.
• Die Schokoladenglasur zubereiten, den Kuchen damit überziehen, glatt streichen, den Rand mit gehobelten Mandeln bestreuen, ggf. mit einem Rest der Creme ausgarnieren, vollständig erkalten lassen und zum Verzehr bereitstellen.

Kirsch-Kuppeltorte

• 1 Grundrezept „Biskuit 1 mit Rum" • 1 Rezept „Französische Tortencreme" • 1 Glas Sauerkirschen • Löffelbiskuits • Rum zum Beträufeln • 1 Rezept „Eiweißglasur" • einige Tropfen Kirschsaft

• Den Biskuitboden nach Grundrezept zubereiten, abbacken, erkalten lassen und einen dünnen Deckel abschneiden.
• Den restlichen Kuchen nochmals durchschneiden, mit den gut abgetropften Sauerkirschen belegen und zusammensetzen.
• Die Tortencreme nach Vorschrift bereiten und in Stücke gebrochene Löffelbiskuits, die mit Rum beträufelt wurden, kuppelförmig auf den Mittelpunkt streichen.
• Den zurückgelegten, dünnen Tortendeckel obenauf setzen, fest andrücken, so dass eine kuppelförmige Torte entsteht.
• Die Eiweißglasur statt mit Wasser mit Kirschsaft zubereiten, den Kuchen damit überziehen, glatt streichen, vollständig erkalten lassen und zum Verzehr bereitstellen.

Orangencremetorte

• 3 Eier • 80 g Zucker • 1 1/2 EL Kakao • 1/4 TL Zimt • 1 TL Backpulver • 80 g Mehl • 1 Becher Sahne • 1/2 Packung Paradiescreme Vanille • 1 Packung Löffelbiskuits • 2 Tassen Orangensaft • 2 cl Orangenlikör • 3 Becher Sahne • 100 g Schokoraspeln • Orangenfilets und Zitronenmelisseblättchen zum Garnieren

• Die Eier mit dem Zucker schaumig schlagen, den Kakao, den Zimt und das mit Backpulver vermischte Mehl unterheben, in eine mit Backtrennpapier ausgelegte Springform füllen und im auf 180-200° C vorgeheizten Backofen 12 Minuten backen. Herausnehmen, vorsichtig das Backtrennpapier abziehen und den Boden auf einem Kuchengitter vollständig erkalten lassen. Danach auf eine Tortenplatte setzen und einen Tortenring darum legen.
• Die Sahne steif schlagen, das Paradiescremepulver einrühren und auf den Boden streichen. Die Löffelbiskuits mit dem Orangensaft und dem Orangenlikör tränken und auf der Paradiescreme verteilen. Die restliche Sahne steif schlagen, 1/4 davon in einen Spritzbeutel füllen und beiseite stellen. Die Schokoladenraspel einrühren und die Masse auf die Löffelbiskuits streichen. Mit der Sahne aus dem Spritzbeutel Tuffs aufspritzen, mit Orangenfilets und Zitronenmelisseblättchen ausgarnieren und bis zum Verzehr kalt stellen.

Weincreme-Trauben-Torte

• 125 g Butter • 125 g Zucker • 1 EL Vanillezucker • 1 TL geriebene Zitronenschale • 4 Eigelb • 175 g Mehl • 2-3 EL Milch • 4 Eiweiß • 200 g Puderzucker • 1/4 l lieblichen Weißwein • 14 Blatt weiße Gelatine • 250 g Sahnequark • 75 g Zucker • 2 EL Vanillezucker • 500 g weiße und blaue Weintrauben • 1 Becher Sahne • Puderzucker zum Bestäuben • geschlagene, gesüßte Sahne

• Die Butter mit dem Zucker, dem Vanillezucker, der Zitronenschale und den Eigelben verschlagen. Das Mehl sieben und mit der Milch unter die Creme rühren. Das Eiweiß steif schlagen und den Puderzucker unter ständigem Schlagen einrieseln lassen.
• Zwei Springformen (26 cm Durchmesser) mit Butter ausfetten und mit Semmelbröseln bestreuen. Jeweils die Hälfte des Teiges einfüllen, die Hälfte des Eiweißschaumes darauf streichen.
• Im auf 180-200° C vorgeheizten Backofen 25-30 Minuten backen, herausnehmen und erkalten lassen.
• Den Weißwein erhitzen und die gewässerte Gelatine darin auflösen, erkalten lassen und kurz vor dem Festwerden mit dem Sahnequark verrühren. Mit Zucker und Vanillezucker süßen.
• Die Weintrauben verlesen, waschen, gut abtropfen lassen, halbieren und entkernen. Mit der geschlagenen Sahne unter die Quarkcreme heben.
• Den Boden mit der Weintrauben-Quark-Creme bestreichen und mit dem zweiten Boden abdecken. Mit Puderzucker bestäuben, mit geschlagener Sahne ausgarnieren und mit Weintrauben verziert servieren.

Grundrezept „Blitzbiskuit“ für Rouladen

• 5 Eier • 6 EL kaltes Wasser • 150 g Zucker • 1 Päckchen Vanillezucker • 1 Prise Salz • 1 Beutel „biskuit apart“ • 100 g Mehl • 50 g Speisestärke • 1 leicht gehäuften TL Backpulver

• Die Eier aufschlagen, mit dem Wasser, dem Zucker, dem Vanillezucker, dem Salz und dem „biskuit apart“ in ein hohes Schlaggefäß geben und in fünf Minuten bei höchster Stufe mit dem elektrischen Rührgerät luftig aufschlagen.
• Das Mehl mit der Speisestärke und dem Backpulver vermischen, auf die Eimasse sieben und auf kleinster Stufe mit dem Rührgerät in kürzester Zeit unterheben.
• Den Teig auf ein mit Backtrennpapier ausgelegtes Backblech streichen und im auf 220° C vorgeheizten Backofen in 12-15 Minuten ausbacken. Nach dem Backen den Teig auf ein mit Zucker bestreutes, sauberes Küchentuch stürzen, das Backtrennpapier mit etwas Wasser einstreichen, leicht erkalten lassen und vorsichtig abziehen.
• Die Roulade mit einem Tuch aufrollen und so erkalten lassen. Zur Füllung wieder entrollen und mit Konfitüre oder Creme bestreichen. Ohne Tuch wieder aufrollen, anrichten, ausgarnieren, mit Puderzucker bestäuben und servieren.

Schoko-Blitzbiskuit

• 5 Eier • 6 EL kaltes Wasser • 150 g Zucker • 1 Päckchen Vanillezucker • 1 Prise Salz • 1 Beutel „biskuit apart“ • 90 g Mehl • 50 g Speisestärke • 1 leicht gehäuften TL Backpulver • 1 EL dunkles Kakaopulver

• Zubereitung wie Blitzbiskuit.

Französischer Igel

• 1 Grundrezept „Blitzbiskuit“ • 1 Rezept „Mokkacreme“ • 2 Tassen geröstete Mandelstifte • 2 Rosinen • 1 Dörrpflaume

• Die Blitz-Biskuitroulade nach Grundrezept zubereiten, den Teig in einen Spritzbeutel mit glatter Lochtülle füllen und auf ein gefettetes, mit Pergamentpapier ausgelegtes Backblech 10 cm lange Stangen spritzen.
• Die Löffelbiskuits im auf 180-200° C vorgeheizten Backofen hellgelb ausbacken.
• Die Mokkacreme nach Grundrezept zubereiten, auf einer Platte abwechselnd Löffelbiskuits und Mokkacreme in Form eines großen Igels schichten.
• Zum Schluss rundherum dick mit Mokkacreme bestreichen und in gleichmäßigen Abständen in Stifte geschnittene, in Zucker braun geröstete Mandeln hineinstecken.
• Dem Igel als Augen zwei Rosinen und als Nase eine Dörrpflaume anstecken.

Grundrezept „Heller Biskuitboden“

• 2 Eiweiß • 2 EL kaltes Wasser • 100 g Zucker • 1 TL Vanillezucker • 2 Eigelb • 100 g Mehl • 1/2 gestr. TL Backpulver

• Das Eiweiß mit dem kalten Wasser steif schlagen, den Zucker und den Vanillezucker einrieseln lassen, die Eigelbe unterrühren. Das Mehl mit dem Backpulver vermischen und unterheben.
• Eine Springform (Durchmesser 28 cm) mit Backtrennpapier auslegen und den Teig einfüllen. Im auf 180-200° C vorgeheizten Backofen 15-20 Minuten backen.

Käse-Sahne-Torte

• 1 Grundrezept „Heller Biskuitboden“ • 10 Blatt weiße Gelatine • 1/4 l Milch • 9 EL Zucker • 1 Päckchen Vanillezucker • 500 g Magerquark • 3 Eigelb • 1/2 l Sahne • 3 Eiweiß • Saft von 1 Zitrone

• Die Milch mit dem Zucker und dem Vanillezucker erhitzen und die eingeweichte, gut ausgedrückte Gelatine darin auflösen. Nicht kochen!
• Den Quark mit den Eigelben glatt rühren, die steif geschlagene Sahne und das steif geschlagene Eiweiß sowie den Zitronensaft unterziehen.
• Den Biskuitboden auf eine Tortenplatte geben und einen Tortenring darum legen. Die Quarkmasse einfüllen und glatt streichen. Im Kühlschrank vollständig erkalten lassen.
• Vor dem Servieren den Tortenring vorsichtig lösen, den Rand mit einem Messer, das immer wieder in kochendes Wasser getaucht wird, glatt streichen.

Wein-Sahne-Torte

• 1 Grundrezept „Heller Biskuitboden“ • 1/2 l süße Sahne • 1 Päckchen „san apart“ • 2-3 EL Zucker • 1 Päckchen Vanillezucker • 0,2 l Weißwein • Saft von 2 Zitronen • etwas abgeriebene Zitronenschale

• Den Biskuit nach Grundrezept zubereiten, auskühlen lassen und waagerecht einen 2 cm dicken Deckel abschneiden. Einen Tortenring um den unteren Boden legen.
• Die Sahne mit 2 TL Sahnesteif, dem Zucker und dem Vanillezucker steif schlagen.
• Den restlichen Packungsinhalt „san-apart“ mit Weißwein, Zitronensaft und Zitronenschale zu einem glatten Pudding anrühren und die geschlagene Sahne unterheben.
• Die Creme auf das Unterteil des Biskuitbodens füllen und den Deckel fest darauf drücken. Kalt stellen, anschließend den Springformrand mit einem Messer lösen und abnehmen.
• Je nach Geschmack den Rand der Torte mit einem heißen, nassen Messer etwas glatt streichen. Die Wein-Sahne-Torte mit Puderzucker bestäuben, Tortenstücke einteilen, ausgarnieren und zum Verzehr bereitstellen.

Ananascremetorte

• 1 Grundrezept „Heller Biskuitboden" • 1 Dose Ananasstücke • 250 g Butter oder Margarine • 100 g „san-apart" • 1 Ei • 1 Päckchen Vanillezucker

• Den Biskuitboden nach Grundrezept zubereiten und nach dem Abbacken erkalten lassen. Einmal waagrecht durchschneiden.
• Die Butter oder Margarine schaumig schlagen, „san-apart", 150 g vom Ananassaft, das Ei und den Vanillezucker dazugeben und alles zu einer leichten Creme aufschlagen.
• Die Ananasstückchen gut abtropfen lassen und auf den unteren Tortenboden legen. Die Hälfte der Creme darauf geben und glatt streichen.
• Die Torte wieder zusammensetzen, mit der restlichen Creme einstreichen und 12-16 Cremetupfer als Garnitur obenauf geben. Mit den restlichen Ananasstückchen ausgarnieren, vollständig erkalten lassen und zum Verzehr bereitstellen.

Helle Kuppeltorte

• 1 Grundrezept „Heller Biskuitboden" • 1 Rezept „Puddingcreme Vanille" • 1 kleines Glas Ananasmarmelade • Löffelbiskuits • Rum zum Beträufeln • 1 Rezept „Zitronenglasur" • 100 g gehackte Pistazien

• Den Biskuitboden nach Grundrezept zubereiten, abbacken, erkalten lassen und einen dünnen Deckel abschneiden. Den restlichen Kuchen nochmals durchschneiden, mit glatt gerührter Marmelade bestreichen und zusammensetzen.
• Die Puddingcreme nach Vorschrift bereiten und in Stücke gebrochene Löffelbiskuits, die mit Rum beträufelt wurden, kuppelförmig auf den Mittelpunkt streichen.
• Den zurückgelegten, dünnen Tortendeckel obenauf setzen, fest andrücken, so dass eine kuppelförmige Torte entsteht.
• Die Zitronenglasur zubereiten, den Kuchen damit überziehen, glatt streichen, den Rand mit den Pistazien bestreuen, ggf. mit einem Rest der Creme ausgarnieren, vollständig erkalten lassen und zum Verzehr bereitstellen.

Feine Mandarinentorte

• 1 Grundrezept „Heller Biskuitboden" • 2 Gläschen Mandarinenlikör • 1 EL „san-apart" • 3/4 l Schlagsahne • 6 leicht geh. TL „san-apart" • 3 Dosen Mandarinen • 50 g Schokostreusel • Zitronenmelisse zum Garnieren

• Den Biskuitboden nach Grundrezept zubereiten, nach dem Erkalten zweimal durchschneiden.
• Die Böden mit Mandarinenlikör beträufeln und den unteren Boden mit 1 EL „san-apart" bestreuen.
• Die Schlagsahne mit 6 leicht geh. TL „san-apart" steif schlagen. Die Mandarinen gut abtropfen lassen und 2/3 davon gleichmäßig auf dem Boden verteilen. Ein Drittel der geschlagenen Sahne darauf geben, glatt streichen und den mittleren Boden darauf setzen. Die restlichen Mandarinen mit einer Gabel zerdrücken und unter das zweite Drittel der Schlagsahne mischen. Das Ganze auf dem mittleren Boden verteilen.
• Den dritten Deckelboden obenauf legen, mit der übrigen Sahne gleichmäßig und dünn bestreichen, mit Schokoladenstreuseln bestreuen und Sahnerosetten aufspritzen. Jeweils ein Mandarinenstück in die Rosetten drücken, mit Zitronenmelisseblättchen ausgarnieren und zum Verzehr bereitstellen.

Waldbeerentorte

• 1 Grundrezept „Heller Biskuitboden" • 1/2 l Schlagsahne • 7 TL „san-apart" • 100 g frische, gezuckerte Heidelbeeren • 1 EL Weinbrand • 100 g frische, gezuckerte Himbeeren • 1 EL Weinbrand • 12-16 frische Brombeeren

• Den Biskuitboden nach Grundrezept zubereiten und nach dem Abbacken und Erkalten zweimal waagerecht durchschneiden.
• Die Sahne mit „san-apart" steif schlagen und in drei Teile teilen. In einen Teil die gezuckerten Heidelbeeren und den Weinbrand einrühren, in einen Teil die gezuckerten Himbeeren mit dem Weinbrand und den letzten Teil zum Verzieren beiseite stellen.
• Um den untersten Biskuitboden einen Tortenrand legen und die Heidelbeersahne darauf verteilen. Glatt streichen und mit dem zweiten Boden abdecken, auf diesen die Himbeersahne verteilen und mit dem letzten Boden abdecken.
• Die Torte mit der Schlagsahne überziehen, glatt streichen, mit frischen Brombeeren ausgarnieren und vollständig erkalten lassen. Den Springformrand entfernen und den Rand mit einem heißen, nassen Messer glätten.

Grundrezept „Dunkler Biskuitboden“

• 2 Eiweiß • 2 EL kaltes Wasser • 100 g Zucker • 1 TL Vanillezucker • 3 Eigelb • 100 g Mehl • 1 gestr. EL Kakao • 1/2 gestr. TL Backpulver

• Das Eiweiß mit dem kalten Wasser steif schlagen, den Zucker und den Vanillezucker einrieseln lassen, die Eigelbe unterrühren. Das Mehl mit dem Backpulver und dem Kakao vermischen und unterheben.
• Eine Springform (Durchmesser 28 cm) mit Backtrennpapier auslegen und den Teig einfüllen. Im auf 180-200° C vorgeheizten Backofen 15-20 Minuten backen.

Schokotorte mit Mandarinen

• 1 Grundrezept „Dunkler Biskuitboden" • 1 Dose Mandarinen • einen Schuss Weißwein • 9 Blatt weiße Gelatine • 3 Eigelb • 125 g Zucker • Saft von 1 Zitrone • 3 Eiweiß • 1 Prise Salz • 1/4 l Sahne • 1 Päckchen Sahnesteif • 2 cl Orangenlikör • Zitronenmelisseblättchen zum Garnieren

• Den Biskuitboden nach Grundrezept zubereiten und abbacken.
• 12 Mandarinenstückchen aus der Dose nehmen und beiseite stellen, den Rest mit dem Saft pürieren. In einen Messbecher geben und mit Weißwein auf 3/8 l auffüllen.
• Die Gelatine in Wasser einweichen. Die Eigelbe mit dem Zucker, dem Zitronensaft und dem zugefügten Mandarinenpüree schaumig schlagen. Die Gelatine ausdrücken, im Wasserbad auflösen, dazugeben und im Kühlschrank gelieren lassen.
• Das Eiweiß mit dem Salz schnittfest und die Sahne mit dem Sahnesteif steif schlagen. Sobald die Mandarinenmasse zu gelieren beginnt, den Eischnee und 2/3 der Sahne unterheben und mit dem Likör aromatisieren.
• Einen Tortenring um den Biskuitboden legen und die Masse einfüllen. Fest werden lassen, mit Sahnetupfern verzieren, mit den beiseite gelegten Mandarinenstückchen belegen und nach Geschmack mit Zitronenmelisseblättchen ausgarnieren.

Schokoladen-Puddingcreme-Torte

• 1 Grundrezept „Dunkler Biskuitboden" • 1 Tasse Johannisbeerkonfitüre • 1 Rezept „Puddingcreme" (mit Schokoladenpudding) • 1 Rezept „Schokoladenglasur"

• Die Biskuitmasse nach Grundrezept zubereiten, ausbacken und zweimal waagerecht durchschneiden.
• Den unteren Boden mit der glatt gerührten Johannisbeerkonfitüre bestreichen.
• Den mittleren Boden mit der Puddingcreme bestreichen, von der Creme ein wenig für die Garnitur aufheben.
• Die Torte zusammensetzen und eine Stunde kalt stellen.
• Inzwischen die Schokoladenglasur zubereiten, die ausgekühlte Torte damit überziehen, mit der restlichen Puddingcreme ausgarnieren, verzieren und zum Verzehr bereitstellen.

Schnelle Schwarzwälder Kirschtorte

• 1 Grundrezept „Dunkler Biskuitboden" • 1 Gläschen Kirschwasser • 1 EL „san-apart" • 3/4 l Schlagsahne • 6 leicht geh. TL „san-apart" • 750 g entsteinte Sauerkirschen • 50 g geraspelte Schokolade

• Den Schokoladenbiskuitboden nach Grundrezept zubereiten, nach dem Erkalten zweimal durchschneiden.
• Die Böden mit Kirschwasser beträufeln und den unteren Boden mit 1 EL „san-apart" bestreuen.
• Die Schlagsahne mit 6 leicht geh. TL „san-apart" steif schlagen. Die Kirschen gut abtropfen lassen und gleichmäßig auf dem Boden verteilen. Ein Drittel der geschlagenen Sahne darauf geben und glatt streichen. Darauf den mittleren Boden setzen und mit der restlichen Schlagsahne einstreichen.
• Den Deckelboden obenauf legen, mit der übrigen Sahne gleichmäßig und dünn bestreichen, mit geraspelter Schokolade bestreuen und Sahnerosetten aufspritzen. Jeweils eine Sauerkirsche in die Rosetten drücken, die Schwarzwälder Kirschtorte vollständig ausgarnieren und zum Verzehr bereitstellen.

Schnelle Birnentorte

• 1 Grundrezept „Dunkler Biskuitboden" • 1 Gläschen Birnenschnaps • 1 EL „san-apart" • 3/4 l Schlagsahne • 6 leicht geh. TL „san-apart" • 2 Dosen Birnenhälften • 50 g Schokostreusel

• Zubereitung wie Schnelle Schwarzwälder Kirschtorte.

Feine Himbeertorte

• 1 Grundrezept „Dunkler Biskuitboden" • 1/2 l Schlagsahne • 4 TL „san-apart" • 250 g frische, gezuckerte Himbeeren • 2 EL Weinbrand • 3 TL „san-apart"

• Den Schokobiskuitboden nach Grundrezept zubereiten und nach dem Abbacken und Erkalten zweimal waagerecht durchschneiden.
• Die Sahne mit „san-apart" steif schlagen, die gezuckerten Himbeeren mit dem Weinbrand und dem restlichen „san-apart" unter die Creme ziehen.
• Um den untersten Biskuitboden einen Tortenrand legen und die Himbeersahne darauf verteilen. Glatt streichen, mit dem zweiten Boden abdecken, nochmals Himbeersahne darauf geben und mit dem restlichen Boden abdecken.
• Die Torte mit der Schlagsahne überziehen, glatt streichen, mit frischen Himbeeren ausgarnieren und vollständig erkalten lassen.
• Den Springformrand entfernen und den Rand mit einem heißen, nassen Messer glätten. Zum Verzehr bereitstellen.

Schokoladentorte

• 1 Grundrezept „dunkler Biskuitboden" • 1 Tasse Johannisbeerkonfitüre • 125 g Butter • 1 Ei • 1/8 l Wasser • 2 geh. EL Sahnesteif • 1 EL Kakaopulver • 200 g Puderzucker • 10-20 g Kokosfett • 1 EL Kakaopulver • 4 EL kochendes Wasser

• Die Biskuitmasse nach Grundrezept zubereiten, ausbacken und zweimal waagerecht durchschneiden. Den unteren Boden mit der glatt gerührten Johannisbeerkonfitüre bestreichen.
• Die Butter schaumig schlagen, das Ei mit dem Wasser verquirlen, kräftig darunter schlagen und mit dem Sahnesteif zu einer lockeren Creme rühren. Diese auf den mittleren Boden streichen, etwas zum Verzieren in einen Spritzbeutel füllen. Die Torte zusammensetzen und mindestens eine Stunde kalt stellen.
• Den Puderzucker sieben und mit dem Kokosfett, dem Kakao und dem kochenden Wasser zu einer dickflüssigen Creme verrühren. Die Torte damit überziehen, mit der Buttercreme ausgarnieren und servieren.
• Inzwischen die Schokoladenglasur zubereiten, die ausgekühlte Torte damit überziehen, mit der restlichen Schokocreme ausgarnieren, verzieren und zum Verzehr bereitstellen.

Sachertorte

• 200 g Halbbitterschokolade • 200 g Butter oder Margarine • 200 g Zucker • 8 Eigelb • einige Tropfen Bittermandelaroma • 200 g Mehl • 125 g gemahlene Mandeln • 8 Eiweiß • 1 Prise Salz • Margarine und Grieß für die Form • 6 cl Mandellikör • 1 Glas Pfirsich-Maracuja-Marmelade • 150 g Puderzucker • 30 g Kakaopulver • 3 EL heißes Wasser • 50 g Kokosfett • Schokospritzglasur • Borkenschokolode

• Die Schokolade raspeln, in einen feuerfesten Topf geben und im Wasserbad schmelzen. Vom Feuer nehmen und erkalten lassen. Die Butter oder Margarine mit dem Zucker schaumig schlagen. Die Eigelbe nach und nach darunter rühren. Unter ständigem Rühren die Schokolade einrühren, mit Bittermandelaroma aromatisieren.
• Das Mehl sieben und mit den gemahlenen Mandeln unter den Teig ziehen. Das Eiweiß mit dem Salz steif schlagen und vorsichtig unterheben.
• Eine Springform ausfetten, mit Grieß bestreuen. Den Teig einfüllen und im auf 180-200° C vorgeheizten Backofen 40-50 Minuten backen. Nach dem Backen die Torte waagrecht zweimal durchschneiden. Den Mandellikör und die Marmelade in einem Topf leicht erwärmen, glatt rühren, die Böden damit bestreichen und zusammensetzen. Den Puderzucker mit dem Kakaopulver und dem heißen Wasser glatt arbeiten und das erwärmte Kokosfett einrühren.
• Die Torte gleichmäßig mit der Glasur überziehen, abtrocknen lassen, mit Schokospritzglasur und Borkenschokolade ausgarnieren und servieren.

Schokoladencremetorte

• 1 Grundrezept „Dunkler Biskuitboden" • 100 g Zartbitterschokolade • 100 g Mokkaschokolade • 50 g Pflanzenfett • 250 g Butter • 150 g Puderzucker • 2 Eigelb • 3 EL Rum • 1 EL Kakao • 1 EL Instant- Kaffeepulver • 2 TL heißes Wasser • 150 g Schokoladenstreusel

• Den Biskuit nach Grundrezept herstellen und zweimal waagerecht durchschneiden. Die Schokolade und das Pflanzenfett im Wasserbad auf kleiner Flamme schmelzen und etwas abkühlen lassen. Die Butter schaumig rühren, den Puderzucker, die Eigelbe, den Rum, den Kakao und das im heißen Wasser aufgelöste Kaffeepulver unterrühren und die Schokolade nach und nach dazugeben und alles zu einer glatten Creme verrühren.
• Einen Biskuitboden auf eine Tortenplatte setzen und ein Drittel der Creme darauf verteilen. Den zweiten Boden darauf setzen, wieder mit Creme bestreichen und den dritten Boden darauf legen. Das Ganze mit der restlichen Schokoladencreme bestreichen, mit Cremetupfern verzieren und mit den Schokoladenstreuseln bestreuen. Vollständig erkalten lassen und servieren.

Aprikosen-Torte mit Nuss-Nougat-Guss

• 1 Grundrezept „Heller Biskuitboden" • 1 Päckchen weiße Gelatine • 3 EL kaltes Wasser • 8-10 Aprikosen • 2 EL Zitronensaft • 4 EL Marillen-Likör • 2 Päckchen Vanillezucker • 1/2 l Schlagsahne • 4 EL Zitronenmarmelade • 400 g Marzipanrohmasse • 200 g Puderzucker • 200 g Nuß-Nougat-Masse

• Den Biskuitboden nach Grundrezept zubereiten, nach dem Erkalten einmal durchschneiden.
• Die Gelatine m it dem Wasser anrühren, 10 Minuten zum Quellen stehenlassen.
• Inzwischen die Aprikosen kurz in kochendes Wasser legen (nicht kochen lassen), in kaltem Wasser abschrecken und enthäuten. 5 Aprikosen mit Alufolie bedeckt beiseite stellen, die übrigen Aprikosen halbieren, entsteinen, klein schneiden, das Fruchtfleisch mit einem Pürierstab pürieren und mit Zitronensaft, Marillenlikör und dem Vanillezucker verrühren.
• Die gequollene Gelatine unter ständigem Rühren erwärmen, bis sie gelöst ist und unter das Aprikosenpüree rühren.
• Sobald die Fruchtmasse beginnt dicklich zu werden, die steifgeschlagene Sahne unterrühren.
• Um den untersten Biskuitboden einen Tortenrand legen und die zurückgelassenen 5 Aprikosen halbieren, entsteinen, auf den Tortenboden legen und die Aprikosensahne darauf verteilen, glatt streichen, mit dem oberen Tortenboden bedecken, etwas andrücken und ca. 2 Stunden kühl stellen.
• Anschließend den Tortenrand abnehmen. Die Torte mit der Marmelade bestreichen.
• Die Marzipanrohmasse mit dem gesiebten Puderzucker verkneten, ausrollen und einen Kreis von etwa 28 cm Durchmesser und einen Streifen in Höhe der Torte ausschneiden. Die Platte auf die Torte legen, den Streifen um die Torte legen und leicht andrücken.
• Die Nuß-Nougat-Masse im heißen Wasserbad geschmeidig rühren, über die Torte gießen, die Torte durchkühlen lassen, ausgarnieren und bereitstellen.

SPITZBUBEN

FEINER ORANGENKUCHEN

ZWETSCHGENKUCHEN MIT VANILLESAHNE

HAUSGEMACHTES MISCHBROT

OMAS MARMORKUCHEN

Vollkornbrot mit Koriander

KÜMMELWECKEN

FRÜHSTÜCKSBRÖTCHEN

Feine Heidelbeertörtchen

BUTTERMILCHWAFFELN

Kirschwaffeln

RAHMKUCHEN MIT PISTAZIEN

Zwetschgenkuchen mit Sonnenblumenkernen

Schnelle Kirschtorte

Schnelle Milchschnittchen

Käsekuchen mit Früchten

Feine Mohntorte

Gefüllte Hefebuchteln

BIENENSTICHTORTE

Dresdner Eierschecke

Erdbeertorte mit rotem Guss

• 75 g Butter • 75 g Zucker • 1 EL Vanillezucker • 2 Eier • 125 g Weizenmehl • 1 gestr. TL Backpulver • 30 g gemahlene Mandeln • Margarine für die Form • 600 g Erdbeeren • Zucker nach Geschmack • 1 Becher Sauerrahm • 1 Becher Joghurt • 1 EL Puderzucker • geriebene Schale von 1/2 Zitrone • 6 Blatt weiße Gelatine • 1 Päckchen roten Tortenguss • Sahne und Zitronenmelisseblättchen zum Garnieren

• Die Butter mit dem Zucker und dem Vanillezucker schaumig rühren, die Eier einzeln dazugeben. Das Mehl mit dem Backpulver über den Teig sieben und mit den Mandeln unterheben.
• Den Teig in eine Springform füllen, glatt streichen und im auf 180-200° C vorgeheizten Backofen 20-25 Minuten backen. Herausnehmen und auskühlen lassen.
• Die Erdbeeren halbieren und zuckern. Den Saft dabei auffangen.
• Den Sauerrahm mit dem Joghurt, dem Puderzucker und der Zitronenschale glatt rühren, die eingeweichte und gut ausgedrückte Gelatine tropfenweise unter die Masse ziehen und das Ganze auf dem Tortenboden glatt streichen. Die Erdbeeren darauf legen.
• Den Tortenguss nach Anweisung zubereiten und gleichmäßig auf den Erdbeeren verteilen. Vollständig erkalten lassen, mit geschlagener, gesüßter Sahne und Zitronenmelisseblättchen ausgarnieren und servieren.

Käse-Sahnecremetorte

• 1 Grundrezept „Butter-Biskuitboden" • 500 g Speisequark • 1 EL Zucker • 1 Päckchen Vanillezucker • 1/2 l süße Sahne • 4 geh. TL „san-apart" • 6 geh. TL „san-apart" • Konfitüre oder frisches Beeren- oder Steinobst • Puderzucker zum Bestäuben

• Den Butter-Biskuitboden nach Grundrezept zubereiten. Nach dem Abbacken oben einen 1 cm dicken Tortendeckel abschneiden und diesen in 16 Stückchen teilen.
• Den Speisequark mit Zucker und Vanillezucker glatt rühren. Die Schlagsahne mit 4 TL „san-apart„ steif schlagen und mit weiteren 6 TL „san-apart" zum Quark geben. Das Ganze gut verrühren.
• Den Biskuittortenboden mit der glatt gerührten Konfitüre bestreichen, mit vorbereitetem Obst belegen und einem Tortenrand umlegen.
• Die Creme einfüllen, gleichmäßig darin verteilen, glatt streichen, die Deckelstücke dekorativ darauf legen und fest andrücken.
• Die Käse-Sahnecremetorte mit Puderzucker bestäuben, vollständig auskühlen lassen, den Tortenring abnehmen, mit einem heißen, nassen Messer glatt streichen, ausgarnieren und zum Verzehr bereitstellen.

Grundrezept „Biskuitroulade“

• 5 Eier • 150 g Zucker • 150 g Mehl

• Die Eier trennen, das Eiweiß zu steifem Schnee schlagen, dabei den Zucker langsam einrieseln lassen.
• Die Eigelbe nacheinander dazugeben, dabei immer weiter schlagen. Das Mehl sieben und unter ständigem Schlagen einrieseln lassen.
• Ein Backblech mit Backtrennpapier auslegen, den Teig darauf verteilen und im auf 170° C vorgeheizten Backofen 12-15 Minuten backen.
• Den Kuchen auf ein gezuckertes Küchentuch stürzen, mit Hilfe des Tuchs aufrollen und erkalten lassen. Danach beliebig weiter verarbeiten.

Grundrezept „Dunkle Biskuitroulade“

• 5 Eier • 150 g Zucker • 140 g Mehl • 1 EL dunkles Kakaopulver

• Zubereitung wie Grundrezept „Biskuitroulade".

Zitronenrolle

• 1 Grundrezept „Biskuitroulade" • 6 Blatt weiße Gelatine • Saft von 3 Zitronen • 125 g Zucker • 1 1/2 Becher Schlagsahne • 2 EL Puderzucker • abgeriebene Zitronenschale und Zitronenmelisseblättchen zum Verzieren

• Das Grundrezept nach Anweisung zubereiten.
• Die Gelatine in kaltem Wasser einweichen. Den Zitronensaft mit dem Zucker erhitzen, die Gelatine ausdrücken und im Zitronensaft auflösen. Kalt stellen, bis der Saft zu gelieren beginnt, dann die Sahne steif schlagen. Etwas zum Verzieren abnehmen und ein einen Spritzbeutel mit Sterntülle füllen, den Rest unter den Saft ziehen.
• Den Biskuit wieder entrollen, die Zitronensahne gleichmäßig darauf streichen, dabei vorne einen kleinen Rand frei lassen, und wieder aufrollen. Vollständig erkalten lassen, die Rolle in Stücke schneiden, mit Puderzucker bestäuben und nach Belieben mit Sahnetuffs, Zitronenschale und Zitronenmelisseblättchen verzieren.

Erdbeer-Sahne-Roulade

• 4 Eigelb • 2 Eier • 100 g Zucker • 4 Eiweiß • 1 EL Vanillezucker • 1-2 TL Obstessig • 250 g feines Mehl • 1/2 TL Backpulver • 2 Becher Sahne • 2 Päckchen Sahnesteif • 500 g frische Erdbeeren • 4 EL Zucker • 1 EL Vanillezucker • Orangenlikör • Zucker zum Abschmecken • Puderzucker zum Bestäuben

• Die Eigelbe mit den Eiern und dem Zucker in einer Schüssel schaumig schlagen. Das Eiweiß mit dem Vanillezucker und dem Obstessig steif schlagen. Das Mehl mit dem Backpulver vermischen, auf die Eimasse sieben und unterrühren. Das Eiweiß dazugeben und vorsichtig unterziehen.
• Ein Backblech mit Backtrennpapier auslegen, den Teig darauf streichen und im auf 180-200° C vorgeheizten Backofen 15-20 Minuten ausbacken. Anschließend den Teig auf ein mit Zucker bestreutes Küchentuch legen und zu einer Roulade rollen.
• Die Sahne mit dem Sahnesteif schlagen.
• Die Erdbeeren putzen, waschen, gut abtropfen lassen und fein würfeln. Die Früchte mit dem Zucker und dem Vanillezucker bestreuen, mit dem Orangenlikör beträufeln, 10 Minuten ziehen lassen und unter die Sahne ziehen.
• Die Erdbeersahne nach Geschmack zuckern und die vollständig ausgekühlte Roulade damit füllen. Anschließend zusammenrollen, mit Puderzucker bestäuben und servieren.

Kirschroulade

• 6 Eier • 150 g Puderzucker • abgeriebene Schale von 1/2 Zitrone • 1 TL Vanillezucker • 150 g Mehl • 1/2 l Sahne • 3 EL Zucker • 2 Päckchen Sahnesteif • 1 Glas Sauerkirschen • Schokoladenstreusel

• Die Eier trennen, das Eiweiß zu sehr steifem Schnee schlagen, dabei den Puderzucker einrieseln lassen. Die Zitronenschale und den Vanillezucker mit dem Mehl vermischen und esslöffelweise unterheben.
• Den Teig auf ein mit Backtrennpapier ausgelegtes Backblech streichen und im auf 210° C vorgeheizten Backofen 10-12 Minuten abbacken.
• Auf ein mit Zucker bestreutes Küchentuch stürzen, das Backtrennpapier abziehen, den Kuchen ohne Tuch aufrollen, vollständig erkalten lassen und dann wieder „entrollen".
• Die Sahne mit dem Zucker und dem Sahnesteif steif schlagen, auf die Roulade streichen, die gut abgetropften Kirschen auf der Sahne verteilen (einige davon zurückbehalten) und die Roulade wieder aufrollen.
• Mit etwas Sahne und Sauerkirschen ausgarnieren, nach Belieben mit Schokoladenstreuseln bestreuen und servieren.

Schnelle Brombeerrolle

• 4 Eigelb • 2 Eier • 100 g Zucker • 4 Eiweiß • 1 Päckchen Vanillezucker • 1-2 TL Obstessig • 250 g feines Weizenmehl • 1/2 TL Backpulver • 2 Becher Sahne • 2 Päckchen Sahnesteif • 500 g frische Brombeeren • 2-3 EL Vanillezucker • Zucker nach Geschmack • Puderzucker zum Bestäuben

• Die Eigelbe mit den Eiern und dem Zucker in eine Schüssel geben und schaumig schlagen. Das Eiweiß steif schlagen, den Vanillezucker und den Obstessig kräftig darunter schlagen. Das Mehl mit dem Backpulver vermischen, auf die Eimasse sieben und vorsichtig unterziehen. Das Eiweiß dazugeben und ebenfalls vorsichtig unterheben.
• Ein Backblech mit Backtrennpapier auslegen, die Masse darauf geben und glatt streichen, im auf 180-200° C vorgeheizten Backofen in 15-20 Minuten abbacken. Anschließend den Biskuit auf ein mit Zucker bestreutes Küchentuch legen und zu einer Roulade zusammenrollen.
• Die Roulade vollständig auskühlen lassen und erst dann füllen. Für die Füllung die Sahne mit dem Sahnesteif steif schlagen und die gewaschenen Brombeeren unterheben.
• Das Ganze mit Vanillezucker und Zucker nach Geschmack süßen, die Roulade damit bestreichen, erneut zusammenrollen, anrichten, mit Puderzucker bestäuben, ausgarnieren und servieren.

Variation:
Zur Abwechslung statt der Brombeeren gleiche Menge Walderdbeeren verwenden.

Nuss-Biskuit-Roulade

• 5 Eier • 6 EL kaltes Wasser • 200 g Zucker • 1 Päckchen Vanillezucker • 1 Prise Salz • 1 Beutel „biskuit apart" • 100 g Mehl • 100 g gemahlene Nüsse • 1 TL Backpulver

• Aus den Teigzutaten nach Grundrezept „Biskuitteig 1" einen Biskuitteig herstellen. Die Nüsse dabei mit dem Mehl und dem Backpulver sehr kurz in ca. 30 Sekunden einrühren.
• Den Teig gleichmäßig auf ein mit Backtrennpapier ausgelegtes Backblech streichen und im auf 200° C vorgeheizten Backofen in 12-15 Minuten abbacken.
• Nach dem Backen die Roulade mit einem spitzen Messer vom Blechrand lösen, fünf Minuten abkühlen lassen und erst dann auf ein mit Zucker bestreutes, sauberes Küchentuch stürzen.
• Das Backtrennpapier mit Wasser bestreichen, kurz einwirken lassen und abziehen.
• Die Roulade mit Hilfe des Küchentuchs zusammenrollen und so erkalten lassen. Zum Füllen wieder entrollen, füllen und ohne Tuch wieder aufrollen.

Aprikosen-Nussrolle mit Schokosahne

• 100 g Vollmilchschokolade • 100 g Zartbitterschokolade • 2 Becher Sahne • 100 g getrocknete Aprikosen • 20 g Sesamsamen • 20 g Leinsamen • 100 g gehackte Wal- oder Haselnüsse • 4 Eier • 4 EL kaltes Wasser • 1 Prise Salz • 80 g Zucker • 1 Beutel „biskuit apart" • 50 g Mehl • 2 EL Weinbrand • 2 EL „san-apart" • Puderzucker oder Kakaopulver zum Bestäuben

• Die Schokolade zerbrechen und in der Sahne unter ständigem Rühren erwärmen, bis sie geschmolzen ist. Die Schokoladensahne mehrere Stunden in den Kühlschrank stellen und vollständig auskühlen lassen. Die Aprikosen sehr fein würfeln, mit dem Sesam, dem Leinsamen und den Nüssen vermischen.
• Aus den Teigzutaten nach Grundrezept „Blitzbiskuitroulade" einen Biskuitteig zubereiten. Die Aprikosen-Nuss-Mischung vor dem Mehl zufügen und auf höchster Stufe knapp 1/2 Minute darunter schlagen.
• Das Mehl zugeben und mit dem Schneebesen untermischen.
• Die Masse auf ein mit Backtrennpapier ausgelegtes Backblech streichen und im auf 200° C vorgeheizten Backofen in 10-15 Minuten backen.
• Nach Ende der Backzeit fünf Minuten ausdampfen lassen und auf mit Zucker bestreutes Küchentuch stürzen.
• Das Papier abziehen, den Biskuit samt dem Tuch zur Rolle zusammenrollen und auskühlen lassen.
• Die Schokoladensahne mit dem elektrischen Rührgerät in etwa 30 Sekunden schlagen, den Weinbrand und das „san-apart" zufügen und alles zu steifem Schnee schlagen.
• Die Biskuitrolle mit der Schokosahne füllen, zusammenrollen, mit der restlichen Schokosahne überziehen, dekorieren, mit Puderzucker oder Kakaopulver bestäuben, vollständig auskühlen lassen und zum Servieren bereitstellen.

Schnelle Kirschroulade

• 5 Eier • 6 EL Wasser • 150 g Zucker • 1 Päckchen Vanillezucker • 1 Beutel „biskuit apart" • 1 Prise Salz • 100 g Weizenmehl • 1 TL Backpulver • 1 Glas Sauerkirschen • 50 g „san-apart" • 2 EL Kirschlikör • 1 Becher Sahne • 2 TL „san apart" • 12 Belegkirschen • Pistazienkerne zum Garnieren

• Aus den Teigzutaten nach dem Grundrezept „Blitzbiskuit" den Teig zubereiten, auf ein mit Backtrennpapier ausgelegtes Backblech geben, glatt streichen und im auf 220° C vorgeheizten Backofen 10-15 Minuten backen. Nach dem Backen den Rand mit einem spitzen Messer lösen, fünf Minuten ausdampfen lassen.
• Anschließend den Kuchen dünn mit „san-apart" bestreuen, auf ein Backtrennpapier stürzen und das alte abziehen. Den Biskuit nochmals mit etwas „san-apart" bestreuen und samt Papier zur Rolle aufwickeln. Auskühlen lassen.
• Für die Füllung die Sauerkirschen abtropfen lassen und musartig hacken. Mit Kirschlikör und „san-apart" verrühren.
• Die Sahne mit „san-apart" steif schlagen und unter die Kirschmasse geben. Den Biskuitboden damit bestreichen, zusammenrollen, dekorativ anrichten, mit der restlichen Sahne überziehen, mit Sahnetupfern und Belegkirschen sowie Pistazienkernen ausgarnieren, vollständig auskühlen lassen und servieren.

Joghurt-Quark-Torte mit Pfirsichen

• 4 Eier • 8 EL kaltes Wasser • 200 g Zucker • 1 Beutel „biskuit apart" • 150 g Mehl • 75 g Speisestärke • 1 TL Backpulver • 50 g Butter • 50 g Mandelblättchen • 250 g Quark • 1 Becher Joghurt • 1 Päckchen Vanillezucker • 2 Becher Sahne • 6-8 TL „san-apart" • Pfirsiche

• Aus den Teigzutaten nach Grundrezept einen Biskuitteig zubereiten. Zum Schluss die zerlassene Butter unterziehen.
• Eine Springform (26 cm Durchmesser) ausfetten, den Teig einfüllen, glatt streichen, mit Mandelblättchen bestreuen und im auf 200° C vorgeheizten Backofen 30-35 Minuten backen.
• Nach dem Abbacken den Rand der Springform abnehmen, den Kuchen auf ein Kuchengitter legen und erkalten lassen.
• Den Kuchen auf eine Tortenplatte setzen und einen dünnen Tortendeckel abschneiden. Diesen in 16 Stücke teilen.
• Den unteren Boden in einen Kuchenring setzen, mit Pfirsichen belegen.
• Die Sahne mit 4 TL „san-apart" steif schlagen. Den Quark mit dem Joghurt und dem Vanillezucker glatt rühren und die Sahne unterheben. 6-8 TL „san-apart" einrühren.
• Die Creme gleichmäßig auf die Pfirsiche verteilen, glatt streichen, die Deckelstücke darauf legen, andrücken, mit Puderzucker bestäuben und vollständig erkalten lassen.
• Den Tortenring abnehmen und den Rand mit einem heißen, nassen Messer glatt streichen. Ausgarnieren und zum Verzehr bereitstellen.

Walnusstorte

• 6-8 Eigelb • 250 g Zucker • 150 g geriebene Walnüsse • 150 g feine Semmelbrösel • 1/2 Päckchen Backpulver • 6 Eiweiß • Fett für die Form • 1/2 l Schlagsahne • 4 TL Sahnesteif • 1 Päckchen Vanillezucker • Schokotrüffel und glacierte Walnusshälften zum Garnieren

• Die Eigelbe mit dem Zucker in einer Schüssel schaumig schlagen. Die Walnüsse, die Semmelbrösel und das Backpulver gut vermischen und zufügen.
• Das Eiweiß zu steifem Schnee schlagen, auf die Eigelbcreme setzen und vorsichtig unterheben.
• Den Teig in eine mit Backtrennpapier ausgelegte Springform füllen, glatt streichen und im auf 170-190° C vorgeheizten Backofen in 40-45 Minuten backen.
• Nach dem Abbacken den Kuchen herausnehmen und einmal waagerecht durchschneiden.
• Die Sahne mit dem Sahnesteif und dem Vanillezucker steif schlagen, auf die untere Platte geben, glatt streichen, mit dem oberen Boden abdecken und leicht andrücken. Mit der restlichen Sahne überziehen, ausgarnieren, mit Schokotrüffeln und Walnusshälften verzieren und zum Verzehr bereitstellen.

Preiselbeer-Quarktorte

• 4 Eiweiß • 3 EL warmes Wasser • 125 g Zucker • 4 Eigelb • 75 g Mehl • 50 g Speisestärke • 9 Blatt Gelatine • 1 Glas Preiselbeerkompott • 40 g Zucker • 500 g Sahnequark • 60 g Zucker • 1-2 EL Vanillezucker • 1 Becher Sahne • 100 g gehackte Pistazien

• Das Eiweiß mit dem Wasser zu steifem Schnee schlagen, den Zucker einrieseln lassen, die Eigelbe einrühren und das gesiebte und mit Speisestärke vermischte Mehl unterheben. Den Teig in eine mit Backtrennpapier ausgelegte Springform füllen und im auf 200° C vorgeheizten Backofen 30-35 Minuten backen. Herausnehmen und vollständig erkalten lassen.
• Die Preiselbeeren mit dem Zucker pürieren. 3 Blatt Gelatine einweichen, im Wasserbad auflösen lassen und in die Preiselbeeren einrühren.
• Den Quark mit dem Zucker und dem Vanillezucker verrühren. Die restlichen 6 Blatt Gelatine einweichen und auflösen lassen und löffelweise mit dem Schneebesen unter den Quark rühren.
Die Sahne unter die Quarkmasse heben, einen Tortenring um den erkalteten Biskuitboden legen und die Quarkmasse auf dem Boden verteilen. Die Preiselbeermasse darüber geben, verteilen und mit den gehackten Pistazien bestreuen. Im Kühlschrank vollständig fest werden lassen, den Tortenring abnehmen und servieren.

Cappuccino-Cremetorte

• 6 Eier • 5 EL Wasser • 250 g Zucker • 1 Prise Salz • 1 Beutel „biskuit apart" • 120 g Mehl • 50 g Speisestärke • 50 g Kakaopulver • 1 TL Backpulver • 1/4 TL Zimt • 1-2 EL geriebene Zitronenschale • Saft von 1/2 Zitrone • 1/8 l lauwarme Milch • 1 TL Pulverkaffee • 1 TL Zucker • 3 EL Amaretto • 1 Vanilleschote • 1/8 l Wasser • 4 EL Pulverkaffee • 1 EL Zucker • 1/4 TL Zimt • 4 Eier • 350 g Butter • 1 Packung „san-apart" • 1 Schuss Weinbrand • 1/8 l warme Milch • 1 TL Pulverkaffee • 1 TL Zucker • 3 EL Amaretto • geschlagene, gesüßte Sahne • Zimtpulver

• Die Teigzutaten nach Grundrezept „Biskuit 1" zubereiten, in eine ausgefettete Springform (26 cm Durchmesser) füllen, glatt streichen und im auf 200° C vorgeheizten Backofen in 30-35 Minuten backen.
• Herausnehmen, auskühlen lassen, den Springformrand lösen und den Biskuit auf einem Kuchendraht mindestens zwei Stunden ruhen lassen.
• Für die Füllung das ausgeschabte Vanillemark mit dem Wasser, dem Pulverkaffee und dem Zucker zu einem Sirup einkochen.
• Den Sirup auskühlen lassen, den Zimt und die Eier zugeben und mit einem Kochlöffel gut verrühren.
• Die Butter weiß-schaumig rühren, Ei-Sirup-Masse, „san-apart" und Weinbrand zugeben und alles zu einer glatten Creme rühren.
• Den Kuchen in drei gleiche Böden teilen, die Milch, den Pulverkaffee, den Zucker und den Amaretto verrühren und die Böden damit tränken.
• Die Böden dann dünn mit der Creme bestreichen, aufeinander setzen, mit der restlichen Creme die Torte einstreichen, glatt ziehen, mit geraspelter Schokolade bestreuen, mit Sahnetupfern ausgarnieren und mit Zimt bestäuben. Vollständig auskühlen lassen und zum Verzehr bereitstellen.

Pralinentorte

• 50 g Kokosraspeln • 125 g Butter • 125 g Zucker • 1 Päckchen Vanillezucker • 4 Eigelb • 3 gestr. TL Backpulver • 100 g Mehl • 4 Eiweiß • etwas Aprikosenmarmelade • 1 kleine Dose Aprikosen • 2-3 Becher süße Sahne • 2-3 Päckchen Sahnesteif • 12-14 Kokospralinen

• Die Kokosraspeln in einer trockenen Pfanne goldgelb rösten und abkühlen lassen.
• Die Butter mit dem Zucker, dem Vanillezucker und den Eigelben schaumig rühren. Die Hälfte der Kokosflocken und das mit Backpulver vermischte Mehl einrühren und das steif geschlagene Eiweiß unterziehen.
• Im auf 180° C vorgeheizten Backofen 30 Minuten backen, herausnehmen und erkalten lassen. Die Aprikosenmarmelade erwärmen und auf den erkalteten Boden streichen. Die Aprikosen in Schnitze schneiden und auf der Marmelade verteilen.
• Die Sahne mit dem Sahnesteif steif schlagen und über die Aprikosen streichen. Mit der anderen Hälfte der Kokosflocken und mit den in Scheiben geschnittenen Pralinen verzieren.

Mohrenkopftorte

1 Grundrezept „Blitzbiskuit" • 10-12 Mohrenköpfe • 250 g Sahnequark • 1-2 EL Vanillezucker • 1 Glas Orangenlikör

• Den Biskuit nach Grundrezept zubereiten und abbacken.
• Die Mohrenköpfe von den Waffeln trennen und in eine Schüssel geben. Mit einer Gabel den Quark unterrühren und die Mohrenköpfe dabei zerkleinern. Mit dem Vanillezucker abschmecken und mit dem Orangenlikör aromatisieren.
• Die Masse auf den Biskuitboden streichen und nach Belieben mit Mini-Mohrenköpfen verzieren. Gut gekühlt servieren!

Nusstorte mit Heidelbeersahne

• 80 g Butter • 80 g Zucker • 1 Vanillezucker • 6 Eigelb • 1 TL Backpulver • 200 g gemahlene Mandeln • 100 g geriebene Zartbitterschokolade • 6 Eiweiß • Margarine und Semmelbrösel für die Form • 4 cl Rum • 500 g Heidelbeeren • 4 Becher Sahne • 2 Päckchen Sahnesteif • 2-3 EL Vanillezucker

• Die Butter mit dem Zucker, dem Vanillezucker und den Eigelben schaumig schlagen, die mit dem Backpulver vermischten Mandeln und die Schokolade unterrühren. Das Eiweiß steif schlagen und unterziehen.
• Den Teig in eine gefettete und mit Semmelbrösel ausgestreute Springform füllen und im auf 180-200° C vorgeheizten Backofen 30 Minuten backen. Herausnehmen und erkalten lassen.
• Boden mit dem Rum tränken, die Hälfte der Heidelbeeren auf dem Boden verteilen. Die Sahne mit dem Sahnesteif und dem Vanillezucker steif schlagen. Die Hälfte der Sahne mit den restlichen Heidelbeeren mischen und auf den Boden streichen. Mit der restlichen Sahne verzieren.

Schwarzwälder Kirschtorte

• 175 g Mehl • 1 Ei • 70 g Zucker • 1 Päckchen Vanillezucker • 1 Prise Salz • 90 g Butter • 1 dunklen Tortenboden in 2 Platten • 1 Glas entsteinte Sauerkirschen • 1 1/2 TL Speisestärke zum Binden • 4 cl Schwarzwälder Kirschwasser • 4 EL Johannisbeergelee • 1 l Sahne • 1 Päckchen Vanillezucker • 16 Kirschen zum Garnieren • 50 g grob geraspelte, halbbittere Schokolade

• Aus dem Mehl, dem Ei, dem Zucker, dem Vanillezucker, dem Salz und der Butter einen Mürbeteig kneten, in Frischhaltefolie wickeln und 30 Minuten kaltstellen.
• Den Mürbteig auf einem gefettetem Springformboden (26 cm Durchmesser) verteilen, mit einer Gabel mehrmals einstechen, im auf 200° C vorgeheizten Backofen 10 Minuten backen, herausnehmen und auskühlen lassen.
• Die Sauerkirschen abtropfen lassen, 1/8 l Saft abmessen und diesen mit 2 cl Kirschwasser mischen, erhitzen, mit der Speisestärke binden, die Kirschen zugeben und erkalten lassen.
• Das Johannisbeergelee mit 2 cl Kirschwasser glatt rühren und den Mürbteigboden damit bestreichen. Einen Biskuitboden auflegen, die Kirschmasse darauf verteilen.
• Die Sahne mit dem Zucker und dem restlichen Kirschwasser steif schlagen, die Hälfte auf die Kirschen verteilen und den zweiten Biskuitboden darauf legen. Die Torte mit Sahne überziehen, mit 16 Rosetten garnieren, die Rosetten mit Kirschen belegen. Die Mitte und den Rand mit Schokolade garnieren und bis zum Servieren kaltstellen.

Haselnusstorte

• 6-8 Eigelb • 250 g Zucker • 150 g geriebene Haselnüsse • 150 g Semmelbrösel • 1/2 Päckchen Backpulver • 6 Eiweiß • Fett für die Form • 1/2 l Schlagsahne • 4 TL „san-apart“ • 1 Päckchen Vanillezucker • Schokotrüffel zum Garnieren

• Die Eigelbe mit dem Zucker in einer Schüssel schaumig schlagen. Die Haselnüsse, die Semmelbrösel und das Backpulver gut vermischen und zufügen.
• Das Eiweiß zu steifem Schnee schlagen, auf die Eigelbcreme setzen und vorsichtig unterheben.
• Den Teig in eine am Boden ausgefettete Springform füllen, glatt streichen und im auf 170-190° C vorgeheizten Backofen in 40-45 Minuten backen.
• Nach dem Abbacken den Kuchen herausnehmen und einmal waagerecht durchschneiden.
• Die Sahne mit „san-apart“ und Vanillezucker steif schlagen, auf die untere Platte geben, glatt streichen, mit dem oberen Boden abdecken und leicht andrücken. Mit der restlichen Sahne überziehen, ausgarnieren, mit Schokotrüffeln verzieren und zum Verzehr bereitstellen.

Kiwi-Kuppeltorte

• 260 g Mehl • 260 g Zucker • 60 g Kakao • 1 Päckchen Backpulver • 60 g Butter • 2 Eier • 1/4 l Milch • 5 Kiwifrüchte • 6 Blatt Gelatine • 3/4 l Sahne • 50 g Zucker • 1 EL Vanillezucker • 3 EL weißen Rum • 1 Tortenguss klar

• Das Mehl mit dem Zucker, dem Kakao und dem Backpulver in einer Teigschüssel gut mischen, inzwischen die Butter schmelzen, anschließend mit den Eiern und der Milch zu der Mehlmischung geben und gut durchrühren.
• In eine mit Backtrennpapier ausgelegte Springform füllen und im auf 180° C vorgeheizten Backofen 40 Minuten backen. Auskühlen lassen und waagerecht so durchschneiden, dass der untere Boden dünner ist als der obere.
• Eine kuppelartige Schüssel (24 cm) mit den geschälten und in Scheiben geschnittenen Kiwis auslegen.
• Die Gelatine einweichen und im Wasserbad auflösen. Den oberen, dicken Tortenboden zerkrümeln. Die Sahne fast steif schlagen, den Zucker und den Vanillezucker einrieseln lassen und die aufgelöste Gelatine tropfenweise einrühren. Die Sahne vollkommen steif schlagen, die Kuchenkrümel und den Rum unterheben. Die Masse in die Schüssel mit den Kiwis füllen, den dünnen Tortenboden darauf legen und das Ganze kaltstellen. Die Torte nach wenigen Stunden auf eine Platte stürzen und mit klarem Tortenguss überziehen.

Ananas-Sahnetorte

• 3 Eier • 3 EL Wasser • 125 g Zucker • 1 Päckchen Vanillezucker • 125 g Mehl • 1 gestrichenen EL Kakao • 1 gestr. EL Backpulver • 50 g abgezogene, gemahlene, geröstete Mandeln • 100 g geriebene Schokolade • 75 g Zartbitterschokolade • etwas Kokosfett • 2 gehäufte TL gemahlene Gelatine in 3 EL Wasser angerührt • 10 Scheiben Ananas • 300 g Ananaskonfitüre • 3 EL Weinbrand • 1/2 l Sahne • 25 g abgezogene, gemahlene, geröstete Mandeln

• Die Eier und das Wasser schaumig schlagen, den Zucker und den Vanillezucker einstreuen. Das Mehl mit dem Kakao vermischen und auf die Eiercreme sieben. Die Mandeln und die Schokolade darauf geben und vorsichtig unterziehen.
• Den Teig in eine mit Backtrennpapier ausgelegte Springform füllen und im auf 180-200° C vorgeheizten Backofen 20-30 Minuten backen.
• Den Tortenboden einmal waagrecht durchschneiden. Die Schokolade und das Kokosfett erhitzen, bis eine geschmeidige Masse entsteht und diese auf den oberen Boden streichen.
• Die Gelatine mit Wasser anrühren und quellen lassen. Die Ananasscheiben in kleine Stücke schneiden. Die Konfitüre durch ein Sieb streichen und mit dem Weinbrand verrühren. Die Gelatine erwärmen, bis sie gelöst ist, dann unter die Konfitüre rühren. Die Sahne steif schlagen, 1/4 zum Verzieren abnehmen. Unter die übrige Sahne die Konfitüre rühren und kurz kalt stellen. Die Ananasstücke (einige zum Garnieren zurücklassen) auf den unteren Boden geben und die Anasahne darauf verteilen. Den mit Schokolade bestrichenen Boden darauf legen. Den unteren Rand der Torte mit Sahne bestreichen und mit Mandeln bestreuen. Die obere Seite mit der restlichen Sahne verzieren und mit Ananas garnieren.

Schneeflockentorte

• 4 Eiweiß • 4 EL kaltes Wasser • 180 g Zucker • 1 Päckchen Orangenschalenaroma • 4 Eigelb • 80 g Mehl • 80 g Speisestärke • 1 Päckchen Backpulver • 200 g Marzipanrohmasse • 150 g Puderzucker 1 Fläschchen Rumaroma • 1/2 Glas Aprikosenkonfitüre • 100 g Butter • 100 g Puderzucker • 1 Packung helle Kuchenglasur • 1-2 EL Rum • 100 g Schokoladenstreusel • 1 Packung dunkle Kuchenglasur • Liebesperlen zum Verzieren

• Das Eiweiß mit dem Wasser sehr steif schlagen, den Zucker und das Orangenschalenaroma dabei einrieseln lassen. Die Eigelbe vorsichtig unterziehen, das Mehl mit der Speisestärke und dem Backpulver vermischen und löffelweise unterheben.
• Eine Springform (Durchmesser 26 cm) mit Backtrennpapier auslegen, den Teig einfüllen und im auf 175-190° C vorgeheizten Backofen 40-50 Minuten backen. Herausnehmen, das Backtrennpapier vorsichtig abziehen und den Tortenboden erkalten lassen.
• Die Marzipanrohmasse mit dem Puderzucker und dem Rumaroma verkneten und 3/4 der Menge zwischen einer Folie, die etwas größer als die Springform ist, ausrollen. Eine tiefe Schüssel damit auskleiden und mit der erwärmten, glatt gerührten Aprikosenkonfitüre bestreichen. Den Tortenboden waagerecht durchschneiden, den oberen Boden auf das Marzipan legen und leicht andrücken.
• Für die Creme die Butter, den Puderzucker, die erwärmte helle Kuchenglasur, den Rum und die Schokoladenstreusel verrühren und auf den Teig füllen. Den zweiten Boden darüber legen und die Torte für mehrere Stunden kalt stellen.
• Vor dem Anrichten die Torte stürzen, mit der erwärmten dunklen Schokoladenglasur überziehen und mit dem restlichen Marzipan und den Liebesperlen verzieren. In dünne Scheiben schneiden und servieren.

Eierlikör-Torte

• 80 g Butter • 80 g Zucker • 5 Eigelb • 5 Eiweiß • 60 g geriebene Schokolade • 1 Prise Zimt • 1 TL Kakaopulver • 200 g gemahlene Nüsse • 1 Päckchen Backpulver • 4 Becher Sahne • 2-3 Päckchen Sahnesteif • 3-4 Likörgläser Eierlikör • Schokoladenstreusel

• Die Butter mit dem Zucker und den Eigelben schaumig schlagen. Die Schokolade, den Zimt, den Kakao, die Nüsse und das Backpulver unter die Eigelbmasse ziehen und das sehr steif geschlagene Eiweiß unterheben.
• Eine Springform mit Backtrennpapier auslegen und den Teig einfüllen. Im auf 180-200° C vorgeheizten Backofen in 20 Minuten abbacken, aus der Form nehmen und das Backtrennpapier abziehen.
• Die Sahne mit dem Sahnesteif sehr steif schlagen und die Hälfte davon auf den Kuchen streichen. Mit der restlichen Sahne verzieren, dabei am oberen Rand rundherum Tuffs aufspritzen. Den Eierlikör einfüllen und die Schokoladenstreusel darüber streuen.

ORANGENTORTE

• 250 g Zucker • 4 Eier • 5 Eigelb • 250 g Mehl • 1 TL Backpulver • 125 g Butter • 5 Eiweiß • 1 Glas Orangenmarmelade • Orangenlikör • 1 1/2 Eiweiß • 180 g Puderzucker • einige Tropfen Orangensaft • 1 Schablone mit einem weihnachtlichen Motiv • 1 EL geriebene Schokolade

• Den Zucker mit den Eiern und den Eigelben schaumig rühren. Das Mehl mit dem Backpulver vermischen, sieben und locker unterheben. Die Butter zerlassen, abkühlen lassen und lauwarm unter die Masse ziehen.
• Das Eiweiß mit etwas Zucker steif schlagen und vorsichtig unterheben.
• Den Teig in eine mit Backtrennpapier ausgelegte Springform (Durchmesser 28 cm) füllen und im vorgeheizten Backofen bei 175-200° C 60-65 Minuten backen.
• Herausnehmen, auf ein Kuchengitter stürzen und das Backtrennpapier abziehen. Den Tortenboden wieder umdrehen, gut auskühlen lassen, zweimal waagerecht durchschneiden.
• Den unteren Boden mit Orangenmarmelade bestreichen, den zweiten Boden darauf setzen, mit Orangenlikör beträufeln und ebenfalls mit Orangenmarmelade bestreichen. Den dritten Boden darauf setzen.
• Das Eiweiß mit dem gesiebten Puderzucker und dem Orangensaft zu einer Glasur verrühren und die Torte damit gleichmäßig überziehen.
• Wenn der Guss völlig trocken ist, die Schablone auflegen und die ausgeschnittenen Stellen mit der geriebenen Schokolade bestreuen.

HIMBEERHERZ

• 4 Eigelb • 75 g Zucker • 1 Päckchen Vanillezucker • 4 Eiweiß • 1 Prise Salz • 75 g Zucker • 100 g Mehl • 100 g Speisestärke • 1 TL Backpulver • 250 g frische Himbeeren • 1 Tasse Himbeermarmelade • 4 cl Brombeerlikör • 1 Portion klaren Tortenguss • 1 Becher geschlagene, gesüßte Sahne • 1 Tasse gehackte Pistazien • Liebesperlen zum Verzieren

• Die Eigelbe mit dem Zucker und dem Vanillezucker in einer Schüssel schaumig schlagen. Das Eiweiß mit dem Salz steif schlagen und den Zucker einrieseln lassen. Das Mehl mit der Speisestärke und dem Backpulver vermischen, 2/3 Eischnee unter die Eicreme ziehen und anschließend die Mehlmischung vorsichtig unterheben. Zum Schluss das restliche Drittel Eiweiß unterheben und das Ganze in eine mit Backtrennpapier ausgelegte Herzform füllen.
• Im auf 180-200° C vorgeheizten Backofen 25-30 Minuten abbacken, herausnehmen, erkalten lassen und bereitstellen.
• Die Himbeeren verlesen, waschen und bereit stellen, die Himbeermarmelade mit dem Brombeerlikör glatt rühren.
• Den Tortenguss nach Anweisung zubereiten, den Tortenboden mit der Marmelade bestreichen, mit den Himbeeren belegen und mit dem Guss überziehen, vollständig erkalten lassen.
• Das Himbeerherz aus der Form nehmen, den Rand mit geschlagener, gesüßter Sahne bestreichen und mit gehackten Pistazien bestreuen.
• Das Herz mit der restlichen Sahne ausgarnieren, mit Liebesperlen verzieren und servieren.

Grundrezept „Brandteig 1“

• 1/4 l Wasser • 100 g Butter • 1 Prise Salz • 150 g Mehl • 4 Eier

• Das Wasser, die Butter und das Salz erhitzen. Das Mehl auf einmal hineinschütten und so lange rühren, bis sich der Teig vom Topfboden löst.
• Den Teig in eine Rührschüssel geben, die Eier nach und nach darunter rühren.
• Den Teig in einen Spritzbeutel mit großer Sterntülle füllen und auf ein bemehltes Backblech verschiedene Formen aufspritzen.
• Das Gebäck im auf 200° C vorgeheizten Backofen in etwa 35 Minuten abbacken.
• Nach dem Abbacken das Gebäck aufschneiden und nach dem Erkalten nach Belieben weiter verarbeiten.

Grundrezept „Brandteig 2“

• 1/8 l Milch oder Sahne • 1/8 l Wasser • 65 g Butter • 1 Prise Salz • 125 g Mehl • 4 Eier

• Die Milch oder Sahne mit dem Wasser, der Butter und dem Salz vermischen und erhitzen. Das Mehl auf einmal hineingeben und so lange rühren, bis sich der Teig vom Topfboden löst.
• Den Teig in eine Rührschüssel geben und die Eier nach und nach darunter rühren.
• Den Teig in einen Spritzbeutel mit großer Sterntülle füllen und in beliebigen Formen auf ein bemehltes Backblech spritzen.
• Im auf 200° C vorgeheizten Backofen 30-35 Minuten backen, aufschneiden und nach Belieben weiter verarbeiten.

Vitamin-Torte

• Rezept „Brandteig 1“ • 250 g Sahnequark • 1/8 l Multivitaminsaft • 1 Eigelb • 100 g Zucker • 1 EL Vanillezucker • einige Tropfen Orangenlikör • 6 Blatt weiße Gelatine • 1 Eiweiß • 1 Prise Salz • 1/4 l Sahne • 2 EL Vanillezucker • 1 Orange • Schokostreusel

• Den Brandteig nach Grundrezept herstellen, in Springformgröße kleine Rosetten aufspritzen, so dass beim Backen ein durchgehender Boden entsteht, und im auf 200-220° C vorgeheizten Backofen in 25-30 Minuten backen. Herausnehmen und den noch warmen Kuchen einmal waagerecht durchschneiden.
• Den Quark mit dem Multivitaminsaft, dem Eigelb, dem Zucker und dem Vanillezucker zu einer cremigen Masse verrühren. Mit dem Orangenlikör aromatisieren und die eingeweichte, gut ausgedrückte und im Wasserbad aufgelöste Gelatine tropfenweise einrühren. Im Kühlschrank gelieren lassen.
• Das Eiweiß mit dem Salz steif schlagen und unter die Creme ziehen, bevor sie fest wird.
• Die Sahne mit dem Vanillezucker steif schlagen und in einen Spritzbeutel mit Sterntülle füllen. Die Orange schälen und das Fruchtfleisch aus den Häuten lösen.
• Die Creme auf den unteren Boden streichen und den Deckel aufsetzen. Mit der Sahne und den Orangenfilets ausgarnieren, mit den Schokostreuseln bestreuen und servieren.

Brandteigringe

1 Grundrezept „Brandteig 1 oder 2" • 750 g Kokosfett • Zucker

• Den Brandteig nach Grundrezept zubereiten, in einen Spritzbeutel mit Sterntülle füllen und auf ein ausgefettetes Backtrennpapier Ringe von 8 cm Durchmesser spritzen.
• Das Kokosfett erhitzen, die Ringe hinein gleiten lassen und von beiden Seiten goldbraun backen.
• Die fertigen Ringe auf Löschpapier abtropfen lassen und dann in feinem Zucker wenden.

Strauben

• 1 Grundrezept „Brandteig 1 oder 2" • 750 g Kokosfett • Zucker

• Den Brandteig nach Grundrezept „Brandteig 1 oder 2" zubereiten, die Masse in einen Spritzbeutel mit Sterntülle füllen und auf ein ausgefettetes Backtrennpapier Ringe von 10 cm Durchmesser spritzen.
• Das Kokosfett backfertig erhitzen, die Strauben hinein gleiten lassen und von beiden Seiten goldbraun backen.
• Die fertigen Strauben auf Löschpapier abtropfen lassen und dann in feinem Zucker wenden. Zum frischen Verzehr servieren.

Eclairs

• 1 Grundrezept „Brandteig 1 oder 2" • Mehl für das Backblech
• 1 Rezept „Mokkabuttercreme" • 1 Rezept „Wasserglasur" mit 1 EL Mokka

• Den Brandteig nach Grundrezept „Brandteig 1 oder 2" zubereiten.
• Die Masse in einen Spritzbeutel füllen und auf ein bemehltes Backblech immer zwei 10 cm lange Streifen dicht nebeneinander und einen dritten obenauf spritzen.
• Das Gebäck im auf 175-180° C vorgeheizten Backofen abbacken. Herausnehmen und die Eclairs aufschneiden.
• Die Mokkabuttercreme nach Anweisung zubereiten, die Eclairs damit füllen.
• Die Wasserglasur nach Rezept zubereiten, mit heißem Mokka anrühren, die Eclairs damit bestreichen, vollständig abtrocknen lassen und servieren. Die Eclairs kann man auch mit geschlagener, gesüßter Sahne füllen.

Schwänchen

• 1 Grundrezept „Brandteig 1 oder 2" • 1/2 l Schlagsahne • 2 TL Sahnesteif • Erdbeermarmelade • Puderzucker zum Bestäuben

• Den Brandteig nach Grundrezept zubereiten, in einen Spritzbeutel mit großer Sterntülle füllen und auf ein bemehltes Backblech 6 cm lange, dicke Stangen aufspritzen.
• Das Gebäck im auf 175-180° C vorgeheizten Backofen in 20-30 Minuten schön hellbraun ausbacken.
• Mit sehr kleiner Lochtülle genau so viele 4-5 cm „Spazierstöcke" auf das Blech dressieren und diese im vorgeheizten Backofen in 5-6 Minuten abbacken.
• Die erkalteten großen Stücke durchschneiden und die Unterteile mit Erdbeermarmelade füllen.
• Die Schlagsahne mit dem Sahnesteif steif schlagen und kranzförmig auftragen.
• Die Oberteile aufsetzen, die „Spazierstöckchen" als Hals in die Schlagsahne stecken. Das Ganze mit Puderzucker überpudern, auskühlen lassen, anrichten und servieren.

Gefüllte Brandteigringe

1 Rezept „Brandteig für Windbeutel" • 1 Päckchen Himbeerpuddingpulver • 1/4 l Wasser • 100 g Zucker • 100 ml Kirschsaft • 1/4 l Sahne • 500 g frische Himbeeren • Puderzucker zum Bestäuben

• Den Teig nach Grundrezept zubereiten und statt Windbeuteln Kreise abbacken.
• Das Puddingpulver mit etwas Wasser anrühren, das restliche Wasser mit dem Zucker und dem Kirschsaft zum Kochen bringen. Das Puddingpulver einrühren und einmal aufkochen lassen. Vom Herd nehmen und erkalten lassen, dabei öfter umrühren, damit sich keine Haut bildet.
• Die Sahne steif schlagen und mit den Himbeeren vorsichtig unter den Pudding ziehen. Die Unterseiten der Ringe damit bestreichen, die Oberteile auflegen und dick mit Puderzucker bestäuben.

Kirschdessert

• 1 Grundrezept „Brandteig 1 oder 2" • Mehl für das Blech • 1 Dose Dunstkirschen • 1/2 l Schlagsahne • 2 Päckchen Vanillezucker • 1 Rezept „Wasserglasur"

• Den Brandteig nach Grundrezept „Brandteig 1 oder 2" zubereiten, die Masse in einen Spritzbeutel mit großer Sterntülle füllen und auf ein bemehltes Blech wellenförmig 40 cm lange Striezel aufspritzen.
• Das Gebäck im auf 180° C vorgeheizten Backofen in 30-35 Minuten abbacken.
• Nach dem Abbacken die Striezel der Länge nach aufschneiden und nach dem Erkalten die gut abgetropften Kirschen darauf legen.
• Die steif geschlagene, gesüßte Sahne dick auftragen, die abgeschnittene Hälfte mit Wasserglasur überziehen, darauf legen und das Ganze in etwa 10 cm lange Stücke schneiden.
• Das Kirschdessert dekorativ anrichten, ausgarnieren und servieren.

Brandteigtorte mit Heidelbeeren

• 1 Rezept „Brandteig" • 500 g frische Heidelbeeren • 4 cl Brombeerlikör • 1/2 l Sahne • 2 Päckchen Sahnesteif • 4-5 EL Zucker • 1 EL Vanillezucker • Zitronenmelisseblättchen zum Garnieren

• Den Brandteig nach Grundrezept zubereiten, eine Springform ausfetten, 1/3 des Teiges auf die Springform streichen und das Ganze im auf 180-200° C vorgeheizten Backofen 10-15 Minuten backen. Das Ganze noch 2 mal wiederholen und einen Boden davon nicht zu fein zerbröseln.
• Die Heidelbeeren verlesen, waschen, gut abtropfen lassen und klein schneiden, in eine Schüssel geben, mit Brombeerlikör beträufeln und 10 Minuten ziehen lassen.
• Die Sahne mit dem Sahnesteif steif schlagen, die abgetropften Heidelbeeren unterziehen und nach Geschmack süßen.
• Einen Brandteigboden auf eine Tortenplatte geben, einen Tortenring darum legen und einen Teil der Heidelbeersahne darauf verstreichen. Den nächsten Boden darauf setzen und wieder mit der Sahne bestreichen. Die Brösel des letzten Bodens auf die Sahne streuen und die Torte kalt stellen.
• Vor dem Servieren den Tortenring vorsichtig abnehmen, den Rand der Torte mit Sahne verzieren und die Heidelbeertorte mit frischen Früchten und Zitronenmelisseblättchen ausgarnieren.

Bunte Flockentorte

1/8 l Wasser • 1 Prise Salz • 50 g Butter • 100 g Mehl • 2-3 Eier • Margarine und Mehl für die Form • 1/2 l Sahne • 1 EL Vanillezucker • 1 kleine Dose Guaven • 2 Scheiben frische Ananas • 1 kleine Netzmelone • 2 Kiwis • 1 Orange • Puderzucker zum Bestäuben

• Das Wasser mit dem Salz und der Butter in einem Topf zum Kochen bringen, vom Herd nehmen und das Mehl auf einmal dazugeben. Wieder auf den Herd stellen und unter Rühren so lange erhitzen, bis sich ein Kloß gebildet hat. Den Teig in eine Schüssel geben und sofort ein Ei einrühren. Auf Handwärme abkühlen lassen und die restlichen Eier nach und nach einrühren. So lange rühren, bis der Teig in langen, glänzenden Spitzen am Löffel hängt.
• Eine Springform (Durchmesser 26 cm) einfetten und mit Mehl bestäuben. Ein Drittel des Teiges darauf streichen und im auf 220° C vorgeheizten Backofen in 15-20 Minuten abbacken. Herausnehmen, auf ein Kuchengitter legen und die beiden restlichen Böden ebenfalls so backen.
• Die Guaven gut abtropfen lassen und in dünne Schnitze schneiden, die Ananas in kleine Stücke schneiden. Die Melone halbieren und mit einem Kugelausstecher das Fruchtfleisch herausstechen. Die Kiwis schälen und in Scheiben schneiden. Die Orange schälen, das Fruchtfleisch aus den Häuten lösen und zum Garnieren beiseite stellen.
• Die Sahne mit dem Vanillezucker steif schlagen und einen Teil in einen Spritzbeutel mit Sterntülle füllen. Den unteren Boden mit Sahne bestreichen und mit einem Teil der Früchte belegen. Den zweiten Boden darauf setzen und ebenso verfahren. Den dritten Boden zerbröckeln und auf die Sahne streuen.
• Das Ganze dick mit Puderzucker bestäuben, mit der Sahne und den Orangenfilets ausgarnieren und sofort servieren.

Rotweinkrapfen

• 1 Rezept „Brandteig" • 125 g Rumrosinen • Pflanzenfett zum Fritieren • 1/4 l Rotwein • 1/4 l frisch gepressten Orangensaft • 1 Zitrone • 1 Orange • 2 Zimtstangen • einige Gewürznelken • Zucker nach Geschmack • 1 Tasse Obstwasser

• Den Brandteig nach Grundrezept zubereiten und die Rumrosinen unterarbeiten.
• Mit einem Löffel Krapfen abstechen, ins erhitzte Fett geben und schwimmend ausbacken.
• Den Rotwein mit dem Orangensaft in einem Topf erhitzen. Die Zitrone und die Orange halbieren und die Zimtstangen mit Hilfe der Nelken auf die Schnittflächen stecken, beides in den Topf geben und 5 Minuten darin ziehen lassen. Mit Zucker nach Geschmack süßen und das Obstwasser einrühren.
• Die noch warmen Krapfen mehrmals mit einer Gabel einstechen, mit der Flüssigkeit tränken, anrichten, mit Puderzucker bestäuben und noch warm servieren.

Rosinen-Mandel-Krapfen

• 1 Rezept „Brandteig" • 125 g Rumrosinen • 75 g gehackte Mandeln • Pflanzenfett zum Fritieren • 1 Tasse Zucker • 2 EL Vanillezucker • 1 EL Zimtpulver

• Den Brandteig nach Grundrezept zubereiten. Die Rumrosinen und die Mandelsplitter unterarbeiten.
• Das Fett erhitzen, vom Teig mit einem Löffel Klößchen abstechen und diese ins heiße Fett geben. Goldbraun ausbacken, herausnehmen und abtropfen lassen.
• Den Zucker, den Vanillezucker und das Zimtpulver miteinander vermischen, die noch warmen Krapfen darin wenden, erkalten lassen und servieren.

Gespritzte Krapfen

• 1 Rezept „Brandteig" • Backtrennpapier • Butter oder Margarine zum Ausfetten • Pflanzenfett zum Fritieren • 200 g Puderzucker • Saft von 1 Zitrone • 1 Tasse Multivitaminsaft • 50 g Puderzucker

• Den Brandteig nach Grundrezept zubereiten und bereitstellen.
• Aus dem Backtrennpapier l0 x l0 cm große Quadrate ausschneiden und mit Butter oder Margarine ausfetten. Den Brandteig in einen Spritzbeutel füllen und Kränze auf das Backpapier spritzen.
• Das Pflanzenfett erhitzen, die Kränze mit Hilfe des Papiers in das Fett gleiten lassen und goldgelb ausbacken.
• Den Puderzucker mit dem Zitronensaft und dem Multivitaminsaft in einen Topf geben und zu einem Sirup verkochen. Die ausgebackenen Kränze herausnehmen und noch warm mit dem Sirup tränken. Die Spritzkrapfen vollständig erkalten lassen, mit Puderzucker bestäuben und servieren.

Grundrezept „Brandteig für Windbeutel“

• 1/4 l Wasser • 1 Prise Salz • 1 EL Zucker • 50 g Butter • 150 g Mehl • 4 Eier • 1 Prise Backpulver • Backtrennpapier oder Pergamentpapier

• Das Wasser mit dem Salz, dem Zucker und der Butter in einem Topf zum Kochen bringen.
• Das Mehl mit dem Kochlöffel kräftig darunter rühren.
• Den Teig so lange auf der Herdplatte rühren, bis sich das Ganze vom Topfboden löst.
• Den Teig vom Feuer nehmen, nach und nach die Eier kräftig darunter schlagen und zum Schluss das Backpulver untermischen.
• Ein Backblech mit Backtrennpapier auslegen, den Teig in einen Spritzbeutel mit großer Sterntülle füllen und Rosetten aufspritzen.
• Die Teigstücke im auf 180° C vorgeheizten Backofen in 20-25 Minuten backen. Aus dem Ofen nehmen und zur weiteren Verarbeitung bereitstellen.

Windbeutel mit Kirschcreme

• 1 Grundrezept „Brandteig für Windbeutel“ • 150 g gedünstete Herzkirschen • 4 EL Kirschmarmelade • 250 g Sahnequark • 1 Schuss Sahne • Zucker nach Geschmack • Kirschlikör • geschlagene, gesüßte Sahne

• Für die Füllung die Kirschen mit der Kirschmarmelade nicht zu fein pürieren, in eine Schüssel geben und mit dem Sahnequark und der Sahne glatt rühren.
• Die Füllung mit Zucker süßen und mit Kirschlikör aromatisieren.
• Die Windbeutel halbieren, auf den Boden etwas Kirschcreme auftragen, geschlagene, gesüßte Sahne darauf geben, mit der oberen Haube abdecken, anrichten, ausgarnieren und servieren.

Schoko-Windbeutel

• 1 Rezept „Brandteig für Windbeutel“ • Backtrennpapier • 150 g dunkle Schokolade • 1 Becher Sahne • 1 Päckchen Sahnesteif • 1 EL Zucker • 1 EL Vanillezucker • Schokoladenglasur

• Den Brandteig nach Grundrezept zubereiten, auf Backtrennpapier aufspritzen, ausbacken und noch warm einen Deckel abschneiden.
• Die Schokolade raspeln, mit der Hälfte der Sahne in einen Topf geben und schmelzen lassen.
• Die restliche Sahne mit dem Sahnesteif, dem Zucker und dem Vanillezucker steif schlagen und vorsichtig unter die Schoko-Sahne-Mischung heben.
• Die Schokofüllung in einen Spritzbeutel mit Sterntülle geben und die Windbeutel damit füllen. Die Deckel mit im Wasserbad geschmolzener Schokoladenglasur überziehen, abkühlen lassen und auf die Schokofüllung setzen.

Windbeutel mit Himbeerschnee

• 1 Rezept „Brandteig" • 3 Eiweiß • Saft von 1/2 Zitrone • 125 g Zucker • 250 g Himbeeren • 4 cl Himbeerlikör • 1 Becher Sahne • 1 Päckchen Sahnesteif • 1 EL Vanillezucker • Puderzucker

• Den Brandteig nach Grundrezept zubereiten, auf Backtrennpapier aufspritzen, ausbacken und noch warm einen Deckel abschneiden.
• Die Eiweiße mit dem Zitronensaft und dem Zucker steif schlagen.
• Die Himbeeren putzen, waschen, gut abtropfen lassen und mit dem Himbeerlikör im Mixer oder mit dem Pürierstab pürieren. Die Sahne mit dem Sahnesteif und dem Vanillezucker steif schlagen. Das Himbeerpüree und die Sahne vorsichtig unter den Eischnee ziehen.
• Die Himbeerfüllung in einen Spritzbeutel mit Sterntülle geben und die Windbeutel damit füllen.
• Die Deckel nach Geschmack mit Puderzucker bestäuben und auf die Himbeerfüllung setzen.

Windbeutel mit Erdbeerschnee

• 1 Rezept „Brandteig" • 3 Eiweiß • Saft von 1/2 Zitrone • 125 g Zucker • 250 g Erdbeeren • 4 cl Erdbeerlikör • 1 Becher Sahne • 1 Päckchen Sahnesteif • 1 EL Vanillezucker • Puderzucker

• Den Brandteig nach Grundrezept zubereiten, auf Backtrennpapier aufspritzen, ausbacken und noch warm einen Deckel abschneiden.
• Die Eiweiße mit dem Zitronensaft und dem Zucker steif schlagen.
• Die Erdbeeren putzen, waschen, gut abtropfen lassen und mit dem Erdbeerlikör im Mixer oder mit dem Pürierstab pürieren. Die Sahne mit dem Sahnesteif und dem Vanillezucker steif schlagen. Das Erdbeerpüree und die Sahne vorsichtig unter den Eischnee ziehen.
Die Erdbeerfüllung in einen Spritzbeutel mit Sterntülle geben und die Windbeutel damit füllen.
• Die Deckel nach Geschmack mit Puderzucker bestäuben und auf die Erdbeerfüllung setzen.

Windbeutel mit Heidelbeersahne

• 1 Grundrezept „Brandteig für Windbeutel" • 150 g TK-Heidelbeeren • 2 EL Zitronensaft • Zucker nach Geschmack • 1 Becher Sahne • 1 Päckchen Sahnesteif

• Die Heidelbeeren auftauen lassen, mit Zitronensaft beträufeln und mit Zucker nach Geschmack süßen.
• Die Sahne mit dem Sahnesteif steif schlagen, die Heidelbeeren abtropfen lassen und unterziehen.
• Die Windbeutel halbieren, die Heidelbeersahne darauf verteilen, die Haube aufsetzen, anrichten, ausgarnieren und servieren.

Crème-fraîche-Waffeln

• 300 g Crème fraîche • 3 Eigelb • 100 g Zucker • Salz • abgeriebene Schale von 1/2 Zitrone • 250 g Weizenmehl • 1 TL Backpulver • 3 Eiweiß • Fett für das Waffeleisen • Puderzucker zum Bestäuben

• Das Crème fraîche mit den Eigelben, dem Zucker, dem Salz und der abgeriebenen Zitronenschale verrühren.
• Das Mehl mit dem Backpulver mischen, auf die Crème fraîche-Masse sieben, und unterrühren.
• Das Eiweiß steif schlagen und unter den Teig heben.
• Das Waffeleisen ausfetten, den Teig in nicht zu großen Portionen in das erhitzte Waffeleisen füllen, sofort gut verstreichen und die Waffeln von beiden Seiten goldbraun backen.
• Die Waffeln einzeln auf einem Kuchenrost erkalten lassen.
• Mit Puderzucker bestäuben und servieren.

Zimt-Rum-Waffeln

• 4 Eier • 3-4 EL Honig • 4 cl Rum • 2 EL flüssige Butter oder Margarine • 100 g Mehl • 1 TL Backpulver • 1 Prise Salz • 3 EL Zimtpulver • einige Tropfen Rumaroma • Puderzucker zum Bestäuben

• Die Eier mit dem Honig, dem Rum und der Butter oder Margarine in eine Schüssel geben und schaumig schlagen.
• Das Mehl mit dem Backpulver, dem Salz und dem Zimtpulver vermischen, vorsichtig unter den Schaum ziehen und zu einem glatten Teig verrühren.
• Den Teig mit einigen Tropfen Rumaroma verfeinern.
• Ein beschichtetes Waffeleisen erhitzen, den Teig portionsweise einfüllen und die Waffeln goldgelb ausbacken. Die Waffeln dekorativ anrichten, mit Puderzucker bestäuben, ausgarnieren und sofort servieren.

Quarkwaffeln

• 4 EL Butter • 4 EL Zucker • einige Tropfen Vanillearoma • 1 Prise Salz • 4 Eier • 350 g Magerquark • 200 g Mehl • 1 TL Backpulver

• Die Butter oder Margarine mit dem Zucker in eine Schüssel geben und schaumig schlagen.
• Das Vanillearoma sowie das Salz dazugeben, die Eier nach und nach kräftig darunter schlagen.
• Den Magerquark in eine Schüssel geben und glatt rühren, den Eischaum darunter ziehen.
• Das Mehl mit dem Backpulver vermischen, auf die Zutaten sieben und zu einem glatten Teig verrühren.
• Ein beschichtetes Waffeleisen erhitzen, portionsweise den Teig darauf verteilen und die Waffeln goldgelb ausbacken.

Butterwaffeln mit Früchten

• 125 g Butter • 50 g Zucker • 2 Päckchen Vanillezucker • 4 Eier • 250 g Mehl • 1 TL Backpulver • 1/2 TL Zimtpulver • 300 ml Sahne • Fett zum Ausbacken • 250 g Kirschen oder Himbeeren • 1/8 l Kirsch- oder Himbeersaft • Zucker nach Geschmack • Speisestärke zum Binden • 6 cl Fruchtlikör • 4 Portionen Vanilleeis

• Die Butter mit dem Zucker und dem Vanillezucker in eine Schüssel geben und schaumig schlagen.
• Die Eier nach und nach kräftig darunter schlagen.
• Das Mehl sieben, mit dem Backpulver und Zimtpulver vermischten, mit der Sahne zur Masse geben und zu einem glatten Teig verrühren.
• Das erhitzte Waffeleisen ausfetten, portionsweise den Teig einfüllen und die Waffeln goldgelb ausbacken.
• Die verlesenen, gewaschenen Kirschen oder Himbeeren mit dem Kirsch- oder Himbeersaft in einen Topf geben und einmal aufkochen lassen.
• Das Fruchtkompott mit Zucker nach Geschmack süßen und mit etwas mit Wasser angerührter Speisestärke binden und mit dem Likör aromatisieren.
• Die Waffeln dekorativ anrichten, je 1 Portion Vanilleeis darauf legen, mit den Früchten überziehen, ausgarnieren und sofort servieren.Zubereitung

Beschwipste Waffeln

• 75 g Butterschmalz • 1 EL Rum • 1 Päckchen Vanillezucker • 1 EL geriebene Zitronenschale • 1 EL geriebene Orangenschale • 1 Prise Salz • 100 g Zucker • 3 Eier • 175 g Mehl • 1/2 TL Backpulver • 1/8 l Sahne • Butterschmalz zum Ausbacken • 1 Tasse Orangenlikör • 1 Becher geschlagene, gesüßte Sahne • 4 Portionen Stracciatellaeis • 2 Tassen Rumtopffrüchte • Belegkirschen zum Garnieren

• Das Butterschmalz mit dem Rum, dem Vanillezucker, der Zitronenschale, der Orangenschale, dem Salz und dem Zucker in eine Schüssel geben und schaumig schlagen.
• Die Eier nach und nach kräftig darunterschlagen, das gesiebte Mehl mit dem Backpulver vermischen und mit der Sahne zur Eimasse geben.
• Das Ganze zu einem glatten Teig verrühren, das erhitzte Waffeleisen mit flüssigem Butterschmalz einfetten, portionsweise den Teig einfüllen und goldgelbe Waffeln ausbacken.
• Die Waffeln noch warm mit Orangenlikör tränken, dekorativ anrichten, mit der geschlagenen, gesüßten Sahne und je 1 Portion Eis belegen, ausgarnieren und sofort servieren.

Grundrezept „Blätterteig“

• 160 g Mehl • 1 Prise Salz • 2 Eigelb • 2-3 EL Wasser • 3-4 EL Weißwein oder Traubensaft • 1-2 TL Zucker • 275 g Ziehfett • 100 g Mehl

• Das Mehl, das Salz, die Eigelbe, das Wasser, den Weißwein oder Traubensaft und den Zucker zu einem kompakten Grundteig verarbeiten und sofort im Kühlschrank kalt stellen.
• Die gekühlte Butter oder Ziehmargarine in das auf eine Arbeitsfläche gesiebte Mehl fein blättrig einschneiden, zu einem glatten Teig verarbeiten und ebenfalls sofort im Kühlschrank kalt stellen.
• Den Grundteig zu einem Rechteck ausrollen, ebenso das Ziehfett. Das Ziehfett in den Grundteig einschlagen und mit dem Rollholz Touren schlagen.
• Nach dem Herstellen und Kühlen des Blätterteigs je nach Rezept entsprechend weiterverarbeiten.

Tip:
Wenn Ihnen die Blätterteigherstellung zu mühselig ist, verwenden Sie einfach TK-Blätterteig. Auf den folgenden Seiten finden Sie jede Menge Rezepte!

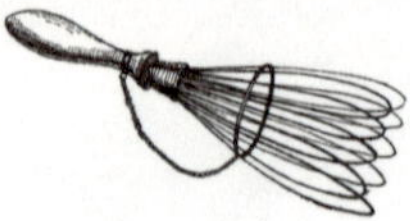

Blätterteigroulade

• 1 Rezept „Blätterteig“ • Mehl zum Ausrollen • 75 g Marzipanrohmasse • 75 g Nougatmasse • 2 Eier • 4 cl Aprikosenlikör • 100 g Mandelblättchen • 50 g gemahlene Mandeln • 1 EL Vanillezucker • 1-2 EL flüssige Butter oder Margarine • 2 Eigelb • 1 kleines Glas Aprikosenmarmelade • 2-3 EL Weißwein • 50 g Pistazienkerne

• Die Blätterteigscheiben auf einer bemehlten Arbeitsfläche zu einem Quadrat von 30 cm Kantenlänge ausrollen.
• Die Marzipanrohmasse, die Nougatmasse, die Eier und den Likör glatt rühren. Die Mandelblättchen, die gemahlenen Mandeln und den Vanillezucker untermischen.
• Die Butter auf den Blätterteig streichen und die Masse gleichmäßig etwa 2 cm vom Rand entfernt auf das Quadrat streichen.
• Die Ränder über die Masse klappen, zu einer Roulade zusammenrollen, auf ein mit Wasser benetztes Backblech setzen und alle 2-3 cm quer etwa 2 cm tief einschneiden.
• Im auf 180-200° C vorgeheizten Backofen 30-40 Minuten backen. Die Eigelbe mit etwas Wasser glatt rühren und 5 Minuten vor Backende die Roulade bestreichen.
• Die Marmelade mit dem Weißwein glatt rühren, erwärmen, die fertig gebackene Roulade damit bestreichen, mit Pistazienkernen bestreuen, auskühlen lassen und servieren.

Kirschsahnetorte

• 450 g TK-Blätterteig • 1 großes Glas Sauerkirschen • 6 EL Kirschsaft • 2 EL Kirschwasser • 1 EL Speisestärke • l/2 l süße Sahne • 50 g Zucker • 100 g Puderzucker • 2 EL Johannisbeergelee • 2 EL heißes Wasser

• Den Blätterteig auftauen lassen und 3 mm dick ausrollen. 3 Böden von Springformgröße ausschneiden. Nacheinander auf ein mit kaltem Wasser benetztes Backblech legen und im vorgeheizten Backofen bei 220° C je 10 Minuten backen.
• Die abgetropften Kirschen mit dem Saft aufkochen, mit der in kaltem Wasser angerührten Speisestärke binden und mit dem Kirschwasser aromatisieren. Den ersten Tortenboden mit der abgekühlten Kirschmasse bestreichen, den zweiten Boden darauflegen. Die Sahne mit dem Zucker steif schlagen, auf den zweiten Boden streichen und mit dem dritten Boden abdecken.
• Den Puderzucker mit dem Johannisbeergelee und Wasser glatt rühren und den dritten Boden damit bestreichen. Vollständig abtrocknen lassen und kühl servieren.

Ananastorte

• 450 g TK-Blätterteig • 1 große Dose ganz fein geschnittene Ananas • 6 EL Ananassaft • 2 EL Weinbrand • 1 EL Speisestärke • l/2 l süße Sahne • 50 g Zucker • 100 g Puderzucker • 2 EL Ananasgelee • 2 EL heißes Wasser

• Zubereitung wie Kirschsahnetorte.

Mandarinen-Blätterteigtorte

• 450 g TK-Blätterteig • 2-3 Dosen Mandarinen • 6 EL Mandarinensaft • 2 EL Orangenlikör • 1 EL Speisestärke • l/2 l süße Sahne • 50 g Zucker • 2 EL Orangenmarmelade • 100 g Puderzucker • 2 EL heißes Wasser

• Den Blätterteig auftauen lassen und 3 mm dick ausrollen. 3 Böden von Springformgröße ausschneiden. Nacheinander auf ein mit kaltem Wasser benetztes Backblech legen und im vorgeheizten Backofen bei 220° je 10 Minuten backen.
• Den Mandarinensaft aufkochen, mit der in kaltem Wasser angerührten Speisestärke binden, mit dem Orangenlikör aromatisieren und die Mandarinen unterheben. Den ersten Tortenboden mit der abgekühlten Mandarinenmasse bestreichen, den zweiten Boden darauflegen. Die Sahne mit dem Zucker steif schlagen, auf den zweiten Boden streichen und mit dem dritten Boden abdecken.
• Die Orangenmarmelade erwärmen, mit dem Puderzucker und dem Wasser glatt rühren und den dritten Boden damit bestreichen. Vollständig abtrocknen lassen und kühl servieren.

Blätterteigstrudel

• 2 Pakete Blätterteig (TK-Produkt) • 2 EL Butter • 2 EL Zucker • 1 Glas Weißwein • 6 säuerliche Äpfel • Saft von 2 Zitronen • 125 g Rumrosinen • je 50 g gehackte und gemahlene Haselnüsse • Zucker nach Geschmack • 50 g flüssige Butter • Puderzucker zum Bestäuben • 1/2 l Vanillesauce • geschlagene, gesüßte Sahne

• Den Blätterteig auftauen lassen und zu einem Rechteck von 40 x 60 cm ausrollen.
• Für die Füllung die Butter in einem Topf erhitzen, den Zucker darin karamelisieren lassen und mit Weißwein loskochen.
• Die Äpfel schälen, entkernen und in Scheiben schneiden, mit dem Zitronensaft beträufeln, in die Flüssigkeit geben und kurz dünsten. Die Rumrosinen und die Nüsse unter die Äpfel heben, das Ganze vom Feuer nehmen und mit Zucker nach Geschmack süßen.
• Die vollständig erkaltete Apfelmasse gleichmäßig auf dem Teig verteilen, zu einem Strudel zusammenrollen und mit der Naht nach unten auf ein mit Wasser benetztes Backblech setzen.
• Den Strudel im auf 180-200° C vorgeheizten Backofen 35-45 Minuten backen, herausnehmen und mit flüssiger Butter bestreichen. Mit Puderzucker bestäuben und warm in Scheiben schneiden.
• Die heiße Vanillesauce auf warme Teller geben, die Strudelscheiben einsetzen und mit geschlagener, gesüßter Sahne garniert servieren.

Johannisbeertorte

• 1 Paket Blätterteig (TK-Produkt) • 125 g Mandelblättchen • 2 EL Butter • 2 EL Zucker • 1/4 l Johannisbeersaft • Zucker nach Geschmack • 250 g Johannisbeeren • 6 Blatt rote Gelatine • 250 g Sahnequark • 1 EL geriebene. Zitronenschale • 2 EL Vanillezucker • 1 Tasse Weißwein • 6 Blatt weiße Gelatine • 1/4 l Sahne • Johannisbeeren mit Stiel • Puderzucker und Zitronensaft für die Glasur

• Den Blätterteig auf einer bemehlten Arbeitsfläche zu zwei Tortenböden mit etwa 26-28 cm Durchmesser ausrollen. Die Böden in Springformen geben, mit Wasser bestreichen, mit Mandelblättchen bestreuen und im auf 180-200° C vorgeheizten Backofen 15-20 Minuten backen.
• Für die Füllung die Butter in einem Topf erhitzen und den Zucker darin karamelisieren lassen. Den Karamel mit gesüßtem Johannisbeersaft loskochen und die Johannisbeeren darin einmal aufkochen lassen. Mit Zucker nach Geschmack süßen, vom Feuer nehmen und die gewässerte rote Gelatine darin auflösen.
• Den Quark mit Zitronenschale und Vanillezucker glatt rühren. Den Wein erhitzen, die gewässerte weiße Gelatine darin auflösen. Die Gelatine tropfenweise unter den Sahnequark ziehen. Die geschlagene Sahne nach Geschmack süßen und unter den Quark ziehen.
• Die Johannisbeeren gleichmäßig auf einen Tortenboden verteilen und zwei Drittel der Quarkmasse darauf glatt streichen. Mit dem zweiten Boden abdecken. Mit der restlichen Quarksahne und den Johannisbeeren mit Stiel garnieren. Vollständig auskühlen lassen, mit Puderzucker bestäuben und servieren.

Apfelkrapfen

• 2 Pakete Blätterteig (TK-Produkt) • 1 Eiweiß • 1 Glas Apfelmus • 1 Eigelb • 1 Rezept „Wasserglasur"

• Den Blätterteig nach Vorschrift auftauen lassen und auf einer bemehlten Arbeitsfläche zu Vierecken von 10x10 cm Größe auswellen.
• Die Ränder mit verschlagenem Eiweiß bestreichen, je 1 EL Apfelmus in die Mitte setzen.
• Die Hälften in der Diagonale so zusammenklappen, dass ein dreieckiger Krapfen entsteht.
• Die Ränder gut andrücken, das Ganze mit verquirltem Eigelb bestreichen und auf ein mit Wasser benetztes Backblech setzen.
• Die Teilchen im auf 200° C vorgeheizten Backofen in 25-30 Minuten abbacken, herausnehmen, noch heiß mit der Wasserglasur bestreichen, vollständig abtrocknen lassen und zum Verzehr bereitstellen.

Blätterteigtaschen mit Nussfüllung

• 1 Packung TK-Blätterteig • 1 Rezept „Nussfüllung I" • 1 Rezept „Wasserglasur"

• Die Blätterteigplatten nach Vorschrift auftauen lassen, auf einer bemehlten Arbeitsfläche leicht ausrollen und halbieren.
• Je 1 EL Nussfüllung in die Mitte setzen, die Ränder mit etwas Wasser bestreichen, die Teigstücke zu Taschen zusammenklappen und auf ein mit kaltem Wasser benetztes Backblech setzen.
• Im auf 200° C vorgeheizten Backofen 20-25 Minuten backen, herausnehmen und sofort mit der Wasserglasur bestreichen. Vollständig abtrocknen und erkalten lassen und servieren.

Pfirsichtaschen

• 1 Packung TK-Blätterteig • 2 Dosen Pfirsiche • 2 Becher Sauerrahm • 1 Päckchen Mandelblättchen • 100 g gemahlene Mandeln • 2 EL Vanillezucker • 1 TL Zitronensaft • Zucker nach Geschmack • Puderzucker zum Bestäuben

• Die Blätterteigplatten auftauen lassen, auf einer bemehlten Arbeitsfläche leicht ausrollen und halbieren.
• Die Pfirsiche gut abtropfen lassen und in kleine Würfel schneiden, den Sauerrahm, die Mandeln und den Vanillezucker unterrühren und mit Zitronensaft und Zucker abschmecken.
• Jeweils einen EL der Masse auf ein Blätterteigstück geben, die Ränder leicht mit Wasser bestreichen und zu Taschen zusammenklappen.
• Auf ein mit Wasser benetztes Backblech setzen und im auf 200° C vorgeheizten Backofen 20 Minuten backen. Herausnehmen, auskühlen lassen, mit Puderzucker bestäuben und servieren.

QUARKTASCHEN MIT MANDARINEN

• 1 Packung TK-Blätterteig • 250 g Sahnequark • 40 g Zucker • 3-4 EL Milch • 2 EL Vanille-Puddingpulver • 1-2 Dosen Mandarinen • Puderzucker zum Bestäuben

• Die Blätterteigplatten auftauen lassen, auf einer bemehlten Arbeitsfläche leicht ausrollen und halbieren.
• Den Sahnequark mit dem Zucker, der Milch und dem Vanille-Puddingpulver glatt rühren. Die Mandarinen gut abtropfen lassen, klein schneiden und unter den Quark ziehen.
• Jeweils einen EL der Masse auf ein Blätterteigstück geben, die Ränder leicht mit Wasser bestreichen und zu Taschen zusammenklappen.
• Auf ein mit Wasser benetztes Backblech setzen und im auf 200° C vorgeheizten Backofen 20 Minuten backen. Herausnehmen, auskühlen lassen, mit Puderzucker bestäuben und servieren.

KIRSCHTASCHEN

• 1 Paket Blätterteig (TK-Produkt) • Mehl zum Ausrollen • 2 EL Butter oder Margarine • 2 EL Zucker • 1 Glas Kirschsaft • 1 Glas Sauerkirschen • 1 Prise Zimtpulver • Speisestärke zum Binden • 1 EL Vanillezucker • 50 g Mandelblättchen • 3 EL Sahne • 1 Ei

• Die aufgetauten Blätterteigscheiben auf eine bemehlte Arbeitsfläche legen und vorsichtig zu einem Quadrat von mindestens 40 cm Kantenlänge ausrollen. Mit einem scharfen Messer Quadrate von 10 cm Seitenlänge schneiden.
• Die Butter oder Margarine in einem Topf erhitzen und den Zucker darin karamelisieren lassen. Den Kirschsaft angießen und den Zuckerkaramel loskochen. Die Kirschen darunter ziehen und mit Zimtpulver verfeinern, nach Geschmack mit etwas Speisestärke binden und den Vanillezucker sowie die Mandelblättchen dazugeben.
• Die abgekühlte Kirschfüllung in der Mitte der Blätterteig-Quadrate verteilen. Die Quadrate an den Rändern mit Wasser bestreichen und als Dreiecke übereinander schlagen oder die Ecken nach innen schlagen und fest andrücken. Die Sahne mit dem Ei verquirlen und die Teilchen damit bestreichen.
• Im auf 190-210° C vorgeheizten Backofen 15-20 Minuten ausbacken, herausnehmen und servieren.

Apfeltaschen

• 2 Pakete Blätterteig (TK-Produkt) • 500 g Äpfel • 1 Schuss Apfelsaft • Zucker nach Belieben • 1 Prise Zimt • Saft von 1/2 Zitrone • einige Rumrosinen • 1 Eiweiß • 1 Eigelb • Puderzuckerglasur

• Die Blätterteigplatten auftauen lassen, halbieren und auf einer bemehlten Arbeitsfläche zu Vierecken von 10x10 cm Größe ausrollen.
• Die Äpfel schälen, halbieren, entkernen und in feine Schnitze schneiden. Mit einem Schuss Apfelsaft, Zucker, Zimt und Zitronensaft nicht zu weich dünsten. Abkühlen lassen und die Rumrosinen unterheben.
• Aus den Teigvierecken runde Kreise ausstechen, die Ränder mit verschlagenem Eiweiß bestreichen, je 1 EL Apfelschnitze in die Mitte setzen und die Kreise zusammenklappen.
• Die Ränder gut andrücken, das Ganze mit verquirltem Eigelb bestreichen und auf ein mit Wasser benetztes Backblech setzen.
• Die Teilchen im auf 200° C vorgeheizten Backofen in 25-30 Minuten abbacken, herausnehmen, noch heiß mit Puderzuckerglasur bestreichen, vollständig abtrocknen lassen und servieren.

Himbeerschnitten mit Blätterteig

• 1 Paket TK-Blätterteig • Mehl zum Ausrollen • 1 Eigelb • 2 EL Sahne • 300 g TK-Himbeeren • 4 cl Himbeergeist • 2 EL Zucker • 1 Becher Sahne • 1 Päckchen Vanillezucker • gehackte Pistazien zum Bestreuen

• Die Blätterteigplatten auftauen lassen und jede Platte in 8 Rechtecke schneiden. Das Eigelb mit der Sahne verquirlen und auf die Rechtecke streichen, auf ein kalt abgespültes Backblech setzen und im auf 220° C vorgeheizten Backofen 10 Minuten backen. Sofort vom Blech lösen und auf einem Kuchengitter auskühlen lassen.
• Die Himbeeren mit dem Zucker vermischen und mit dem Himbeergeist beträufeln. Die Sahne mit dem Vanillezucker steif schlagen, in einen Spritzbeutel füllen und so auf die Rechtecke aufspritzen, dass in der Mitte jeweils eine Mulde frei bleibt. In diese Mulden die abgetropften Himbeeren füllen und mit den Pistazien bestreuen.

Blätterteiggebäck

• 2 Pakete Blätterteig (TK-Produkt) • 1 kleines Glas Kirschmarmelade • Puderzucker und Zitronensaft für die Glasur

• Den Blätterteig auftauen lassen, die Teigplatten halbieren und auf einer bemehlten Arbeitsfläche zu 10x10 cm großen Vierecken ausrollen.
• Auf jedes Viereck einen Klecks Marmelade geben, zusammenklappen und auf ein mit Wasser benetztes Backblech setzen. Im auf 190-200° C vorgeheizten Backofen abbacken.
• Den Puderzucker mit dem Zitronensaft glatt rühren und die noch heißen Gebäckstücke damit bestreichen. Vollständig abtrocknen lassen und servieren.

Blätterteig-Variationen

• 1 Paket Blätterteig (TK-Produkt) • Mehl zum Ausrollen • 100 g Marzipanrohmasse • 4 Eigelb • 1 EL Vanillezucker • 2-3 EL Sahne • je 100 g gemahlene Haselnüsse und Mandeln • 2 EL Milch • 1 Ei

• Die aufgetauten Blätterteigscheiben auf eine bemehlte Arbeitsfläche legen und vorsichtig zu einem Quadrat von mindestens 40 cm Kantenlänge ausrollen. Mit einem scharfen Messer zu Dreiecken oder Rechtecken schneiden.
• Die Marzipanrohmasse mit den Eigelben, dem Vanillezucker und der Sahne glatt rühren. Die Haselnüsse mit den Mandeln vermischen und unter die Marzipanmasse geben.
• Die Nussfüllung mit einem Spritzbeutel gleichmäßig auf die Blätterteig-Dreiecke oder Rechtecke verteilen. Die Nussfüllung einschlagen und die Dreiecke vorsichtig zur Spitze hin aufrollen. Die Rechtecke der Länge nach übereinander klappen, andrücken und mit einem Messer einschneiden. Die Milch mit dem Ei verquirlen und die Teilchen damit bestreichen.
• Im auf 190-210° C vorgeheizten Backofen 15-20 Minuten ausbacken, herausnehmen und servieren.

Blätterteigstückchen mit Streuseln

• 1 Paket Blätterteig (TK-Produkt) • Mehl zum Ausrollen • 200 g Mehl • 1 EL geriebene Zitronenschale • 1 EL Zimtpulver • 150 g Zucker • 1 Prise Salz • 175 g Butter oder Margarine • 70 g Mandelblättchen • 30 g gehackte Nüsse • 30 g Pistazienkerne • geschlagene, gesüßte Sahne

• Den Blätterteig auf einer bemehlten Arbeitsfläche auftauen lassen. Anschließend den Teig zu einem Quadrat oder Rechteck ausrollen. Den Teig auf ein mit Wasser benetztes Backblech geben und kühl stellen.
• Für die Streusel das Mehl auf eine Arbeitsfläche sieben. Mit der Zitronenschale, dem Zimtpulver, dem Zucker und dem Salz vermischen. Die flüssige Butter oder Margarine tropfenweise mit einer Gabel in das Mehl einrühren und so Streusel formen.
• Die Streusel gleichmäßig auf dem Teig verteilen, mit Mandelblättchen, gehackten Nüssen und Pistazienkernen bestreuen.
• Das Ganze im auf 180-200° C vorgeheizten Backofen 25-35 Minuten backen, herausnehmen und mit einem scharfen Messer in Stücke schneiden. Erkalten lassen, anrichten und mit geschlagener, gesüßter Sahne garniert servieren.

Blätterteigräder

• 1 Paket Blätterteig (TK-Produkt) • Mehl zum Bestäuben • 1 Eiweiß • 1 kleines Glas Ananasmarmelade • 6 cl Orangenlikör • 100 g Mandelblättchen • Hagelzucker zum Bestreuen

• Die Blätterteigscheiben auftauen lassen und zu einem Rechteck von 20 x 40 cm ausrollen. Die Ränder 2-3 cm mit verschlagenem Eiweiß bestreichen. Die Ananasmarmelade mit dem Orangenlikör glatt rühren und das innere Rechteck des Teiges damit bestreichen.
• Mit Mandelblättchen bestreuen und der Länge nach zusammenrollen. Von der Rolle 2-3 cm dicke Scheiben abschneiden und auf ein mit Wasser benetztes Backblech legen. Mit dem restlichen Eiweiß bestreichen und mit Hagelzucker bestreuen. Im auf 180-200° C vorgeheizten Backofen 15-25 Minuten backen.
• Die Blätterteigräder herausnehmen, erkalten lassen und servieren.

Kirschräder

• 1 Paket Blätterteig (TK-Produkt) • Mehl zum Bestäuben • 1 Eiweiß • 1 kleines Glas Kirschmarmelade • 6 cl Kirschlikör • 100 g Pistazien • Puderzucker zum Bestreuen

• Zubereitung wie Blätterteigräder.

Blätterteigfiguren

• 1 Paket Blätterteig (TK-Produkt) • Mehl zum Bestäuben • 2 Eigelb • 2-3 EL Wasser • Hagelzucker oder gehackte Nüsse zum Bestreuen • Zitronen-, Nuss- oder Puderzuckerglasur zum Bestreichen

• Die Blätterteigscheiben auf einer bemehlten Arbeitsfläche auftauen lassen. Mit einem scharfen Messer in 2-3 cm dicke lange Streifen schneiden. Den Teig in Streifen schneiden und zweimal um die eigene Achse drehen. Die Streifen können auch geflochten werden.
• Ebenso können aus den Scheiben mit Hilfe von Ausstechformen besondere Formen hergestellt werden. Je nach Bedarf die verschiedenen Formen auf ein mit Wasser benetztes Backblech setzen und im auf 180-200° C vorgeheizten Backofen 15-20 Minuten backen.
• Kurz vor Backende die Figuren mit den mit Wasser verschlagenen Eigelben bestreichen. Je nach Geschmack mit Hagelzucker oder gehackten Nüssen bestreuen.
• Eine andere Garniturmöglichkeit bieten die verschiedenen Glasuren. Hierfür werden die erkalteten Formen je nach Geschmack mit Zitronen-, Nuss- oder Puderzuckerglasur überzogen und erst dann mit Hagelzucker oder gehackten Nüssen bestreut. Nach dem vollständigen Abtrocknen servieren.

Fruchtpastetchen mit Eis

• 4 Scheiben Blätterteig • (TK-Produkt) • 1 Eigelb • 200 g Brombeeren • 200 g Erdbeeren • 100 g Heidelbeeren • 3 EL Zucker • 1/8 l Rotwein • 1 Msp. Zimtpulver • Stärkemehl zum Binden • 4 Portionen Eiscreme nach Geschmack • 1 Tasse Honig

• Den Blätterteig auftauen lassen und die Rechtecke in der Mitte halbieren. Mit einem entsprechend großen Ausstechring 8 Kreise ausstechen. 4 Kreise mit Wasser bestreichen aus den restlichen 4 Kreisen in der Mitte ein Loch ausstechen, je 1 Kreis und 1 Ring übereinanderlegen und leicht andrücken. Die 4 Teigringe auf ein mit Wasser benetztes Backblech setzen, die ausgestochenen kleinen Kreise mit dem angerührten Eigelb bestreichen und auf die Ringe setzen. Das Ganze im auf 180-200° C vorgeheizten Backofen in 15-20 Minuten abbacken.
• In der Zwischenzeit die Früchte verlesen, waschen, gut abtropfen lassen und bereitstellen. Den Zucker in einer Pfanne karamelisieren lassen, mit dem Rotwein ablöschen und den Zucker loskochen.
• Die Früchte in die Flüssigkeit geben und einmal aufkochen lassen, mit Zimtpulver aromatisieren und mit Stärkemehl leicht binden, vom Feuer nehmen und bereitstellen.
• Die ausgebackenen Blätterteigtaschen anrichten, mit je einer Portion Eiscreme füllen, die noch warmen Früchte gleichmäßig dazugeben, den Honig in einem Topf erhitzen, tropfenweise über das Eis geben, anrichten, ausgarnieren und sofort servieren.

Eierlikör-Pastetchen

• 2 Pakete Blätterteig (TK-Produkt) • 1 Eiweiß • 1/2 1 Milch • 2 Vanilleschoten • 1 Zimtstange • 1 Päckchen Vanille-Puddingpulver • 1/2 Becher Sahne • 1 Päckchen Sahnesteif • 1 Tasse Eierlikör • Schokoladenglasur, Zuckerstreusel oder Liebesperlen zum Bestreuen

• Die Blätterteigscheiben auftauen lassen. Pro Platte zwei Kreise von 7,5 cm Durchmesser ausstechen. Von der Hälfte der Teigplatten weitere Kreise von 5 cm ausstechen. Die Ränder der Teigplatten mit verschlagenem Eiweiß bestreichen und die Teigringe darauf setzen.
• Die Teilchen auf ein mit Wasser benetztes Backblech setzen und im auf 180-200° C vorgeheizten Backofen 20 Minuten ausbacken. Die kleinen Teigplatten, die als Deckel verwendet werden, ebenfalls auf ein mit Wasser benetztes Blech geben und ausbacken.
• Die Milch mit den ausgeschabten Vanilleschoten und der Zimtstange sowie dem Vanille-Puddingpulver vermischen. Zum Kochen bringen, vom Feuer nehmen und vollständig erkalten lassen. Die Sahne mit dem Sahnesteif steif schlagen und mit dem Eierlikör unter die Puddingmasse rühren. Mit Hilfe eines Spritzbeutels die Masse in die Pastetchen füllen.
• Den Deckel und die Ränder mit zerlassener Schokoglasur bestreichen, mit Zuckerstreuseln oder Liebesperlen bestreuen, mit Zitronenmelisseblättchen ausgarnieren und servieren.

Mangotorte

• 1 Paket TK-Blätterteig • Mehl zum Ausrollen • 5 vollreife Mangos • 3-4 EL Sherry Cream • 3 Eigelb • 80 g Zucker • Saft von 1 Zitrone • 1 kleine Flasche Sekt (Pikkolo) • 10 Blatt weiße Gelatine • 3 Eiweiß • 1 Prise Salz • 2 Becher Sahne • 1-2 EL Vanillezucker • 2 EL gehackte Pistazien

• Die Blätterteigplatten nach Vorschrift auftauen lassen, auf einer leicht bemehlten Arbeitsfläche übereinanderlegen und mit leichtem Druck zu einer runden Platte von 28 cm Durchmesser ausrollen. Ein Backblech mit Alufolie auslegen und mit kaltem Wasser benetzen, den Teig darauf setzen und einen Springformrand von 26 cm Durchmesser darauf legen. Den Boden mehrfach mit einer Gabel einstechen und 15 Minuten im Kühlschrank ruhen lassen.
• Im auf 200-220° C vorgeheizten Backofen 15 Minuten backen, herausnehmen, die Alufolie abziehen und den Boden auf einem Kuchengitter auskühlen lassen.
• Die Mangos schälen, den Kern herauslösen und das Fruchtfleisch grob zerkleinern. Zusammen mit dem Sherry Cream im Mixer pürieren. Das Eigelb mit dem Zucker und dem Zitronensaft so lange schlagen, bis die Masse weiß-schaumig ist. Nach und nach den Sekt angießen und das Mangopüree dazugeben. Die eingeweichte, gut ausgedrückte Gelatine im Wasserbad auflösen lassen, unter die Creme ziehen und in den Kühlschrank stellen.
• Das Eiweiß mitdem Salz zu schnittfestem Schnee und die Sahne mit dem Vanillezucker steif schlagen. Etwa ein Drittel der Sahne in einen Spritzbeutel mit Sterntülle füllen und den Rest mit dem Eiweiß unter die Mangocreme ziehen. Einen Tortenring um den Blätterteigboden legen und die Creme einfüllen. Im Kühlschrank vollständig erstarren lassen, dann den Tortenring lösen und den Rand mit einem glatten Messer, das in heißes Wasser getaucht wurde, glatt streichen.
• Die restliche Mango schälen und mit einem Kugelausstecher kleine Kugeln aus dem Fruchtfleisch lösen. Die Torte mit Sahnetupfern verzieren, je eine Mangokugel in die Mitte setzen, mit Pistazien bestreuen und servieren.

Gefüllte Schuhsohlen

• 1-2 Pakete Blätterteig (TK-Produkt) • feinen Zucker • Dunstkirschen • 1/4 l Schlagsahne oder Vanille-Buttercreme

• Den Blätterteig nach Vorschrift auftauen lassen, die Teigplatten auf einer bemehlten Arbeitsfläche zu Scheiben von 6 cm Durchmesser ausstechen.
• Die Platten in feinem Zucker oval ausrollen und auf einem gefetteten Backblech im auf 200° C vorgeheizten Backofen abbacken.
• Sobald die Oberseite goldgelb ist, die Stücke wenden und auf der Unterseite zu heller Farbe backen.
• Nach dem Abbacken sofort vom Blech nehmen und auskühlen lassen.
• Die Hälfte der Ovale in der Mitte mit Dunstkirschen belegen und rundherum einen Kranz mit steif geschlagener, gesüßter Sahne oder Buttercreme spritzen.
• Die restlichen Ovale als Deckel obenauf setzen, vollständig auskühlen lassen, anrichten, ausgarnieren und zum Verzehr bereitstellen.

Blätterteighörnchen mit Quarkfüllung

• 10 Platten Blätterteig (TK-Produkt) • 500 g Sahnequark • 1/2 Becher Sahne • 100 g Zucker • 2 Päckchen Vanillezucker • 2 Eigelb • Rumrosinen nach Geschmack • 1 Rezept „Puderzuckerglasur"

• Den Blätterteig auftauen lassen und auf einer bemehlten Arbeitsfläche ausrollen.
• Den Quark mit der Sahne, dem Zucker, dem Vanillezucker und den Eigelben glatt rühren und nach Belieben gut abgetropfte Rumrosinen unterziehen.
• Den Blätterteig in Dreiecke schneiden, jeweils 1 EL der Quarkmasse in die Mitte setzen und zu Hörnchen aufrollen.
• Die Hörnchen auf ein mit Wasser benetztes Backblech setzen und im auf 220° C vorgeheizten Backofen 15-20 Minuten backen.
• Noch warm mit der Puderzuckerglasur überziehen und vollständig abtrocknen lassen.

Honigteilchen

• 1 Paket Blätterteig (TK-Produkt) • Mehl zum Bestäuben • 2 Birnen • 100 g Marzipanrohmasse • 1/2 Tasse Sahne • 2 Eier • 2 EL Honig • 2 cl Orangenlikör • je 50 g gehackte Mandeln und Haselnüsse • 1 Eiweiß • 2 Eigelb • 2 EL Honig • Saft von 1 Zitrone • Eierlikör • geschlagene, gesüßte Sahne

• Den Blätterteig auf eine bemehlte Arbeitsfläche legen, 10 Minuten auftauen lassen, den Blätterteig ausrollen und Dreiecke ausschneiden.
• Die geschälten Birnen würfeln und mit Zitronensaft beträufeln. Die Marzipanrohmasse mit der Sahne, den Eiern, dem Honig und dem Orangenlikör glatt rühren.
• Die Birnen, die Marzipanrohmasse und die Nüsse miteinander vermischen. Die Füllung gleichmäßig auf die Teigdreiecke verteilen.
• Das Eiweiß mit den Eigelben, dem Honig und dem Zitronensaft glatt rühren und die Ränder der Teigdreiecke damit bestreichen. Die Dreiecke von der Spitze her zu Hörnchen zusammenrollen. Auf ein mit Wasser benetztes Backblech setzen und im auf 180-200° C vorgeheizten Backofen 15-20 Minuten abbacken. Die Hörnchen kurz vor Backende mit der restlichen Honigmischung bestreichen.
• Nach dem Erkalten mit dem Eierlikör und der Sahne ausgarnieren und servieren.

Brombeerstreifen

• 1 Paket Blätterteig (TK-Produkt) • Mehl zum Ausrollen • 1 Eigelb • 2 EL Sahne • 300 g frische Brombeeren • 4 cl Brombeerlikör • 40 g Zucker • 1 Becher Sahne • 1 Päckchen Sahnesteif • Puderzucker zum Bestäuben

• Die Blätterteigplatten auftauen lassen und jede Platte in 6 Stücke schneiden. Dazu die Platten einmal längs und dreimal quer durchschneiden. Das Eigelb mit der Sahne verrühren und die Streifen damit bepinseln, auf ein mit kaltem Wasser benetztes Backblech setzen und im auf 200-220° C vorgeheizten Backofen 10 Minuten backen. Sofort vom Blech lösen und auf einem Kuchengitter auskühlen lassen.

• Die Brombeeren mit dem Zucker vermischen und mit dem Brombeerlikör beträufeln. Die Sahne mit dem Sahnesteif steif schlagen und in einen Spritzbeutel füllen. Von den Blätterteigstreifen einen Deckel abschneiden, die Sahne auf das Unterteil spritzen und die abgetropften Brombeeren auf der Sahne verteilen. Die Deckel wieder aufsetzen und nach Geschmack mit Puderzucker bestäuben.

Cremeschnitten

• 2 Pakete Blätterteig (TK-Produkt) • 1 Rezept „Vanille-Buttercreme" • 1 Rezept „Wasserglasur" oder Puderzucker

• Den Blätterteig nach Vorschrift auftauen lassen. Die Teigplatten auf einer bemehlten Arbeitsfläche auswellen und in Schnitten von 10 cm Länge und 5 cm Breite schneiden.

• Die Teigstücke auf ein mit Wasser benetztes Backblech setzen und im auf 200° C vorgeheizten Backofen abbacken.

• Nach dem Abbacken die Hälfte der Rechtecke mit Vanillecreme füllen, mit den restlichen Platten abdecken, mit Wasserglasur überziehen oder mit Puderzucker bestäuben. Vollständig auskühlen lassen, anrichten, ausgarnieren und servieren.

Blätterteig-Kaffeegebäck

• 2 Pakete Blätterteig (TK-Produkt) • 1 kleines Glas Aprikosenmarmelade • Konfitüre oder Obst zum Füllen • 1 Eigelb • 1 Rezept Wasserglasur

• Den Blätterteig nach Vorschrift auftauen lassen, die Teigplatten auf einer bemehlten Arbeitsfläche in 10x10 cm große Vierecke oder Dreiecke auswellen.

• Die Teilchen mit Konfitüre oder Obst füllen, zusammenklappen oder zusammenrollen und auf ein mit Wasser benetztes Backblech setzen.

• Das Eigelb verquirlen und die Teilchen damit bestreichen. Im auf 190-200° C vorgeheizten Backofen abbacken.

• Die Teilchen mit glattgerührter Aprikosenmarmelade bestreichen und mit der Wasserglasur überziehen. Vollständig abtrocknen lassen und zum Verzehr bereitstellen.

Schweinsöhrchen

• 1 Paket Blätterteig (TK-Produkt) • kaltes Wasser zum Bestreichen • 30 g Butter • Mehl zum Ausrollen • 60 g Zucker • Puderzucker zum Bestreuen

• Die Blätterteigplatten auftauen lassen, hauchdünn mit dem Wasser bestreichen und aufeinander legen. Auf einer bemehlten Arbeitsfläche unter gleichmäßigem Druck zu einer Platte von 3 mm Stärke ausrollen.
• Die Butter schmelzen und wieder abkühlen lassen und die Teigplatte damit einstreichen. Den Zucker darauf streuen und den Teig von jeder schmalen Seite zweimal zur Mitte hin so umklappen, dass in der Mitte ein 2 cm breiter Streifen frei bleibt. An diesem Streifen die Teigseiten übereinanderschlagen und den Teig für 20-25 Minuten in den Kühlschrank stellen.
• Den Teig herausnehmen und mit einem sehr scharfen Messer in 5 mm dicke Scheiben schneiden. Diese mit einer Seite in den Puderzucker tauchen und auf ein mit kaltem Wasser benetztes Backblech setzen. Die Schweinsöhrchen noch 15 Minuten ruhen lassen, dann im auf 200° C vorgeheizten Backofen 8-10 Minuten backen. Sie sollen goldbraun sein.
• Sofort vom Blech lösen, einzeln nebeneinander auf ein Kuchengitter legen und vollständig erkalten lassen.

Grundrezept „Plunderteilchen"

• 1/4 l Milch • 1 Päckchen Hefe • 1-2 EL Zucker • 500 g Mehl • 60 g Butter • 60 g Zucker • 1-2 Eier • 250 Butter • 50 Mehl

• Die Milch erwärmen, die Hefe hineinbröckeln, den Zucker einrühren und das Ganze 10-12 Minuten gehen lassen. Das Mehl in eine Schüssel sieben, die Butter, den Zucker und die Eier dazugeben, die Hefemilch angießen und das Ganze zu einem glatten Teig verarbeiten. Mit dem Kochlöffel so lange schlagen, bis er Blasen wirft und auf die doppelte Menge aufgehen lassen.
• Den gegangenen Hefeteig auf einer bemehlten Arbeitsfläche 1/2-1 cm dick zu einem Rechteck ausrollen. Die Butter klein schneiden, auf eine Arbeitsfläche geben, das Mehl darüber streuen, verkneten und kalt stellen.
• Die Mehlbutter zwischen zwei Pergamentbögen dünn ausrollen und die Hälfte des Teiges damit belegen. Die andere Hälfte der Teigplatte darüber klappen. Die Ränder andrücken und das Ganze nach den beiden offenen Seiten zu einem langen Band ausrollen. Der Teig muss etwa ein Zentimeter dick sein.
• Die Seiten des Rechtecks nach innen einschlagen und festdrücken. Das Ganze so zusammenlegen, dass der Teig vierfach aufeinander liegt. Etwa 1/2 Stunde im Kühlschrank ruhen lassen.
• Den Teig erneut auf eine bemehlte Arbeitsfläche geben und wiederum nach den beiden offenen Seiten hin zu einer Teigplatte von 1 cm Dicke ausrollen. Die Teigenden erneut einschlagen, das Teigband wiederum zusammenlegen und kalt stellen. Diesen Vorgang ein drittes und viertes Mal wiederholen. Während der einzelnen Arbeitsgänge immer wieder 1/2 Stunde kalt stellen.
• Zum Formen den Teig auf eine bemehlte Arbeitsfläche geben und ausrollen. Beliebige Formen ausschneiden, füllen und je nach Größe der Teigstücke 15-30 Minuten backen. Nach dem Backen kann das Gebäck mit Zuckerglasur bestrichen oder aprikotiert werden.

Marmeladenfüllung

1 Glas Kirschmarmelade leicht erhitzen und mit etwas Kirschlikör aromatisieren.

Quarkfüllung mit Vanille

250 g Sahnequark mit 1 TL geriebener Zitronenschale, 1 EL Vanillezucker, 125 g Rumrosinen, 50 g Zucker, 2 Eiern und 1 Prise Salz verrühren.

Fruchtfüllung

250 g Früchte (Äpfel, Birnen, Zwetschgen) putzen, klein schneiden, mit Zitronensaft beträufeln und in etwas Butter schwenken. Mit 1 EL geriebener Zitronenschale, 1-2 EL Vanillezucker, etwas Obstschnaps, 1 Prise Zimtpulver und 75 g Rumrosinen verrühren und mit Kuchenbröseln binden.

Marzipanfüllung

200 g Marzipanrohmasse mit 50 g weicher Butter, 1 Ei, 4-5 EL Sahne und etwas Mandarinenlikör in einer Schüssel glatt rühren.

Grundrezept „Baiser“

• 4 Eiweiß • 150 g Puderzucker • 1 TL Zitronensaft

• Das Eiweiß mit Zitronensaft zu steifem Schnee schlagen, den Puderzucker kräftig darunter schlagen und in einen Spritzbeutel füllen. Ein Backblech mit Backtrennpapier auslegen und verschiedene Formen aufspritzen.
• Im vorgeheizten Backofen bei 120° C in 80-85 Minuten mehr trocknen als backen lassen.

Meringenmasse

• 6 Eiweiß • 250 g Zucker • 1 Päckchen Vanillezucker • 2 TL „san-apart"

• Das Eiweiß mit 100 g von der gesamten Menge des Zuckers, den Vanillezucker und „san-apart" zu steifem Schnee schlagen.
• Den restlichen Zucker unter ständigem Rühren einrieseln lassen.
• Die Masse in einen Spritzbeutel mit großer Tülle füllen und verschiedene Formen auf ein mit Backtrennpapier ausgelegtes Backblech spritzen.
• Die Teilchen im auf 130° C vorgeheizten Backofen etwa drei Stunden mehr trocknen als backen.
• Die Meringen herausnehmen und zum Verzehr bereitstellen.

Baiserdekor für Obstkuchen

• 2 Eiweiß • 2 gehäufte EL Zucker • 2 gehäufte TL „san-apart"

• Das Eiweiß mit 1 EL Zucker fast steif schlagen.
• Den restlichen Zucker sowie das „san-apart" dazugeben und den Schnee so lange schlagen, bis er ganz fest ist.
• Die Masse in einen Spritzbeutel mit Sterntülle füllen und den jeweiligen Kuchen damit garnieren.
• Soll die Baisergarnierung abgeflämmt werden, den fertigen Kuchen im vorgeheizten Backofen bei 220-230° C bis zum Gelbwerden der Baiserspitzen überbacken.
• Wird die Garnierung jedoch zusammen mit dem Kuchen gebacken, schiebt man diesen auf die mittlere Schiene und backt bei normaler Temperatur.

Farbige Baiserhäufchen

• 5 sehr frische Eiweiß • 1 Prise Salz • 150 g Einmachzucker • 100 g feinen Zucker • 2 TL Zitronensaft • einige Tropfen Waldmeister- und Himbeersirup

• Das Eiweiß zu schnittfestem Schnee schlagen und nach und nach den Einmachzucker zufügen. Dann den feinen Zucker dazugeben und weiter schlagen, bis die Masse fest und glänzend ist. Den Zitronensaft unterrühren und die Masse teilen. In eine Hälfte den Waldmeistersirup und in die andere den Himbeersirup einrühren.
• Die Baisermasse in einen Spritzbeutel füllen und kleine Häufchen oder Spiralen auf ein mit Alufolie ausgelegtes Backblech spritzen. Im auf 100° C vorgeheizten Backofen in 4-5 Stunden mehr trocknen als backen lassen. Herausnehmen, von der Alufolie lösen und auf einem Kuchengitter erkalten lassen.

Kirschcremeschnitten

• 1 Packung Butterkekse • 50 g Johannisbeergelee • 1 Beutel rote Grütze mit Himbeergeschmack • 1 EL Zucker • 1/4 l Kirschsaft • 500 g frische Erdbeeren • 100 g Himbeeren • 1/4 l Schlagsahne • 2 Päckchen Sahnesteif • 2 Päckchen Vanillezucker • einige Tropfen Kirschlikör • Mandelblättchen zum Garnieren

• Je 4 Butterkekse quer nebeneinander auf eine stabile Aluminiumfolie legen, die Ränder der Aluminiumfolie hochklappen und so eine Kuchenform bilden.
• Das Johannisbeergelee erwärmen und die Kekse damit bestreichen, beiseite stellen und abkühlen lassen. Das Rote-Grütze-Pulver mit dem Zucker und dem Kirschsaft verquirlen, den Rest des Saftes aufkochen lassen, das Grützepulver einrühren und kurz klar kochen.
• Die Erdbeeren und die Himbeeren in den Saft einrühren und vollständig auskühlen lassen. Die Früchte gleichmäßig auf den Keksen verteilen, glatt streichen und dabei den Rand etwas freilassen.
• Die Sahne mit dem Sahnesteif steif schlagen, mit Vanillezucker und Kirschlikör verfeinern, in einen Spritzbeutel füllen und durch die glatte Tülle neben und auf die Fruchtmasse spritzen.
• Das Ganze mit den restlichen Keksen abdecken und etwa 1 Stunde kühl stellen.
• Die fertigen Kirschcremeschnitten portionieren, anrichten, mit Mandelblättchen bestreuen, ausgarnieren und servieren.

Himbeercremetorte

• 1 große Packung Löffelbiskuits • 500 g Sahnequark • 500 g sahnigen Frischkäse • 2 EL Vanillezucker • 500 g frische Himbeeren • 2 cl Himbeergeist • 2 cl Rum • 1 Tasse Himbeersirup • Zucker nach Geschmack • 12 Blatt weiße Gelatine • 1 Becher Sahne • 2 Päckchen Vanillezucker • Pistazienkerne zum Bestreuen

• Die Löffelbiskuits halbieren und den Rand einer Springform damit auslegen.
• Den Sahnequark mit dem Frischkäse und dem Vanillezucker in eine Schüssel geben und kräftig vermischen.
• Die Himbeeren vorsichtig waschen, 2/3 davon pürieren und unter die Creme ziehen.
• Die Creme mit Himbeergeist und Rum aromatisieren, den Himbeersirup erhitzen, die gewässerte Gelatine darin auflösen lassen, kräftig unter die Creme schlagen und nach Geschmack mit Zucker nachsüßen.
• Die Sahne steif schlagen, mit Vanillezucker und Zucker nach Geschmack süßen und bereitstellen.
• Die Himbeercreme in die Springform füllen, glatt streichen und im Kühlschrank vollständig fest werden lassen. Mit der geschlagenen Sahne, den restlichen Himbeeren und den Pistazienkernen verzieren, nach Geschmack mit Zitronenmelisseblättchen ausgarnieren und servieren.

Gemischte Johannisbeertorte

• 8-12 Milchschnitten • je 500 g rote und schwarze Johannisbeeren • 150 g Zucker • 2 EL Vanillezucker • 4-6 cl Rum oder schwarzen Johannisbeerlikör • 2 Tassen roten Johannisbeersaft • 12 Blatt rote Gelatine • 400 g Frischkäse • 1 Schuss Sahne • 2 Päckchen Vanillezucker • 1/4 l Sahne • 2 Päckchen Sahnesteif • Zucker nach Geschmack • Johannisbeeren zum Garnieren • Haselnusskrokant für den Rand

• Eine Kastenform mit den Milchschnitten auslegen und bereitstellen. Die Johannisbeeren waschen, abtropfen lassen, mit dem Zucker und dem Vanillezucker bestreuen und mit dem Rum oder Johannisbeerlikör aromatisieren.
• Den Johannisbeersaft erhitzen, die ausgedrückte Gelatine darin auflösen und kurz vor dem Festwerden die Johannisbeeren einrühren.
• Die Johannisbeermasse auf dem Milchschnittenboden verteilen, den Frischkäse mit der Sahne und dem Vanillezucker glatt rühren.
• Die Sahne mit dem Sahnesteif steif schlagen und unter die Frischkäsecreme ziehen.
• Die Creme mit Zucker nach Geschmack süßen, 2/3 der Creme auf den Johannisbeeren glatt streichen, den Rest für den Rand verwenden, Rosetten aufspritzen, jede Rosette mit Johannisbeeren belegen, den Rand mit dem Haselnusskrokant bestreuen, die Torte verzieren, anrichten und servieren.

Kindertorte

• 8 Milchschnitten • 500 g Sahnequark • 5 Eigelb • 1/2 Tasse Multivitaminsaft • 1 Päckchen Vanillezucker • 1 TL geriebene Zitronenschale • 150 g Puderzucker • 1 kleine Dose Mandarinen • 1/2 Tasse Multivitaminsaft • 6 Blatt weiße Gelatine • Zitronenmelisse zum Garnieren

• Eine Kastenform mit 4 Milchschnitten auslegen, den Sahnequark in eine Schüssel geben und glatt rühren. Die Eigelbe, den Multivitaminsaft, den Vanillezucker und die Zitronenschale in eine feuerfeste Schüssel geben und gut verrühren. Den Puderzucker sieben, zur Eigelbmasse geben und das Ganze im Wasserbad zu einem Schaum aufschlagen. Die Eigelbcreme unter den Quark ziehen, die Mandarinen gut abtropfen lassen und ebenfalls unterheben.
• Die eingeweichte Gelatine gut ausdrücken und im erhitzten Multivitaminsaft auflösen lassen, tropfenweise unter die Quarkmasse ziehen und gleichmäßig auf die Milchschnitten verteilen.
• Mit den restlichen Milchschnitten abdecken und zugedeckt im Kühlschrank vollständig auskühlen lassen.
• Anschließend in Scheiben schneiden, anrichten, mit Mandarinenspalten und Zitronenmelisseblättchen verzieren und servieren.

Biskuit mit Preiselbeercreme

• 500 g Preiselbeeren • 4 EL Zucker • 4 cl Kirschlikör • 2 Päckchen Vanillezucker • 1 Tasse Rotwein • 12 Blatt weiße Gelatine • 1/4 l Sahne • 125 g Zucker • 1 fertigen Biskuitboden

• Die Preiselbeeren verlesen, waschen, abtropfen lassen, in eine Schüssel geben und mit einer Gabel zerdrücken, mit Zucker bestreuen, mit Kirschlikör beträufeln und den Vanillezucker dazugeben.
• Die Preiselbeeren verrühren, im Kühlschrank 10 Minuten ziehen lassen, anschließend mit dem Pürierstab pürieren und bereitstellen. Den Rotwein erhitzen, die gewässerte Gelatine darin auflösen lassen, unter die Preiselbeeren ziehen und im Kühlschrank 20-25 Minuten fest werden lassen.
• Inzwischen die Sahne steif schlagen, den Zucker unterziehen und zum Schluss das Ganze mit den noch nicht ganz fest gewordenen Preiselbeeren vermischen.
• Den Biskuitboden in eine Tortenform setzen und die Preiselbeercreme darauf gleichmäßig verteilen, glatt streichen und im Kühlschrank vollständig erkalten lassen. Den Kuchen aus der Form nehmen, anrichten, ausgarnieren und servieren.

Bunte Erdbeertörtchen

• 6-8 Milchschnitten • 250 g frische Erdbeeren • 1 kleine Dose gemischtes Obst (Fruchtcocktail) • 1 Päckchen klaren Tortenguss • geschlagene, gesüßte Sahne zum Garnieren • 1 Tasse Haselnusskrokant

• Die Milchschnitten auf ein Kuchengitter setzen und mit den gewaschenen, gut abgetropften Erdbeeren dekorativ belegen. Das gemischte Obst gut abtropfen lassen und verschiedene Sorten auf den Erdbeeren verteilen.
• Den Tortenguss nach Packungsanweisung zubereiten, esslöffelweise auf den Obsttörtchen verteilen und vollständig auskühlen lassen
• Die Sahne steif schlagen, in einen Spritzbeutel füllen und die Törtchen damit ausgarnieren. Mit dem Haselnusskrokant bestreuen und gut gekühlt servieren.

Obstkuchen mit Baisergitter

• 1 Dose Obst nach Wahl • 4 Eiweiß • 120 g Zucker • 1-2 EL geriebene Zitronenschale • 1 Päckchen Vanillezucker • 2 TL „san-apart" • 1 fertigen Obsttortenboden • Obstkuchenoblaten

• Das Obst nach Wahl gut abtropfen lassen, in kleine Stücke schneiden.
• Das Eiweiß mit 2 EL Zucker, Zitronenschale, Vanillezucker und „san-apart" zu steifem Schnee schlagen. Den restlichen Zucker vorsichtig dazugeben.
• Die Hälfte des Eischnees leicht unter das Obst heben. Den fertigen Tortenboden mit Obstkuchenoblaten belegen und die Eischnee-Obst-Masse darauf verteilen.
• Den restlichen Eischnee in einen Spritzbeutel füllen und ein Gitter auf den Kuchen auftragen.
• Den Kuchen im auf 150° C vorgeheizten Backofen in 35 Minuten backen. Herausnehmen, auskühlen lassen, anrichten und zum Verzehr bereitstellen.

Pfirsichkuchen mit Baisergitter

• 4 Eiweiß • 120 g Zucker • 1-2 EL geriebene Zitronenschale • 1 Päckchen Vanillezucker • 2 TL „san-apart" • 1 fertigen Obstkuchenboden • Obstkuchenoblaten • 1 Dose Pfirsiche

• Das Eiweiß mit 2 EL Zucker, Zitronenschale, Vanillezucker und „san-apart" zu steifem Schnee schlagen, den restlichen Zucker vorsichtig dazugeben. Den Tortenboden mit den Obstkuchenoblaten belegen und die Hälfte des Eischnees darauf verteilen.
• Die Pfirsiche gut abtropfen lassen, in Spalten schneiden und auf dem Eischnee verteilen. Den restlichen Eischnee in einen Spritzbeutel füllen und ein Gitter auf den Kuchen auftragen.
• Den Kuchen im auf 150° C vorgeheizten Backofen in 35 Minuten backen. Herausnehmen, auskühlen lassen, anrichten und zum Verzehr bereitstellen.

Rhabarberkuchen mit „Haube"

• 4 Eiweiß • 120 g Zucker • 1-2 EL geriebene Zitronenschale • 1 Päckchen Vanillezucker • 2 TL „san-apart" • 1 fertigen Obstkuchenboden • Obstkuchenoblaten • 500 g gedünsteten, gezuckerten Rhabarber

• Zubereitung wie Pfirsichkuchen mit Baisergitter.

Quarktorte

• 500 g Sahnequark • Saft von 1 Zitrone • 1/2 l Sahne • 2 EL Zucker • 2 Päckchen Sahnesteif • 6 EL Erdbeerkonfitüre • 3 EL Kirschlikör • 3 helle Biskuitböden (Fertigprodukt) • 2 EL gehackte Mandeln • 12 Belegkirschen • Schokoladenraspeln

• Den Quark mit dem Zitronensaft glatt rühren, die Sahne schlagen, dabei den Zucker und das Sahnesteif einrieseln lassen. Die Sahne muß sehr steif sein. Die Sahne vorsichtig unter den Quark ziehen.
• Die Erdbeerkonfitüre mit dem Kirschlikör glatt rühren und die Hälfte davon auf einen Biskuitboden streichen und ein Drittel der Quarkmasse darüber geben.
• Den zweiten Boden darauf legen und mit der restlichen Konfitüre und der Hälfte der verbliebenen Quarkmasse bestreichen.
• Mit dem dritten Boden abdecken, den Rand und die Oberfläche gleichmäßig mit der restlichen Quarksahne bestreichen und den Rand mit den Mandeln verzieren.
• Zum Schluß die Torte mit den Belegkirschen und den Schokoraspeln verzieren.

„Buttercreme 1"

• 125 g Butter • 1 Ei • 1/8 l Wasser • 2 gehäufte EL „san-apart"

• Die Butter schaumig schlagen, das Ei mit dem Wasser verquirlen und kräftig schlagen.
• Das „san-apart" hinzufügen und alles zu einer lockeren Creme rühren.

„Buttercreme 2"

• 1 Ei • gut 1/8 l Wasser • 125 g Butter • 125 g Margarine • 125 g „san-apart" • Vanillezucker zum Süßen

• Das Ei in einen Messbecher geben und mit kaltem Wasser auf 1/4 Liter auffüllen.
• Die Butter und die Margarine schaumig schlagen, das Wasser und das Ei dazugeben und zu einer glatten Creme verrühren.
• Das „san-apart„ mit dem Vanillezucker untermischen und die Creme fertig schlagen. Die fertige Creme, die grundsätzlich nicht gerinnt, mit Geschmackszutaten nach Wahl verrühren.

Quark-Buttercreme

• 1 Grundrezept „Buttercreme" • 125 g Speisequark
• 1 leicht gehäuften EL „san-apart" • 1 Päckchen Vanillezucker

• Die Buttercreme zubereiten, den Quark und die übrigen Zutaten unterziehen und alles zu einer lockeren Creme aufschlagen.

Schokoladen-Buttercreme

• 1 Rezept „Buttercreme 1 oder 2" • 1 EL Kakaopulver

• Die Buttercreme l oder 2 zubereiten und das Kakaopulver kräftig darunter schlagen.

Mokka-Buttercreme

• 1 Rezept „Buttercreme 1 oder 2" • 1-2 EL Instant-Kaffeepulver

• Die Buttercreme I oder 2 nach Grundrezept zubereiten und das Instant-Kaffeepulver kräftig darunter schlagen.

Vanille-Buttercreme

• 1 Rezept „Buttercreme 1 oder 2"
• 1 Päckchen Vanillezucker oder einige Tropfen Vanillearoma

• Die Buttercreme herstellen und den Vanillezucker oder das Vanillearoma kräftig darunter schlagen.

Arrak-Buttercreme

• 1 Rezept „Buttercreme 1 oder 2" • 1 EL Arrak

• Die Buttercreme nach Grundrezept zubereiten und den Arrak kräftig darunter schlagen.

Mokkacreme

• 1 Rezept „Buttercreme 2" • 4 EL Mokkaextrakt

• Anstelle des Wassers einen starken Mokka zubereiten, vollständig auskühlen lassen und diesen zum Ei zufügen. Das Rezept wie beschrieben fertigstellen.

Französische Tortencreme

• 250 g Margarine • 1 Packung „san-apart" • 1 Päckchen Vanillezucker
• 5 Eier • 1 Schuss Weinbrand oder 3-4 Gläser Eierlikör

• Die Margarine in eine Schüssel geben und schaumig schlagen. Die übrigen Zutaten dazugeben und zu einer lockeren Creme aufschlagen.

Puddingcreme

• 1/4 l Milch • Puddingpulver nach Geschmack
• 250 g Butter oder Margarine • 125 g Puderzucker

• Den Pudding nach Geschmack zubereiten und vollständig erkalten lassen.
• Die Butter oder Margarine mit dem Puderzucker in eine Schüssel geben und schaumig schlagen.
• Den erkalteten Pudding esslöffelweise unter den Butterschaum ziehen und zu einer Creme verrühren.

Quarkfüllung

• 500 g Quark • 2 EL Mehl • 1 Ei • 75 g Zucker • einige Tropfen Zitronenöl oder 1-2 EL geriebene Zitronenschale

• Den Quark in eine Schüssel geben und kräftig abschlagen. Mit den übrigen Zutaten vermischen und bereitstellen.

Nussfüllung 1

• 100 g geriebene Nüsse • 1 Handvoll Haferflocken • 3 EL Zucker • 1 Msp. Zimtpulver • 1 Tasse Milch

• Die geriebenen Nüsse mit den Haferflocken in eine trockene Pfanne geben und kurz rösten.
• Das Gemisch vom Feuer nehmen, mit den restlichen Zutaten vermischen und bereitstellen.

Nussfüllung 2

• 125 g Haselnüsse • 3-4 EL kochende Milch • 2-3 EL Zucker

• Die geriebenen Haselnüsse in eine trockene Pfanne geben und kurz rösten. In die kochende Milch einrühren, mit Zucker süßen.

Dextrin-Glasur für Lebkuchen

• 20 g Dextrin • 1/8 l kaltes Wasser

• Das Dextrin mit kaltem Wasser anrühren und unter ständigem Rühren einmal aufkochen lassen. Die heißen Lebkuchen mit der warmen Dextrin-Glasur bestreichen.

Wasser- oder Arrakglasur

• 100-150 g Puderzucker • einige EL heißes Wasser • 1 EL Arrak

• Den Puderzucker mit dem Wasser und dem Arrak dick anrühren und über die mit heißer Aprikosenmarmelade oder Gelees bestrichenen Torten und Gebäckstücke gießen. Gleichmäßig darauf verteilen. Die Wasserglasur kann auch mit Fruchtsaft gefärbt werden.

Eiweissglasur

• 200-400 g gesiebten Puderzucker • 1 Eiweiß • 1-2 EL Arrak • einige EL Wasser

• Je nach Größe der Torte die größere oder kleinere Menge Puderzucker verwenden.
• Den Zucker mit dem Eiweiß, dem Arrak und einigen Löffeln Wasser dick anrühren. Die Glasur über die Torte oder das Gebäck gießen, glatt streichen und vollständig abtrocknen lassen.

Zitronenglasur

Die Wasserglasur mit dem Saft von einer Zitrone anstelle des Wassers verrühren.

Mokkaglasur

Die Wasser- oder Eiweißglasur herstellen, anstelle des Wassers oder Arraks Mokka verwenden.

Hefegebäckglasur

• 125 g Puderzucker • 1-1 1/2 EL heißes Wasser

• Den Puderzucker sieben, mit heißem Wasser zu einer dicken Glasur anrühren und mit einem Pinsel das heiße Gebäck damit bestreichen. Besonderen Glanz bekommt das Gebäck, wenn es vor dem Clasieren mit heißer Aprikosenmarmelade bestrichen wird.

Schokoladenglasur 1

• 1 Becher Fettglasur • 1 Riegel Kuvertüre

• Die Fettglasur und die Kuvertüre im heißen Wasserbad auflösen, lauwarm über die Torten gießen und glatt streichen. Das Kleingebäck kann in die Glasur eingetaucht oder mit einem Pinsel bestrichen werden.

Schokoladenglasur 2

• 200 g Puderzucker • 10-20 g Butter oder Kokosfett • 1 EL Kakaopulver • 4 EL kochendes Wasser

• Den gesiebten Puderzucker mit Butter oder Kokosfett sowie Kakao und kochendem Wasser zu einer dickflüssigen Creme anrühren. Die Glasur über die Torte gießen, über den Rand der Torte fließen lassen und am Rand glatt streichen.

Schokoladenglasur 3

• Blockschokolade

Gut schmelzende Blockschokolade im Wasserbad schmelzen lassen. Der Zusatz von 1/3 Fettglasur gewährleistet einen schönen Glanz.

Spritzglasur

• 125 g Puderzucker • 1 Eiweiß • einige Tropfen Lebensmittelfarbe rot oder grün

• Den Puderzucker sieben, mit dem Eiweiß dick anrühren. Zum Verzieren von Torten, Obstgebäck und Kleingebäck ist diese Glasur zu verwenden. Die Spritzglasur mit einem Tropfen Lebensmittelfarbe je nach Geschmack einfärben. Zum Verzieren ein Pergamenttütchen falten, die Spitze abschneiden, die Spritzglasur einfüllen und Ornamente auftragen.

Schokoladen-Spritzglasur

• 1/2 Tasse Puderzucker • 1 EL Kakaopulver • 1 EL heißes Wasser

• Den gesiebten Puderzucker mit dem Kakaopulver und dem heißen Wasser dickflüssig anrühren. Die Glasur muss reißend vom Löffel fallen. Die Masse in ein Tütchen aus Pergamentpapier einfüllen, zu Schriften und feinen Verzierungen verwenden.

Bananenkuchen

• 150 g Butter • 150 g braunen Zucker • 1 EL geriebene Zitronenschale • Lebkuchengewürz nach Geschmack • 3 Eigelb • 250 g Vollkornmehl • 1/2 Päckchen Backpulver • 3 Eiweiß • Backtrennpapier • 4 mittelgroße Bananen • Saft von 1 Zitrone • 50 g Mandelblättchen

• Die Butter mit dem Zucker schaumig schlagen. Die Zitronenschale mit dem Lebkuchengewürz und den Eigelben dazugeben und weiterschlagen.
• Das Vollkornmehl mit dem Backpulver vermischen und esslöffelweise unter den Teig ziehen.
• Das Eiweiß sehr steif schlagen und zum Schluss unter den Teig heben.
• Den Boden einer Springform mit Backtrennpapier auslegen, die Hälfte des Teiges einfüllen, glatt streichen und im auf 180-200° C vorgeheizten Backofen in 25-30 Minuten abbacken.
• Die Bananen in Scheiben schneiden, mit dem Zitronensaft beträufeln und mit den Mandelblättchen bestreuen. Den vorgebackenen Teig aus dem Ofen nehmen, die Bananen darauf verteilen, den restlichen Teig darauf geben, bei 180-200° C weitere 25-30 Minuten backen, herausnehmen, auskühlen lassen, anrichten

Erdnussbrot

• 250 g Butter oder Margarine • 200 g Farinzucker • 5 Eier • 1 EL geriebene Zitronenschale • 1 EL geriebene Orangenschale • 1 EL Vanillezucker • 1-2 EL Lebkuchengewürz • 400 g Weizenvollkornmehl • 125 g in Rum eingeweichte Rosinen • 1 Tasse Sahne • 100 g ungesalzene Erdnüsse • Margarine und Mehl für die Form • 2 Eiweiß • gehackte Erdnüsse

• Die Butter oder Margarine mit dem Zucker schaumig schlagen. Die Eier nach und nach kräftig darunter schlagen. Die Zitronenschale, die Orangenschale, den Vanillezucker und das Lebkuchengewürz einrühren.
• Das Mehl unter ständigem Rühren unter den Schaum ziehen und zum Schluss die abgetropften Rosinen, die Sahne und die Erdnüsse unterarbeiten.
• Eine Kastenkuchenform ausfetten, mit Mehl bestäuben, den Teig einfüllen und im auf 180-200° C vorgeheizten Backofen in 50-60 Minuten abbacken.
• Das Erdnussbrot aus dem Ofen nehmen, leicht erkalten lassen, aus der Form stürzen, das Eiweiß verschlagen und das Brot damit einstreichen. Mit den gehackten Erdnüssen bestreuen.
• Das Erdnussbrot erneut in den auf 180-200° C vorgeheizten Backofen schieben, weitere 10 Minuten backen, herausnehmen und vollständig erkalten lassen.

Kerniger Apfelkuchen

• 200 g Dinkelvollkornmehl • 4 EL Zucker • 1 Prise Zimt • 80 g Butter oder Margarine • 1 Ei • 60 g Sonnenblumenkerne • Margarine für die Form • 4 säuerliche Äpfel • Saft von 1/2 Zitrone • 2 Eiweiß • 2 EL Honig • 2 Eigelb • 2 EL Vollkornmehl • 1 EL geriebene Zitronenschale • 10 g Butter oder Margarine • 1 TL Vanillezucker • 1/2 Becher Sahne • 1 Prise Zimtpulver

• Das Vollkornmehl mit dem Zucker und dem Zimtpulver vermischen, die Butter oder Margarine in Flöckchen darauf setzen und das Ganze mit dem Knethaken verkrümeln. Das Ei dazugeben und alles zu einem glatten Teig verarbeiten, zugedeckt im Kühlschrank mindestens 30 Minuten ruhen lassen.
• In der Zwischenzeit die Sonnenblumenkerne in einer Pfanne und unter ständigem Wenden leicht rösten, vom Feuer nehmen und erkalten lassen.
• Den Teig auf einer Arbeitsfläche ausrollen und in eine Springform setzen, dabei einen 2,5 cm hohen Rand formen, den Boden mehrmals mit einer Gabel einstechen und im auf 180-200° C vorgeheizten Backofen 10-15 Minuten vorbacken.
• In der Zwischenzeit die Äpfel schälen, entkernen, in dünne Schnitze schneiden, mit Zitronensaft beträufeln, nach der Vorbackzeit kreisförmig auf den Boden legen, weitere 10-12 Minuten bei 200° C abbacken.
• Das Eiweiß steif schlagen, einen EL Honig einträufeln, das Eigelb unterrühren, das restliche Mehl und die Zitronenschale darüber streuen, alles zu einer Schaummasse verarbeiten, auf den Äpfeln verteilen und bei 200° C 15 Minuten backen.
• Den restlichen Honig in einer Pfanne erwärmen, die Sonnenblumenkerne darin wenden, die Butter oder Margarine und den Vanillezucker unterrühren, nach Ende der Backzeit diese Masse gleichmäßig auf dem Kuchen verteilen, den Backofen ausschalten und den Kuchen noch 3-5 Minuten stehen lassen.
• Die Apfelkuchen erkalten lassen, die Sahne steif schlagen, mit Zimtpulver aromatisieren, süßen, den Kuchen damit ausgarnieren, verzieren und servieren.

Königskuchen

• 250 g Butter • 200 g Akazienhonig • 4 Eier • 1 Msp. Salz • 400 g Dinkel-Vollkornmehl • 2 TL Backpulver • 4 EL Rum • 40 g fein gehacktes Zitronat • 2 Tropfen Bittermandelaroma • 200 g Sultaninen • Puderzucker oder Schokoladenglasur

• Die Butter mit dem Honig schaumig rühren, nach und nach die Eier, das Salz, das Mehl und das Backpulver zugeben.
• Den Rum, das Zitronat, das Bittermandelaroma und die gewaschenen , trockengetupften und mit Mehl bestäubten Sultaninen unterziehen.
• Den Teig in eine gut gefettete Kastenform füllen.
• Im auf 175° C vorgeheizten Backofen 30 Minuten backen, dann die Temperatur auf 150° C verringern und in weiteren 60 Minuten fertig backen.
• Auf ein Kuchengitter stürzen, vollständig auskühlen lassen und je nach Geschmack mit Puderzucker bestäuben oder mit Schokoladenglasur überziehen.

Bananen-Nuss-Brot

• 350 ml Buttermilch • 1 Würfel Hefe • 1 TL Zucker • 500 g Dinkel-Vollkornmehl • 1 TL Meersalz • 1/2 TL Zimt • 2 zerdrückte Bananen • 200 g gemahlene Mandeln • 30 g gehackte Rosinen • 2 EL Honig

• Die Buttermilch leicht erwärmen, die Hefe hineinbröckeln, den Zucker dazugeben und gehen lassen.
• Das Mehl mit dem Salz und dem Zimt vermischen, die Hefemischung einrühren, die zerdrückten Bananen, die Mandeln und die Rosinen dazugeben und mit Honig süßen.
• Zwei Kastenformen ausfetten und mit Grieß ausstreuen, jeweils die Hälfte des Teiges einfüllen, glatt streichen und im auf 200° C vorgeheizten Backofen 45-50 Minuten backen.

Nussbrot mit Trockenpflaumen

• 350 ml Buttermilch • 1 Würfel Hefe • 1 TL Zucker • 500 g Dinkel-Vollkornmehl • 1 TL Meersalz • 1/2 TL Zimt • 100 g ganz fein geschnittene, in Obstsaft oder Likör eingeweichte Trockenpflaumen • 200 g gemahlene Mandeln • 30 g gehackte Rosinen • 2 EL Honig

• Zubereitung wie Bananen-Nuss-Brot.

Vollkorn-Früchtebrot

• 250 g Vollmilchjoghurt • 1 EL Zucker • 1 Würfel Frischhefe • 500 g Dinkelvollkornmehl • 120 g Zucker • 1 EL Vanillezucker • 100 g Butter • 1 EL geriebene Zitronenschale • je 50 g Zitronat, Orangeat und Rosinen • Mehl zum Ausrollen

• Den Joghurt im Wasserbad etwas erwärmen, den Zucker und die zerbröckelte Hefe einrühren, an einem warmen Ort 10-15 Minuten gehen lassen.
• Das Mehl mit der Hefe, dem Zucker, dem Vanillezucker, der flüssigen Butter und der geriebenen Zitronenschale zu einem glatten Teig verarbeiten, mit dem Kochlöffel so lange schlagen, bis er Blasen wirft und zugedeckt 30 Minuten gehen lassen.
• Anschließend den Teig nochmals durcharbeiten, weitere 30 Minuten zugedeckt gehen lassen, das klein gewürfelte Zitronat und Orangeat und die Rosinen dazugeben und nochmals durchkneten. Den Teig zu einem Laib formen und auf ein Backblech setzen.
• Weitere 10 Minuten an einem warmen Ort gehen lassen und anschließend im auf 200-220° C vorgeheizten Backofen 10-15 Minuten anbacken. Bei 180-200° C weitere 30-40 Minuten ausbacken.

Schokoladen-Napfkuchen

• 2 Tafeln Bitterschokolade • 150 g Marzipanrohmasse • 80 g Honig • etwas Wasser • 150 g Butter • 4 Eier • 1/8 l Sahne • 300 g Weizenvollkornmehl • 1/2 Päckchen Backpulver • 40 g Kokosfett • Margarine und Semmelbrösel für die Form

• 1 1/2 Tafeln Schokolade grob hacken. Die Marzipanrohmasse mit dem Honig verkneten, etwas Wasser zugeben und cremig rühren. Die weiche Butter nach und nach unterrühren, dann die Eier und die Schlagsahne einrühren.
• Das Mehl mit dem Backpulver mischen, dazugeben, die gehackte Schokolade unterheben.
• Eine Napfkuchenform einfetten und mit Semmelbröseln ausstreuen, den Teig einfüllen und im auf 180-200° C vorgeheizten Backofen 50-60 Minuten backen.
• Den Kuchen aus dem Ofen nehmen und auskühlen lassen. Die restliche Schokolade mit dem Kokosfett schmelzen, leicht abkühlen lassen und den Kuchen damit überziehen. Vollständig abtrocknen lassen und servieren.

Vollkorn-Aprikosen-Roulade

• 5 Eier • 6 EL Wasser • 150 g Zucker • 1 Päckchen Vanillezucker • 1 Beutel „biskuit apart" • 1 Prise Salz • 100 g Weizenvollkornmehl • 1 TL Weinsteinbackpulver • 250 g Aprikosen • 50 g „san-apart" • 2 EL Amarettolikör • 1 Becher Sahne • 2 TL „san apart" • Pistazienkerne

• Aus den Teigzutaten nach dem Grundrezept „Blitzbiskuit" den Teig zubereiten, auf ein mit Backtrennpapier ausgelegtes Backblech geben, glatt streichen und im auf 220° C vorgeheizten Backofen 10-15 Minuten backen.
• Nach dem Backen den Rand mit einem spitzen Messer lösen, fünf Minuten ausdampfen lassen.
• Anschließend den Kuchen dünn mit „san-apart" bestreuen, auf ein Backtrennpapier stürzen und das alte abziehen.
• Den Biskuit nochmals mit etwas „san-apart" bestreuen und samt Papier zur Rolle aufwickeln. Auskühlen lassen.
• Für die Füllung die Aprikosen waschen, halbieren, entkernen und musartig hacken. Mit Amaretto und „san-apart" verrühren.
• Die Sahne mit „san-apart" steif schlagen und unter die Aprikosenmasse geben. Den Biskuitboden damit bestreichen, zusammenrollen, dekorativ anrichten, mit der restlichen Sahne überziehen, mit Sahnetupfern und Aprikosenstückchen sowie Pistazienkernen ausgarnieren, vollständig auskühlen lassen und servieren.

Kokos-Napfkuchen

• 300 g entsteinte Trockenpflaumen • 1/2 Tasse Wasser • 3 EL Rum • 200 g Kokosraspel • 450 g Weizenvollkornmehl • 1 Päckchen Trockenhefe • 1/4 l warme Milch • 80 g Honig • 4 Eigelb • 1 Prise Salz • abgeriebene Schale einer unbehandelten Zitrone • 100 g weiche Butter • 150 g saure Sahne • 125 g Pistazien • Margarine und Grieß für die Form • 150 g Aprikosenkonfitüre

• Die Trockenpflaumen klein schneiden, das Wasser mit dem Rum vermischen und über die Trockenpflaumen gießen.
• Die Kokosraspeln in einer Pfanne ohne Fett rösten und wieder abkühlen lassen. Das Mehl mit der Hefe, der Milch, dem Honig, den Eigelben, dem Salz, der Zitronenschale, der Butter, der sauren Sahne und der Hälfte der Kokosraspeln zu einem glatten Teig verrühren. So lange schlagen, bis er Blasen wirft und zugedeckt an einem warmen Ort 20-30 Minuten gehen lassen. Kurz durcharbeiten und nochmals 20-30 Minuten gehen lassen.
• Die Pistazien unterarbeiten und den Teig in drei Teile teilen. Eine Napfkuchenform ausfetten und mit Grieß ausstreuen, ein Drittel des Teiges hineingeben und die Hälfte der Backpflaumen ohne Flüssigkeit eindrücken. Das zweite Drittel darauf geben, die restlichen Backpflaumen eindrücken und mit dem restlichen Teig abdecken. Erneut 30 Minuten gehen lassen und anschließend im auf 180-200° C vorgeheizten Backofen 50-60 Minuten backen.
• Die Aprikosenkonfitüre mit dem Wasser kurz aufkochen und noch heiß auf den Kuchen streichen. Die restlichen Kokosraspeln aufstreuen, vollständig abtrocknen lassen und servieren.

Marmeladen-Gitterkuchen

• 225 g Weizenvollkornmehl • 1 TL Backpulver • 100 g Zucker • 1 EL Vanillezucker • je 1 Prise Salz, Nelkenpulver und Kardamom • 1 TL Zimtpulver • einige Tropfen Rumaroma • 150 g Butter • 1 Ei • 150 g gemahlene Mandeln • 1 Glas Kirschmarmelade • 4 cl Kirschlikör • 1 Eigelb • 2 EL Milch

• Das Mehl auf einer Arbeitsfläche mit dem Backpulver vermischen, den Zucker, den Vanillezucker, das Salz, das Nelkenpulver, den Kardamom und das Zimtpulver ebenfalls miteinander vermischen, zum Mehl geben und eine Mulde eindrücken. Mit einigen Tropfen Rumaroma beträufeln, die Butter in Flöckchen darauf setzen, das Ei in die Mulde geben und das Ganze mit den gemahlenen Mandeln bestreuen.
• Die Zutaten mit bemehlten Händen von außen nach innen schnell zu einem kompakten Teig verarbeiten, in Frischhaltefolie wickeln und eine Stunde kalt stellen.
• Zwei Drittel des Teiges in der Größe einer Springform ausrollen, in die Form legen und einen Rand hochziehen. Den Boden mehrmals mit einer Gabel einstechen.
• Die Kirschmarmelade mit dem Kirschlikör glatt rühren und auf dem Boden verteilen.
• Aus dem restlichen Teig dünne, etwa 1-2 cm breite Streifen ausradeln und gitterförmig auf den Kuchen legen. Das Eigelb mit der Milch glatt rühren und die Teigränder damit bestreichen.
• Den Kuchen im auf 180-200° C vorgeheizten Backofen 25-35 Minuten backen, herausnehmen, erkalten lassen und servieren.

Apfelkuchen einmal anders

• 200 g Butter • 4-5 EL Honig • 1 EL Vanillezucker • 5 Eigelb • 2 TL Backpulver • 200 g Weizenvollkornmehl • 5 Eiweiß • Margarine für die Form • 1 kg Äpfel, geschält und in Scheiben geschnitten • 200 g Rosinen • 75 g grob gehackte Walnusskerne • einige frische Pfefferminzblätter • 2 EL Calvados • 4 EL Honig • 3 EL Apfeldicksaft

• Die Butter mit dem Honig, dem Vanillezucker und den Eigelben schaumig rühren. Das mit Backpulver vermischte Mehl vorsichtig untermischen. Zuletzt das steifgeschlagene Eiweiß unterheben.
• 2/3 des Teiges in eine gefettete Springform füllen. Apfelscheiben auflegen, Rosinen, Walnusskerne und Pfefferminzblätter darauf verteilen, mit Calvados und Honig tränken. den restlichen Teig darüber streichen. Im vorgeheizten Backofen etwa 40 Minuten bei 175° C backen. Den noch warmen Kuchen mit dem Apfeldicksaft bestreichen.

Birnenkuchen

• 200 g Butter • 4-5 EL Honig • 1 EL Vanillezucker • 5 Eigelb • 2 TL Backpulver • 200 g Weizenvollkornmehl • 5 Eiweiß • Margarine für die Form • 1 kg Birnen, geschält und in Scheiben geschnitten • 200 g Rosinen • 75 g grob gehackte Mandeln • einige frische Pfefferminzblätter • 2 EL Birnenlikör • 4 EL Honig • 2-3 EL Birnendicksaft

• Zubereitung wie Apfelkuchen einmal anders.

Orangenkuchen mit Honig

• 175 g Butter oder Margarine • 250 g Honig • einige Tropfen Vanillearoma • 4 Eier • 300 g Weizenvollkornmehl • 30 g Kakaopulver • 1 Päckchen Backpulver • 150 g Orangenfilets • 4 cl Orangenlikör • Margarine und Grieß für die Form • Puderzucker und Orangensaft für die Glasur • etwas geriebene Orangenschale zum Garnieren • geschlagene, gesüßte Sahne

• Die Butter oder Margarine in eine Schüssel geben, mit dem Honig und dem Vanillearoma schaumig schlagen, die Eier nach und nach darunter schlagen.
• Das Vollkornmehl mit dem Kakaopulver und dem Backpulver vermischen, auf den Schaum sieben und vorsichtig unterziehen. Die Orangenfilets klein schneiden, mit Orangenlikör beträufeln und zum Schluß unter den Teig heben.
• Eine Backform ausfetten, mit Grieß ausstreuen und den Teig einfüllen. Im auf 180-200° C vorgeheizten Backofen 50-60 Minuten abbacken. Anschließend herausnehmen und vollständig erkalten lassen. Den Puderzucker mit Orangensaft glatt rühren, den Kuchen damit überziehen, mit geriebener Orangenschale bestreuen, auskühlen lassen, mit der Sahne und Orangenfilets ausgarnieren und servieren.

Ananas-Marzipan-Kuchen

• 200 g Marzipanrohmasse • 175 g Butter • 175 g Zucker • 1 Päckchen Vanillezucker • 3 Eier • 300 g Mehl • 2 gestr. TL Backpulver • 200 g Ananasscheiben aus der Dose • Margarine und Semmelbrösel für die Form • 100 g Zartbitter-Schokolade • etwa 20 g Kokosfett • Ananasstücke zum Garnieren.

• Die Marzipanrohmasse mit der Butter zu einer geschmeidigen Masse verrühren, nach und nach den Zucker, Vanillezucker und die Eier unterrühren.
• Das Mehl mit dem Backpulver mischen, sieben und eßlöffelweise unterrühren.
• Die Ananasscheiben abtropfen lassen, in kleine Stücke schneiden und unter den Teig heben.
• Den Teig in eine ausgefettete, mit Semmelbröseln ausstreute Kastenform füllen und im auf 200° C vorgeheizten Backofen 60-70 Minuten backen.
• Die Zartbitter-Schokolade in kleine Stücke brechen, mit dem Kokosfett in einem kleinen Topf im Wasserbad geschmeidig rühren und den erkalteten Kuchen damit bestreichen und mit den Ananasstückchen garnieren.
• Den Ananas-Marzipan-Kuchen vollständig auskühlen lassen und servieren.

Mohn-Napfkuchen

• 200 g Marzipanrohmasse • 150 g Zucker • 2 Eier • 1 Prise Meersalz • 2 EL Vanillezucker • 400 g Weizenvollkornmehl • 1/2 Päckchen Backpulver • 100 g gehackte Haselnüsse • 150 g weiche Butter • 3 Eier • 150 ml Schlagsahne • Margarine und Semmelbrösel für die Form • 120 g frisch gemahlenen Mohn • 100 g Nuss-Nougat-Creme • 150 g Aprikosenmarmelade • 1 EL frisch gemahlenen Mohn und 1 EL Zucker zum Bestreuen

• Die Marzipanrohmasse mit dem Zucker, den Eiern, dem Salz und dem Vanillezucker zu einer glatten Masse verkneten. Das Mehl mit dem Backpulver mischen, die Haselnüsse dazugeben und untermischen.
• Die Butter zur Marzipanmasse geben und mit dem Handrührgerät schaumig rühren. Die Eier, das Mehl und die Sahne abwechselnd einrühren. Den Teig in drei gleiche Teile teilen. Den ersten Teil in eine ausgefettete und mit Semmelbröseln ausgestreute Form füllen. Den zweiten Teil mit dem Mohn vermischen und ebenfalls in die Form geben. Den dritten Teil mit den gehackten Haselnüssen und der Nuss-Nougat-Creme verrühren und auf dem Mohnteig verteilen.
• Das Ganze im auf 180-200° C vorgeheizten Backofen 60-70 Minuten backen. Herausnehmen, auf einem Kuchengitter auskühlen lassen und erst nach einigen Stunden mit der Glasur bestreichen.
• Für die Glasur die Aprikosenmarmelade mit wenig Wasser kurz aufkochen und auf dem Kuchen verteilen. Den Mohn mit dem Zucker vermischen und auf die Marmelade streuen. Vollständig auskühlen lassen und servieren.

Sesam-Frucht-Lebkuchen

• 2 eckige Vollkornoblaten • 80 g getrocknete Feigen • 80 g getrocknete Datteln • 40 g Zitronat • 150 g Mandelblättchen • 60 g Sesamsamen • 1 Prise Salz • 1 Vanilleschote • 2 EL Weizenvollkornmehl • 50 g Butter • 1/8 l Milch • 1/8 l Sahne • 100 g Honig • 60 g Schokolade oder Kuvertüre

• Die eckigen Vollkornoblaten in 18 gleich große Rechtecke (6 x 5 cm) schneiden.
• Die Feigen, die Datteln und das Zitronat sehr fein würfeln. Mit den Mandeln, dem Sesam, dem Salz und dem ausgeschabten Vanillemark sowie dem Vollkornmehl vermischen. Die Butter mit der Milch, der Sahne und dem Honig in einen Topf geben und einmal aufkochen lassen. Die Früchtemischung dazugeben und unter ständigem Rühren ca. 5 Minuten leicht köcheln lassen, damit eine feste Masse entsteht.
• Die Masse vom Feuer nehmen, leicht erkalten lassen und mit einem Esslöffel oder einem Messer auf die Oblaten streichen. Die Lebkuchen auf ein mit Backtrennpapier ausgelegtes Backblech legen und im auf 180° C vorgeheizten Backofen in 20 Minuten abbacken.
• Nach Ende der Backzeit die Lebkuchen herausnehmen, vollständig erkalten lassen und mit geschmolzener Schokolade beträufeln.

Aprikosen-Lebkuchen

• 3 eckige Vollkornoblaten • 60 g Orangeat • 40 g Zitronat • 6 Eier • 1 Prise Salz • 300 g Honig • 3 1/2 TL Lebkuchengewürz • 1/2 TL Zimtpulver • 3-4 EL Aprikosenkonfitüre • 250 g gemahlene Mandeln • 100 g gemahlene Haselnüsse • 100 g Weizenvollkornmehl • Honig zum Bestreichen

• Die Oblaten in 30 gleich große Rechtecke (5 x 6 cm) aufschneiden. Das Orangeat und das Zitronat fein würfeln. Die Eier mit dem Salz, dem Honig, dem Lebkuchengewürz und dem Zimt in eine Schüssel geben und schaumig schlagen.
• Orangeat, Zitronat, die Aprikosenkonfitüre, die Mandeln und die Haselnüsse sowie das Mehl vermischen, zu den Eiern geben und zu einer glatten Masse verarbeiten. Mit einem Esslöffel den Teig auf die Oblaten streichen und mit einem angefeuchteten Messer glatt streichen.
• Die Aprikosen-Lebkuchen auf ein mit Backtrennpapier ausgelegtes Backblech setzen und im auf 200° C vorgeheizten Backofen in 15 Minuten abbacken.
• Die Lebkuchen aus dem Ofen nehmen und noch heiß mit Honig bestreichen. Vollständig auskühlen lassen und zum Verzehr bereitstellen.

Marzipan-Lebkuchen

• 300 g gemahlene Haselnüsse • 300 g Zucker • 1 Päckchen Vanillezucker • 1 TL Zimtpulver • 150 g Marzipanrohmasse • 5 Eiweiß • eckige Backoblaten Nr. 10 a • Mandeln und Belegkirschen • 150 g Puderzucker • 2 EL Wasser

• Die Zutaten in eine Schüssel geben und zu einer streichfähigen Masse verrühren.
• Den Teig etwa 1 cm dick auf viereckige Backoblaten streichen, mit einer Schere erst der Länge nach und dann in je 4 Rechtecke aufteilen.
• Die Lebkuchen mit halben Mandeln und Belegkirschen ausgarnieren und im auf 160° C vorgeheizten Backofen in 18-20 Minuten abbacken.
• Je nach Geschmack die Marzipan-Lebkuchen mit Zuckerglasur bestreichen. Hierfür den Puderzucker mit dem Wasser glatt rühren.

Mandel-Lebkuchen

• 3 Eiweiß • 200 g Zucker • 1 Päckchen Vanillezucker • 1 Prise Salz • 1 Msp. Zimtpulver • 1 Msp. Muskat • 200 g geriebene Mandeln • Backoblaten Größe 10 a • 12 ganze Mandeln • Glasur nach Belieben

• Das Eiweiß mit 1/3 der Zuckermenge in eine Schüssel geben und zu steifem Schnee schlagen.
• Den restlichen Zucker, den Vanillezucker und die Gewürze zufügen.
• Die geriebenen Mandeln vorsichtig untermengen und die halbfeste Masse auf die Backoblaten streichen.
• In die Mitte eine abgezogene, halbierte Mandel setzen und die Lebkuchen im auf 200° C vorgeheizten Backofen in 18-20 Minuten lichtgelb backen.
• Die Backoblaten aus dem Ofen nehmen, je nach Geschmack mit Glasur überziehen, vollständig abtrocknen lassen und zum Verzehr bereitstellen.

Günzburger Lebkuchen

• 500 g Zucker • 4 Eier • Saft und Schale von 1 Zitrone • 70 g Zitronat • 70 g Orangeat • 70 g Mandeln • 1 Msp. Zimtpulver • 1 Msp. Nelkenpulver • 500 g Mehl • 2 gestr. TL Backpulver • Backoblaten (70 mm Durchmesser)

• Den Zucker, die Eier und den Zitronensaft mit der geriebenen Zitronenschale in eine Schüssel geben und schaumig schlagen.
• Zitronat und Orangeat fein würfeln, die Mandeln fein hacken und mit den Gewürzen hinzufügen.
• Das Mehl mit dem Backpulver vermischen, sieben und unter den Teig rühren.
• Den Teig etwa 1 cm dick ausrollen, in der Größe der Backoblaten ausstechen und auf die Oblaten setzen. Mit Mandeln verzieren.
• Die Lebkuchen auf ein Backblech setzen, über Nacht antrocknen lassen und erst am nächsten Tag im auf 180° C vorgeheizten Backofen in 25 Minuten abbacken.

Sahnelebkuchen

• 6 EL Honig • 1/4 l Sahne • 125-150 g Zucker • 1/8 l Milch • 2 cl Rum • 600 g Mehl • 1 Päckchen Backpulver • 2-3 EL Lebkuchengewürz • 1 TL Anispulver • 1 Rezept „Dextrin-Glasur" für Lebkuchen

• Den Honig mit der Sahne, dem Zucker, der Milch und dem Rum verrühren. Das Mehl sieben, mit dem Backpulver, dem Lebkuchengewürz und dem Anispulver vermischen und die Honig-Sahne-Mischung dazugeben. Alles zu einem glatten, kompakten Teig verarbeiten und 5 mm dick ausrollen.
• Kreise oder andere Formen ausstechen und auf ein mit Backtrennpapier ausgelegtes Backblech setzen.
• Im auf 200° C vorgeheizten Backofen ca. 25 Minuten abbacken, herausnehmen, auskühlen lassen und mit der Dextrin-Glasur überziehen.

Pfefferkuchenhaus

• 6 EL Honig • 1/4 l Sahne • 125-150 g Zucker • 1/8 l Milch • 2 cl Rum • 600 g Mehl • 1 Päckchen Backpulver • 2-3 EL Lebkuchengewürz • 1 TL Anispulver • 100-150 g Puderzucker • heißes Wasser oder Zitronensaft • Gummibärchen, Liebesperlen oder Zuckerstreusel zum Verzieren

• Zubereitung wie Sahnelebkuchen.
• Aus Karton eine Schablone herstellen, den Teig ausrollen und entsprechend zuschneiden. Auf einem mit Backtrennpapier ausgelegten Backblech im auf 200° C vorgeheizten Backofen 20 Minuten abbacken, herausnehmen, erkalten lassen und die einzelnen Teile mit Puderzucker zusammenkleben. Dazu den Puderzucker mit Wasser oder Zitronensaft zu einer zähen Masse verrühren.
• Das Pfefferkuchenhaus gut trocknen lassen, dann mit Gummibärchen, Liebesperlen oder Zuckerstreuseln verzieren.

Lebkuchen mit Fenster

• 200 g Butter • 600 g Zucker • 4 Eier • 4 Eigelb • 400 g flüssigen Honig • 2 TL Anispulver • 1 EL Nelkenpulver • 1 EL Zimtpulver • 3 EL Kakaopulver • 2 kg Mehl • 4 Päckchen Backpulver • 1 Rezept „Eiweißglasur" • Liebesperlen • Silberperlen • bunte Schokolinsen • gehackte Haselnüsse • geschälte Mandeln • Pistazien

• Die Butter schaumig rühren und nach und nach den Zucker, die ganzen Eier, die Eigelbe, den Honig und die Gewürze untermischen. Das Mehl mit dem Backpulver vermischen, zum Teig geben und alles zu einer glatten, kompakten Masse verkneten. In ein feuchtes Küchentuch wickeln und eine Stunde kalt stellen.
• Den Teig 5 mm dick ausrollen und Herzen, Sterne, Quadrate, Tropfen, Rauten oder Halbmonde ausstechen. Mit einem Kochlöffelstiel in die Mitte ein Loch stechen.
• Die Lebkuchen auf ein mit Backtrennpapier ausgelegtes Blech legen und im auf 200° C vorgeheizten Backofen 10 Minuten backen. Herausnehmen, erkalten lassen.
• Die Eiweißglasur nach Grundrezept zubereiten und die Lebkuchen damit überziehen. Mit Liebesperlen, Silberperlen, bunten Schokolinsen, gehackten Nüssen oder geschälten Mandeln verzieren und vollständig abtrocknen lassen.

Haselnuss-Lebkuchen

• 7 Eiweiß • 375 g Puderzucker • 200-250 g geriebene Haselnüsse • 75 g Speisestärke • 75 g Mehl • 2-3 EL geriebene Zitronenschale • 10 g Zimtpulver • 10 g Nelkenpulver • 10 g Muskatblüte • 25 g Orangeat und Zitronat • Backoblaten (70 mm Durchmesser)

• Das Eiweiß mit 1/3 der Puderzuckermenge in eine Schüssel geben und zu steifem Schnee schlagen.
• Den restlichen Puderzucker und die übrigen Zutaten vorsichtig unterheben.
• Die Masse mit einem nassen Messer flach kegelförmig auf Backoblaten streichen und diese im auf 175° C vorgeheizten Backofen in 20-25 Minuten abbacken. Herausnehmen, auskühlen lassen und zum Verzehr bereitstellen.

Kleine Elisen

• 2 Eiweiß • 180 g Zucker • 1 Päckchen Vanillezucker • 140 g gemahlene Haselnüsse • 50 g Zitronat oder Orangeat • Backoblaten (60 mm Durchmesser) • Belegkirschen • halbierte Mandeln • 1 Rezept Puderzuckerglasur

• Das Eiweiß mit 60 g Zucker in eine Schüssel geben und zu steifem Schnee schlagen. Den restlichen Zucker und den Vanillezucker unter ständigem Rühren einrieseln lassen.
• Die gemahlenen Haselnüsse und das gehackte Zitronat leicht unterheben. Den nicht zu festen Teig flach kegelförmig mit einem Teelöffel auf die Backoblaten streichen. Mit Mandeln und Belegkirschen garnieren.
• Die Elisen im auf 150° C vorgeheizten Backofen in 25 Minuten abbacken. Nach dem Backen noch warm mit Puderzuckerglasur überziehen, vollständig abtrocknen lassen und zum Verzehr bereitstellen.

Nürnberger Lebkuchen

• 4 Eier • 250 g Zucker • 250 g Mehl • 5 g Zimtpulver • 1 Msp. Nelkenpulver • 1 Msp. Muskatblüte • 1 Msp. Kardamom • 70 g gehackte Mandeln • 70 g Zitronat oder Orangeat • 2 g Hirschhornsalz • Backoblaten (70-80 mm Durchmesser)

• Die Eier mit dem Zucker schaumig schlagen, die übrigen Zutaten dazugeben und alles zu einem glatten Teig verarbeiten.
• Die Masse auf die Backoblaten streichen, auf ein Backblech setzen und über Nacht abtrocknen lassen.
• Am nächsten Tag die Lebkuchen im auf 175° C vorgeheizten Backofen in 18-20 Minuten backen.

Basler Lebkuchen

• 500 g Honig oder Kunsthonig • 250 g Zucker • 100-150 g gehackte Mandeln • 75 g Orangeat oder Zitronat • 10 g Zimtpulver • 5 g Nelkenpulver • 5 g Kardamom • 2-3 EL geriebene Zitronenschale • 1 Gläschen Kirschwasser • 10 g Pottasche • 10 g Hirschhornsalz • 2 Eier • 750 g Mehl • rechteckige Backoblaten

• Den Honig und den Zucker mit etwas Wasser aufkochen und abkühlen lassen.
• Die übrigen Zutaten zufügen, die in Wasser aufgelöste Pottasche und das Hirschhornsalz sowie die Eier zum Schluss kräftig darunter rühren.
• Das Mehl zur Masse geben und alles zu einem kompakten Teig verarbeiten.
• Die Masse auf rechteckige Backoblaten streichen und im auf 200° C vorgeheizten Backofen in 18-20 Minuten abbacken.

Lebkuchen mit Trockenobst

• 500 g Honig oder Kunsthonig • 250 g Zucker • 100-150 g gehackte Mandeln • 75 g gemischtes Trockenobst, ganz fein gewürfelt • 10 g Zimtpulver • 5 g Nelkenpulver • 5 g Kardamom • 2-3 EL geriebene Zitronenschale • 1 Gläschen Kirschwasser • 10 g Pottasche • 10 g Hirschhornsalz • 2 Eier • 750 g Mehl • rechteckige Backoblaten

• Zubereitung wie Basler Lebkuchen.

Weisse Lebkuchen

• 200 g Zucker • 3-4 Eigelb • 50 g Honig • 75 g gehackte Mandeln • 25 g Zitronat und Orangeat • 1 Msp. Zimtpulver • 300 g Mehl • 5 g Hirschhornsalz • 4 Eiweiß • Backoblaten Gr. 10 a • Zitronat, halbierte Mandeln und Puderzucker zum Garnieren

• Den Zucker mit den Eigelben in eine Schüssel geben und schaumig schlagen. Den Honig zufügen und unterrühren.
• Die Mandeln, das fein gewürfelte Zitronat und Orangeat und den Zimt dazugeben und unterrühren.
• Das Mehl mit dem Hirschhornsalz vermischen, obenauf sieben und alles leicht miteinander verkneten. Zum Schluss das steif geschlagene Eiweiß unterziehen.
• Die Masse auf rechteckige Backoblaten streichen, mit Zitronat und halbierten Mandeln verzieren, mit Puderzucker bestreuen und mindestens 2-3 Stunden trocknen lassen.
• Anschließend die Lebkuchen im auf 200° C vorgeheizten Backofen in 18-20 Minuten backen.

Honiglebkuchen „Leckerli“

• 500 g Honig • 250 g Zucker • 10 g Zimtpulver • 3 g Nelkenpulver • 1 Msp. Muskatpulver • 5 g Piment • 5 g Kardamom • 1 EL geriebene Zitronenschale • 30 g gehackte Mandeln • 25 g Zitronat und Orangeat • 30 g Pottasche • 700 g Mehl • Backoblaten

• Den Honig mit dem Zucker in einen Topf geben und einmal aufkochen lassen. Die restlichen Zutaten dazugeben und gut untermischen.
• Zum Schluss die in Wasser aufgelöste Pottasche und das Mehl einarbeiten. Den Teig einige Stunden ruhen lassen.
• Anschließend den Teig auf einer bemehlten Arbeitsfläche ausrollen, verschiedene Formen ausstechen und auf Backoblaten legen.
• Die Lebkuchen auf ein Backblech setzen und wiederum über Nacht abtrocknen lassen. Am nächsten Tag im auf 200° C vorgeheizten Backofen in 20 Minuten abbacken.

Nürnberger Nusstaler

• 3 Eier • 250 g Zucker • einige Tropfen Bittermandelöl • 1 TL Lebkuchengewürz • 250 g geriebene Haselnüsse • 40 g Zitronat oder Orangeat • 2 gehäuften EL Speisestärke • 1 Prise Salz • Backoblaten (50-60 mm Durchmesser) • 200 g Puderzucker • Zitronen- oder Himbeersaft • Mandeln, Nüsse oder Belegfrüchte

• Die Eier mit dem Zucker, dem Bittermandelöl und dem Lebkuchengewürz in eine Schüssel geben und schaumig schlagen.
• Die geriebenen Haselnüsse, das Zitronat und Orangeat und die Speisestärke sowie das Salz dazugeben und verrühren.
• Den Teig auf runde Backoblaten streichen und über Nacht abtrocknen lassen.
• Am anderen Tag die Taler im auf 175° C vorgeheizten Backofen in 20 Minuten abbacken und erkalten lassen.
• In der Zwischenzeit den Puderzucker mit Zitronensaft oder etwas Himbeersaft zu einer weißen oder rosa Glasur verrühren und damit die abgekühlten Nusstaler bestreichen. Mit Mandeln oder anderen Nüssen und Belegfrüchten verzieren, vollständig abtrocknen lassen und zum Verzehr bereitstellen.

GEWÜRZKUCHEN MIT PUNSCHGLASUR

• 200 g Butter • 200 g braunen Zucker • 4 Eier • 75 g gemahlene Mandeln • 50 g Kakaopulver • 1 EL Vanillezucker • 1 EL geriebene Zitronenschale • 2-3 TL Lebkuchengewürz • 1 Prise Salz • 300 g Mehl • 1 Päckchen Backpulver • 1 Fläschchen Rumaroma • 1/8 l Milch • Margarine zum Ausfetten • 200 g Puderzucker • 1 EL Zitronensaft • 2 EL weißen Rum • je 20 g Zitronat und Orangeat

• Die Butter mit dem Zucker schaumig schlagen. Die Eier nach und nach dazugeben und kräftig darunter schlagen. Die Mandeln, das Kakaopulver, den Vanillezucker, die Zitronenschale, das Lebkuchengewürz und das Salz dazugeben und kräftig darunter mischen.
• Das gesiebte Mehl mit dem Backpulver esslöffelweise mit dem Rumaroma und der Milch unter die Masse arbeiten.
• Eine Kastenform mit Margarine ausfetten, den Teig einfüllen und im auf 180-200° C vorgeheizten Backofen in 50-60 Minuten abbacken.
• Für die Glasur den Puderzucker mit dem Zitronensaft und dem Rum glatt rühren, den Kuchen aus der Form stürzen, erkalten lassen, mit der Glasur bestreichen, mit dem fein gehackten Zitronat und Orangeat bestreuen, vollständig trocknen lassen, in Scheiben schneiden, anrichten, ausgarnieren und servieren.

MARZIPAN-FRÜCHTEKUCHEN

• 125 g Butter oder Margarine • 200 g Zucker • 4 Eigelb • 3 EL Vanillezucker • 2 EL geriebene Zitronenschale • 250 g Marzipan • 2-3 TL Lebkuchengewürz • 300 g Mehl • 1/2 Päckchen Backpulver • 50 g Rosinen • je 50 g Zitronat und Orangeat • 50 g kandierte Kirschen • 4 Eiweiß • 1 Prise Salz • Butter und Semmelbrösel für die Form • 1 Päckchen Schokoladenglasur • 1 Becher geschlagene, gesüßte Sahne • kandierte Früchte und Borkenschokolade zum Garnieren

• Die Butter oder Margarine mit dem Zucker und dem Vanillezucker schaumig schlagen.
• Die Eigelbe nach und nach kräftig darunter schlagen, die geriebene Zitronenschale sowie die zerbröckelte Marzipanrohmasse und die Gewürze kräftig darunter rühren.
• Das Mehl mit dem Backpulver vermischen und esslöffelweise unter den Teig ziehen.
• Die Rosinen, das klein geschnittene Zitronat und Orangeat sowie die geviertelten Kirschen dazugeben. Das Eiweiß mit dem Salz steif schlagen und zum Schluss unter den Teig heben.
• Eine Kuchenform mit Butter ausfetten, mit den Semmelbröseln bestreuen, den Teig einfüllen und das Ganze im auf 180-200° C vorgeheizten Backofen in 50-60 Minuten abbacken.
• Den Marzipankuchen herausnehmen, leicht erkalten lassen, stürzen, mit flüssiger Schokoladenglasur überziehen, trocknen lassen, mit der Sahne, den kandierten Früchten und der Borkenschokolade dekorieren, anrichten und servieren.

Marzipanstollen

• 1 Würfel Hefe • 2 Tassen Milch • 500 g Mehl • 80 g Zucker • 1 Prise Salz • 200 g Margarine • 25 g Butterschmalz • 125 g gehackte Mandeln • 125 g Rumrosinen • 50 g Orangeat • 50 g Zitronat • 1 EL abgeriebene Zitronenschale • 1 Fläschchen Rumaroma • 200 g Marzipanrohmasse • 100 g Puderzucker • 50 g Butter zum Bestreichen • 50 g Puderzucker zum Bestäuben

• Die Hefe in die lauwarme Milch einrühren und 15 Minuten gehen lassen. Das Mehl in eine Rührschüssel sieben, den Zucker und das Salz darüber streuen, eine Mulde eindrücken und das zerlassene Fett und die Hefe dazugeben. Mit einem Kochlöffel verrühren, so lange schlagen, bis er Blasen wirft und zugedeckt an einem warmen Ort 30 Minuten gehen lassen.
• Die Mandeln, die gut abgetropften Rosinen, das Orangeat, das Zitronat, die Zitronenschale und das Rumaroma unter den Teig kneten, zudecken und nochmals 15 Minuten gehen lassen und dann zu einem Quadrat ausrollen.
• Das Marzipan mit dem Puderzucker verkneten, eine Rolle formen und diese auf den Teig legen. Den Teig so einschlagen, dass die Marzipanrolle gut bedeckt ist. Den Stollen auf ein gefettetes Backblech setzen und nochmals kurz gehen lassen. Anschließend im auf 180° C vorgeheizten Backofen 40-50 Minuten backen. Herausnehmen, auf ein Kuchengitter legen, noch warm mit der Butter bestreichen und mit dem Puderzucker bestäuben.

Dresdner Stollen

• 125 g Mehl • 1 TL Zucker • 1 Würfel Hefe • 1/8 l lauwarme Milch • 500 g Mehl • 100 g Zucker • 200 g weiche Butter • 2 Eier • abgeriebene Schale von 1/2 Zitrone • je 1 Msp. gemahlene Muskatnuss, Muskatblüte und Nelkenpulver • 1 Prise Salz • 60 g Rosinen • 60 g Korinthen • 30 g gewürfeltes Orangeat • 30 g gewürfeltes Zitronat • 60 g gemahlene Mandeln • einige Tropfen Bittermandelaroma • flüssige Butter zum Bestreichen • Puderzucker zum Bestreuen

• Aus dem Mehl, dem Zucker, der zerbröckelten Hefe und der Milch einen Vorteig ansetzen und diesen gehen lassen. Für den Teig das Mehl auf eine Arbeitsfläche sieben, in die Mitte eine Vertiefung drücken. Den Vorteig, den Zucker, die in Flöckchen zerteilte Butter, die Eier und die Gewürze hinein geben. Alles von der Mitte aus zu einem glatten Teig verarbeiten und so lange kneten, bis der Teig glänzt. Die Rosinen, die Korinthen, das Orangeat, das Zitronat und die Mandeln unter den Teig arbeiten.
• Den Teig zu einem hohen, schmalen, länglichen Brot formen und auf der einen Seite mit der Handfläche einschlagen. Auf ein mit Backtrennpapier ausgelegtes Backblech setzen und gehen lassen, bis der Teig etwa doppelt so groß ist.
• Im auf 180° C vorgeheizten Backofen 45-60 Minuten backen. Den Stollen herausnehmen, auf ein Kuchengitter legen, sofort mit heißer, flüssiger Butter bestreichen und dick mit Puderzucker bestäuben.

Mandelstollen

• 15 g Hefe • 1/8 l lauwarme Milch • 300 g Mehl • 100 g Butter • 40 g Zucker • 1 TL Vanillezucker • 1 Ei • 1 Prise Salz • Mehl zum Ausrollen • 1/8 l Milch • 40 g Margarine • 300 g gemahlene Mandeln • 100 g Zucker • 1 Ei • 1 Eigelb zum Bestreichen • Margarine zum Einfetten • 100 g helle Kuchenglasur • geschälte Mandeln zum Verzieren

• Die Hefe mit der Milch verrühren und 15 Minuten gehen lassen. Das Mehl in eine Schüssel sieben, mit der Hefe, der weichen Butter, dem Zucker, dem Vanillezucker, dem Ei und dem Salz zu einem Hefeteig verrühren und so lange schlagen, bis er Blasen wirft.
• Den Teig zugedeckt an einem warmen Ort mindestens 30 Minuten gehen lassen. Danach auf einer bemehlten Arbeitsfläche 5 mm dick ausrollen, abdecken und nochmals 15 Minuten gehen lassen.
• In der Zwischenzeit für die Füllung die Milch aufkochen lassen, die Margarine, die Mandeln und den Zucker unterziehen, vom Feuer nehmen, das Ei einrühren und das Ganze erkalten lassen.
• Die Mandelfüllung auf den Teig streichen, dabei einen Rand von 1 cm freilassen und diesen mit dem verquirlten Eigelb bestreichen. Den Teig aufrollen, die Ränder festdrücken und den Stollen auf ein Backblech setzen. Nochmals 15 Minuten gehen lassen.
• Im auf 220° C vorgeheizten Backofen 25-30 Minuten backen, auf ein Kuchengitter legen und erkalten lassen.
• Die Kuchenglasur nach Vorschrift zubereiten, den kalten Stollen gleichmäßig damit bestreichen und die geschälten Mandeln nacheinander in der Mitte des Stollens in die Glasur drücken.

Feiner Quarkstollen

• 500 g Mehl • 1 Päckchen Backpulver • 250 g Sahnequark • 1 Ei • 1 Eigelb • 150 g weiche Butter • 200 g Zucker • 1 EL Vanillezucker • abgeriebene Schale von 1 Zitrone • 375 g Rosinen • 2 EL Cognac • 100 g gehackte Mandeln • Butter zum Bestreichen • Puderzucker zum Bestreuen.

• Das Mehl mit dem Backpulver vermischen, auf eine Arbeitsfläche sieben, in die Mitte eine Mulde drücken.
• Den Quark, das Ei, das Eigelb und die Butter in Flocken dazugeben, mit etwas Mehl verrühren.
• Die übrigen Zutaten zugeben und alles zu einem glatten Teig verkneten.
• Einen Stollen formen und auf ein mit Backtrennpapier ausgelegtes Backblech setzen.
• Im auf 180-200° C vorgeheizten Backofen eine Stunde backen. Auf dem Blech auskühlen lassen.
• Den heißen Stollen mit Butter bestreichen und dick mit Puderzucker bestreuen und frisch servieren.

Gewürz-Mandel-Stern

• 150 g feinen Zucker • 60 g Butter • 2 Eier • 1/8 l Multivitamin-Buttermilch • 1 EL geriebene Zitronenschale • 1 TL Lebkuchengewürz • 1 TL Zimtpulver • 50 g gehackte Nüsse • 1 Prise Salz • 1 EL Vanillezucker • 125 g Mehl • 1 TL Backpulver • Margarine für die Form • geschälte Mandeln und kandierte Kirschen zum Garnieren • Puderzucker zum Bestäuben

• Den Zucker mit der Butter schaumig rühren, die Eier nach und nach darunter schlagen.
• Die Multivitamin-Buttermilch mit der Zitronenschale, dem Lebkuchengewürz, dem Zimtpulver, den gehackten Nüssen, dem Salz und dem Vanillezucker unter die Butter-Ei-Creme rühren.
• Das Mehl mit dem Backpulver sieben und unter den Teig ziehen.
• Eine Sternform ausfetten, den Teig einfüllen und im auf 180-190° C vorgeheizten Backofen 40-45 Minuten backen.
• Den Gewürz-Mandel-Stern aus der Form nehmen, ausgarnieren, mit Puderzucker bestäuben und servieren.

Variation:
Wer möchte, kann den Stern auch mit Zitronenglasur überziehen und mit geschälten Mandeln, Belegkirschen oder Liebesperlen ausgarnieren.

Feine Schokoladenschnitten

• 500 g Kekse • 400 g Zucker • 2 Päckchen Vanillezucker • 4 Eier • 60 g Kakaopulver oder 150 g geriebene Schokolade • 200-250 g Butter oder Margarine

• Die Kekse grob zerbrechen und in eine Schüssel geben.
• Den Zucker mit dem Vanillezucker und den Eiern schaumig schlagen, das Kakaopulver oder die geriebene Schokolade und das handwarme, flüssige, aber nicht heiße Fett unterrühren.
• Die Creme zu den Keksen geben und gut miteinander vermengen.
• Die Masse auf ein großes Pergamentpapier schütten, einen langen Stollen formen und fest in dem Papier einwickeln.
• Die eingewickelte Rolle über Nacht im Kühlschrank vollständig erkalten lassen. Ist die Rolle fest, aus dem Papier nehmen und in 1 cm dicke Schnitten schneiden.
• Sehr dekorativ sehen die Scheiben aus, wenn man sie einzeln in Zellophanpapier einwickelt. Sollen die Schnitten aufbewahrt werden, nimmt man anstelle von Butter 2/3 Margarine und 1/3 Kokosfett.

Spekulatius

• 500 g feines Mehl • 250 g Kristallzucker • 2 Eier • 2 g Zimtpulver • 1-2 EL geriebene Zitronenschale • 250 g Butter • Fett für das Blech

• Die Teigzutaten nach Grundrezept „Mürbteig I" verarbeiten, in ein feuchtes Küchentuch wickeln und über Nacht kalt stellen.
• Am nächsten Tag den Teig messerrückendick auf einer bemehlten Arbeitsfläche ausrollen und Spekulatius ausstechen.
• Die Spekulatius auf ein ausgefettetes Backblech setzen und im auf 180-190° C vorgeheizten Backofen in 10-12 Minuten abbacken.
• Verwenden Sie einen Backmodel, so sollte der Model gut bemehlt werden. Der Teig muss eingedrückt werden, dann herausgeklopft und die Motive ausgeschnitten werden. So werden die Spekulatius dann gebacken.

Einfaches Spritzgebäck

• 75 g Butter oder Margarine • 75 g Puderzucker • 1 TL Vanillezucker • 150 g Mehl • 20 g Speisestärke • 50 ml Buttermilch • 1 Prise Salz • 1 TL geriebene Zitronenschale • Schokoladenglasur zum Verzieren

• Die Butter oder Margarine mit dem Zucker in einer Schüssel schaumig schlagen.
• Das Mehl mit der Speisestärke vermischen und sieben. Die Buttermilch mit dem Salz und der Zitronenschale glatt rühren, abwechselnd mit dem Mehl unter die Schaummasse ziehen.
• Den Teig in einen Spritzbeutel füllen, ein Backblech mit Backtrennpapier auslegen und je nach Geschmack Formen auf das Backpapier aufspritzen.
• Das Blech in den auf 180° C vorgeheizten Backofen schieben und die Teigstücke darin goldgelb ausbacken.
• Das Spritzgebäck herausnehmen, auskühlen lassen und mit Schokoladenglasur verzieren.

Schokoladen-Spritzgebäck

• 150 g Butter oder Margarine • 150 g Puderzucker • 1 EL Vanillezucker • 300 g Mehl • 1 EL Speisestärke • 2 EL Instant-Kakaopulver • 100 ml Milch • 1 Prise Salz • 1 EL geriebene Zitronenschale • Schokoladenglasur

• Die Butter oder Margarine mit dem Puderzucker und dem Vanillezucker schaumig schlagen.
• Das Mehl mit der Speisestärke und dem Kakaopulver vermischen und sieben. Die Milch mit dem Salz und der Zitronenschale vermischen.
• Das Mehl und die Milch abwechselnd unter die Schaummasse ziehen.
• Den Teig in einen Spritzbeutel füllen, auf ein mit Backtrennpapier ausgelegtes Backblech verschiedene Formen aufspritzen und im auf 175-190° C vorgeheizten Backofen ausbacken.
• Das Schokoladen-Spritzgebäck herausnehmen, auskühlen lassen und mit Schokoladenglasur verzieren. Zum weiteren Verzehr bereitstellen.

Spritzgebäck auf Backoblaten

• 250 g Butter • 1 Eigelb • 110 g Puderzucker • 1 Päckchen Vanillezucker • 1-2 EL geriebene Zitronenschale • 250 g Mehl • 30 g gemahlene Haselnüsse • Backoblaten (50 mm Durchmesser)

• Die Butter, das Eigelb, den Puderzucker, den Vanillezucker und die Zitronenschale in eine Schüssel geben und schaumig schlagen.
• Das Mehl mit den Nüssen vermischen und unter die Masse ziehen.
• Die Masse in einen Spritzbeutel mit großer Sterntülle füllen und dekorativ auf die Backoblaten aufspritzen.
• Das Spritzgebäck im auf 180° C vorgeheizten Backofen in 20 Minuten backen.

Dunkles Spritzgebäck auf Backoblaten

• 250 g Butter • 1 Eigelb • 110 g Puderzucker • 1 Päckchen Vanillezucker • 1-2 EL geriebene Zitronenschale • 250 g Mehl • 1 EL dunkles Kakaopulver • 30 g gemahlene Haselnüsse • Backoblaten (50 mm Durchmesser)

• Zubereitung wie Spritzgebäck auf Backoblaten.

Honigkuchenfiguren zum Aufhängen

• 1 kg Honig • 1/4 l Wasser • 650 g Roggenmehl • 600 g Weizenmehl • 40 g Lebkuchengewürz • 30 g Natron • Zuckerglasur

• Den Honig mit dem Wasser unter Rühren aufkochen und abkühlen lassen. Das Mehl und das Lebkuchengewürz auf einer Arbeitsfläche vermischen, eine Mulde eindrücken, den Honig hineingeben und alles zusammen zu einem geschmeidigen Teig verkneten. Zuletzt das Natron kräftig unter den Teig mischen, ihn in Alufolie einschlagen und 1-2 Tage in den Kühlschrank legen.
• Den Teig auf einer bemehlten Arbeitsfläche halbzentimeterdick ausrollen, verschiedene Figuren ausstechen und im auf 180-200° C vorgeheizten Backofen 20-25 Minuten backen. Herausnehmen, vollständig erkalten lassen und mit Zuckerglasur verzieren. Zum Aufhängen vorsichtig jeweils oben ein Loch einstechen und dekorative Bänder durchziehen.

Orangenplätzchen

• 200 g Butter oder Margarine • 150 g Zucker • 2 EL Vanillezucker • 1 Prise Salz • 100 g Orangeat • abgeriebene Schale von 1 Orange • 300 g Weizenvollkornmehl • 150 ml Milch • 2 Eiweiß • 100 g Orangenmarmelade

• Die Butter oder Margarine mit dem Zucker, dem Vanillezucker und dem Salz cremig rühren.
• Das Orangeat sehr fein hacken, mit der Orangenschale und dem Mehl in die Buttermischung rühren, die Milch angießen und alles zu einem glatten Teig verkneten.
• Mit einem Teelöffel kleine Teigmengen abstechen, auf ein ausgefettetes Backblech setzen und flachdrücken.
• Das Eiweiß mit etwas Wasser verquirlen und die Plätzchen damit bestreichen. Im auf 180-200° C vorgeheizten Backofen in ca. 8 Minuten hellbraun abbacken. Herausnehmen und erkalten lassen.
• Die Orangenmarmelade glatt rühren, die Taler jeweils auf der Unterseite damit bestreichen und immer 2 Taler zusammensetzen. Nach Belieben zur Hälfte in Schokoladenglasur tauchen, vollständig abtrocknen lassen und servieren.

Zitronenplätzchen

• 200 g Butter oder Margarine • 150 g Zucker • 2 EL Vanillezucker • 1 Prise Salz • 100 g Zitronat • abgeriebene Schale von 1 Zitrone • 300 g Weizenvollkornmehl • 150 ml Milch • 2 Eiweiß • 100 g Ananasmarmelade

• Zubereitung wie Orangenplätzchen.

Gewürz-Halbmonde

• 500 g Weizenmehl • 1 TL Backpulver • 250 g braunen Zucker • 1 EL Vanillezucker • 1 TL Lebkuchengewürz • 2 Eier • 250 g Margarine • 200 g gemahlene Mandeln • 200-300 g halbbittere Kuvertüre

• Das Mehl und das Backpulver vermischen und auf eine Arbeitsfläche sieben.
• In die Mitte eine Mulde eindrücken und den Zucker, den Vanillezucker, das Lebkuchengewürz und die Eier hineingeben. Das Ganze mit etwas Mehl zu einem dicken Brei verarbeiten.
• Die in Stücke geschnittene Margarine und die gemahlenen Mandeln darauf geben, mit dem Mehl vermischen und alles zu einem glatten Teig verarbeiten.
• Den Teig auf einer bemehlten Arbeitsfläche ca. 5 mm dick ausrollen, Halbmonde ausstechen und diese auf ein mit Backtrennpapier ausgelegtes Backblech legen.
• Im auf 175-200° C vorgeheizten Backofen 10-12 Minuten backen, herausnehmen und auf einem Kuchengitter auskühlen lassen.
• Die Kuvertüre im Wasserbad erhitzen und die erkalteten Halbmonde jeweils mit den Spitzen hineintauchen.

Mandel-Konfekt

• 1 Msp. Butter • 1 EL Zucker • 1 Päckchen Vanillezucker • 200 g Mandelstifte • 150 g Vollmilchschokolade • 50 g Kokosfett

• Die Butter, den Zucker und den Vanillezucker in einen Topf geben und bei schwacher Hitze zerlassen.
• Die Mandeln dazugeben, goldgelb werden lassen und dann kühl stellen.
• Die Schokolade und das Kokosfett im Wasserbad schmelzen. Die abgekühlten Mandelstifte unter die Schokoladenmasse rühren und leicht abkühlen lassen.
• Mit zwei Teelöffeln längliche Häufchen auf ein Stück Alufolie setzen und im Kühlschrank fest werden lassen.

Anisplätzchen

• 4 Eier • 250 g Zucker • 250 g Mehl • 1 EL fein gehackten Anissamen • Margarine und Mehl fürs Blech

• Die Eier mit dem Zucker zu einer dicken Creme aufschlagen. Das Mehl mit dem Anissamen mischen und löffelweise unter den Teig rühren.
• Ein Backblech mit Margarine ausfetten und mit Mehl bestäuben. Den Teig in einen Spritzbeutel mit glatter Tülle füllen und damit kleine Häufchen auf das Backblech setzen.
• Über Nacht bei Zimmertemperatur trocknen lassen und am nächsten Tag im auf 160° C vorgeheizten Backofen 25 Minuten backen.

Nussecken

• 3 Eiweiß • 150 g Puderzucker • 125 g gemahlene Haselnüsse • 1-2 EL geriebene Zitronenschale • 1 EL Zimtpulver • 1 Prise gemahlene Nelken • Backoblaten Gr. 10 a • 125 g Kuvertüre

• Das Eiweiß in einem Topf leicht schaumig schlagen. Den gesiebten Puderzucker, die Haselnüsse, die Zitronenschale, das Zimtpulver und das Nelkenpulver hinzufügen.
• Die Masse unter ständigem Rühren einmal aufwallen, aber nicht kochen lassen. Anschließend kalt stellen.
• Die Nussmasse auf rechteckige Backoblaten streichen und im auf 180° C vorgeheizten Backofen in 20 Minuten abbacken.
• Nach dem Abbacken das Gebäck in Dreiecke schneiden, vollständig erkalten lassen und mit zerlassener Kuvertüre bestreichen oder einfach die Ecken in die Schokolade eintauchen. Vollständig abtrocknen lassen und zum Verzehr bereitstellen.

Schokoladenplätzchen

• 3 Eiweiß • 375 g Zucker • 375 g gemahlene Mandeln • 100 g fein geriebene Vollmilchschokolade • 1/2 TL Ingwerpulver • Puderzucker zum Ausrollen • 200 g halbbittere Schokoladenkuvertüre • 20 g Kokosfett

• Das Eiweiß zu steifem Schnee schlagen, den Zucker löffelweise einrühren.
• Die Mandeln, die Schokolade und das Ingwerpulver dazugeben. Alle Zutaten vermischen und kurz durchkneten.
• Den Teig auf einer mit Puderzucker bestäubten Arbeitsfläche 4-5 mm dick ausrollen und mit beliebigen Förmchen Plätzchen ausstechen.
• Die Plätzchen auf ein mit Backtrennpapier ausgelegtes Blech legen und im auf 160° C vorgeheizten Backofen 25-30 Minuten backen.
• Die Kuvertüre in Stücke schneiden und zusammen mit dem Kokosfett in einem Topf im Wasserbad schmelzen lassen. Den geschmolzenen Guss gut umrühren.
• Die Plätzchen mit der Schokoladenglasur überziehen.

Makronen „Lübecker Art“

• 250 g abgezogene, geriebene Mandeln • 300 g feinen Zucker • 4 Eiweiß • 2 cl Weinbrand • 25 g Speisestärke • Backoblaten (40-50 mm Durchmesser) • 20-30 g gehackte Mandeln • Hagelzucker

• Die angegebenen Zutaten in eine hohe Schüssel geben und gut miteinander zu einer geschmeidigen Masse verarbeiten.
• Den Teig in einen Spritzbeutel füllen und Häufchen auf Backoblaten spritzen.
• Die Oberseite mit gehackten Mandeln und Hagelzucker bestreuen und im auf 180° C vorgeheizten Backofen in 20-25 Minuten abbacken.

Zitronensterne

• 200 g Butter • 400 g Mehl • 120 g Zucker • 2 Eier • 2 Päckchen Zitronenschalenaroma • Mark von 2 Vanilleschoten • 3-4 TL Zitronensaft • 1 Prise Salz • Backtrennpapier • 2 Eigelbe • 2 EL Sahne • 100 g Hagelzucker

• Die kalte Butter in kleine Stücke schneiden, mit dem Mehl, dem Zucker, den Eiern, dem Zitronenschalenaroma, dem Vanillemark, dem Zitronensaft und dem Salz rasch zu einem glatten Mürbeteig verkneten.
• Den Teig in Frischhaltefolie wickeln und mindestens eine Stunde kalt stellen, dann auf einer bemehlten Arbeitsfläche 4-5 mm dick ausrollen.
• Sterne in verschiedenen Größen ausstechen und auf ein mit Backtrennpapier ausgelegtes Backblech legen.
• Die Sahne mit den Eigelben glatt rühren, die Sterne mit der Eigelb-Sahne-Mischung bestreichen und mit Hagelzucker bestreuen.
• Die Plätzchen im vorgeheizten Backofen bei 200° C etwa 10 Minuten backen, herausnehmen und auf einem Kuchengitter auskühlen lassen.

Mandelkekse

• 150 g Zucker • 1 EL Vanillezucker • 50 g geschälte Sesamkörner • 100 g gehackte Mandeln • 50 g gemahlene Mandeln • 1 Prise Salz • 1 TL Koriander • 150 g Mehl • 1 Ei • 150 g Butter oder Margarine • runde Backoblaten • 25 g ungesalzene, gehackte Erdnüsse

• Den Zucker mit dem Vanillezucker, dem Sesam, den Mandeln, dem Salz, dem Koriander und dem Mehl in einer großen Schüssel miteinander vermischen.
• Das Ei dazugeben, die Butter oder Margarine in Flöckchen darauf setzen und mit bemehlten Händen schnell zu einem glatten, kompakten Mürbteig verkneten.
• Den Teig in Frischhaltefolie wickeln und im Kühlschrank eine Stunde ruhen lassen.
• Mit einem Teelöffel Kugeln vom Teig abstechen und diese auf Oblaten setzen.
• Mit einer bemehlten Gabel die Teigkugeln flachdrücken. Mit den Erdnüssen bestreuen, etwas festdrücken und im auf 180-190° C vorgeheizten Backofen in 15-18 Minuten abbacken. Herausnehmen, erkalten lassen und zum Verzehr bereitstellen.

Dattelhäufchen

• 3 Eiweiß • 200 g Puderzucker • 250 g geriebene Nüsse • 250 g fein gehackte Datteln • Saft von 1 Zitrone • Backoblaten (40 mm Durchmesser)

• Das Eiweiß mit dem Puderzucker zu steifem Schnee schlagen. Die Nüsse, die Datteln und den Zitronensaft vorsichtig untermischen.
• Mit Hilfe von zwei Teelöffeln kleine Häufchen auf die Backoblaten setzen und diese im auf 180° C vorgeheizten Backofen in 25 Minuten backen.

Kirschhäufchen

• 4 Eiweiß • 150 g Zucker • 2 EL Vanillezucker • 1 Prise Salz • 300 g gehackte Mandeln • 200 g gemahlene Mandeln • 100 g Schokoladenstreusel • 200 g rote, gelbe und grüne kandierte Kirschen • Puderzucker • Zitronensaft • Backoblaten (50 mm Durchmesser)

• Das Eiweiß mit der Hälfte des Zuckers und dem Vanillezucker sowie dem Salz steif schlagen.
• Die Schokoladenstreusel mit dem restlichen Zucker, den Mandeln sowie den sehr fein gehackten Kirschen vermischen und unter das Eiweiß heben.
• Mit zwei Teelöffeln kleine Häufchen auf die Backoblaten setzen. Mit dem Löffelrücken etwas flach drücken.
• Die Häufchen im auf 160° C vorgeheizten Backofen in 18-20 Minuten backen.
• Nach dem Backen die Kirschhäufchen vorsichtig vom Blech heben, auskühlen lassen, den Puderzucker mit Zitronensaft glatt rühren und die ausgekühlten Makronen damit bestreichen.

Walnusshäppchen

• 2 Eiweiß • 1 Prise Salz • 1 TL Zitronensaft • 125 g Honig • 150 g gehackte Walnüsse • 100 g gemahlene Walnüsse • 80 g gemahlenen Dinkel (oder Weizenvollkornmehl) • 1 Eigelb • 30 Vollkornoblaten (Durchmesser 44 mm) • 30 Walnusshälften

• Das Eiweiß mit dem Salz und dem Zitronensaft in eine Schüssel geben und zu steifem Schnee schlagen. Nach und nach den Honig einfließen lassen und kräftig darunter schlagen, bis eine feste, stark glänzende Masse entstanden ist.
• Die gehackten und die gemahlenen Walnüsse mit dem Dinkelmehl mischen und vorsichtig unter den Eischnee heben. Das Eigelb untermischen, mit zwei Teelöffeln portionsweise die Masse auf Oblaten setzen und mit je einer Walnusshälfte belegen.
• Die Walnusshäppchen auf ein mit Backtrennpapier ausgelegtes Backblech setzen und im auf 150° C vorgeheizten Backofen in 15 Minuten backen. Herausnehmen, vollständig erkalten lassen und zum Verzehr bereitstellen.

Schokoladenbusserl

• 120 g Butter • 140 g zerlassene Blockschokolade • 140 g Puderzucker • 140 g gemahlene Haselnüsse • 1 Prise Salz • 1 Ei • geschälte, halbierte Mandeln • runde Backoblaten

• Die Butter mit der zerlassenen Schokolade verrühren, cremig schlagen, den Puderzucker, die Haselnüsse und das Salz hinzufügen.
• Die Masse im Kühlschrank 30 Minuten ruhen lassen und anschließend aus dem Teig kleine Kugeln formen.
• Diese auf runde Backoblaten setzen und mit verquirltem Ei bestreichen. In die Mitte eine halbe, geschälte Mandel drücken.
• Das Gebäck im auf 150° C vorgeheizten Backofen in 20-25 Minuten mehr trocknen als backen.

Schwarz-Weiss-Taler

• 300 g Butter • 150 g Puderzucker • 1 Prise Salz • 400 g Mehl • 30 g Kakaopulver • 1 Eiweiß • Backtrennpapier

• Die Butter mit dem Puderzucker und dem Salz verkneten. Das Mehl sieben und rasch untermengen. Das Kakaopulver sieben und unter die Hälfte der Teigmenge mischen. Beide Teighälften zu Kugeln formen, in Alufolie einwickeln und 1-2 Stunden in den Kühlschrank legen. Dann etwa 1 cm dick ausrollen.
• Das Eiweiß verrühren und die Teigflächen damit bestreichen. Den weißen und schwarzen Teig aufeinanderlegen und aufrollen. Nochmals 2 Stunden kalt stellen. Von der Teigrolle 3-4 mm dicke Scheiben abschneiden und auf ein Backblech legen. Im auf 180-200° C vorgeheizten Backofen 8-10 Minuten backen.

Mohnhäufchen mit Rosinen

• 2 Eiweiß • 100 g Zucker • 1 Päckchen Vanillezucker • 1 EL „san-apart" • 100 g Rosinen • 4 EL Rum • 100 g gemahlenen Mohn • 70 g gehackte Walnüsse • 20 g Mehl • weiße Schokoladenglasur • 25 Backoblaten (50 mm Durchmesser)

• Das Eiweiß mit dem Zucker und dem Vanillezucker sowie dem „san-apart" in eine Schüssel geben und zu einem cremigen Schnee aufschlagen.
• Die mit Rum getränkten Rosinen und die Walnüsse unterrühren.
• Den Mohn mit dem Mehl vermischen und ebenfalls unterziehen.
• Mit zwei Teelöffeln die Masse in kleinen Häufchen auf die Oblaten setzen und das Ganze im auf 180° C vorgeheizten Backofen in 20 Minuten backen.
• Die Makronen herausnehmen und nach dem Erkalten mit geschmolzener weißer Schokoladenglasur betupfen. Mit einem Hauch von gemahlenem Mohn bestreuen, mit einer Rosine verzieren, vollständig abtrocknen lassen und zum Verzehr bereitstellen.

Mohn-Buchweizen-Häufchen

• 80 g Rosinen • 4 EL Rum • 1/8 l Milch • 1 Vanilleschote • 1-2 EL geriebene Zitronenschale • 125 g frisch gemahlenen Mohn • 2 Eier • 1 Eigelb • 1 Prise Salz • 1 Msp. Muskatblüte • 1 Msp. Zimtpulver • 150 g Honig • 200 g gehackte Mandeln • 180 g Buchweizenmehl • 40 Vollkornoblaten (Durchmesser 44 mm)

• Die Rosinen unter fließendem Wasser waschen, gut abtropfen lassen, in eine Schüssel geben, mit Rum beträufeln und 30 Minuten ziehen lassen. Die Milch mit dem ausgeschabten Vanillemark und der Zitronenschale in einen Topf geben und einmal aufkochen lassen. Den Mohn hinein streuen, erneut aufkochen lassen. Anschließend die Rosinen untermischen, das Ganze vom Feuer nehmen und abkühlen lassen.
• Die Eier mit dem Eigelb und den Gewürzen in eine Schüssel geben und weißschaumig schlagen. Nach und nach den Honig zugeben. Löffelweise die Mohnmischung einrühren und zum Schluss die Mandeln und den Buchweizen unter den Teig ziehen. Mit zwei Teelöffeln portionsweise die Masse auf die Oblaten setzen und im auf 180° C vorgeheizten Backofen in 20 Minuten abbacken. Nach Ende der Backzeit herausnehmen, vollständig auskühlen lassen und mit geschmolzener weißer Schokolade überziehen.

Kokos-Dattel-Berge

• 125 g getrocknete Datteln • 3 Eiweiß • 1 Prise Salz • 150 g Honig • 1-2 EL geriebene Orangenschale • 250 g Kokosraspeln • 40 g Weizenvollkornmehl • 50 Vollkornoblaten (Durchmesser 44 mm)

• Die Datteln entkernen und in sehr feine Streifen schneiden.
• Das Eiweiß mit dem Salz in eine Schüssel geben und zu steifem Schnee schlagen. Nach und nach den Honig einfließen lassen und so lange schlagen, bis eine stark glänzende, dick-cremige Masse entstanden ist. Die geriebene Orangenschale mit den Kokosraspeln, den Datteln und dem Mehl vermischen und locker, aber sorgfältig unter den Eischnee ziehen.
• Die Oblaten auf ein Backblech setzen, die Kokosmasse mit zwei Teelöffeln darauf setzen und im auf 150° C vorgeheizten Backofen in 30 Minuten abbacken.
• Die Kokos-Dattel-Berge herausnehmen, auf einem Gitter erkalten lassen und zum weiteren Verzehr bereitstellen.

Feigenberge

• 125 g getrocknete Feigen • 3 Eiweiß • 1 Prise Salz • 150 g Honig • 1-2 EL geriebene Orangenschale • 250 g Kokosraspeln • 40 g Weizenvollkornmehl • 50 Vollkornoblaten (Durchmesser 44 mm)

• Zubereitung wie Kokos-Dattel-Berge.

Müsliriegel

• 250 g gemischtes Trockenobst • 100 g gehackte Mandeln • 100 g gehackte Haselnüsse • 50 g gehackte Walnüsse • 50 g gehackte Erdnüsse • 100 g Sesamsamen • 50 g Leinsamen • 125 g kernige Haferflocken • 100 g Butter • 200 g Honig • 1/4 l Sahne • 1 Prise Salz • 1 EL geriebene Orangenschale • 1 EL geriebene Zitronenschale • 4 EL Pfirsichmarmelade • eckige Vollkornoblaten

• Die Trockenfrüchte in sehr feine Würfel schneiden, mit den Mandeln, den Nüssen, den Sesamsamen, den Leinsamen und den Haferflocken vermischen.
• Die geschmolzene Butter mit dem Honig, der Sahne, dem Salz, der Orangenschale und der Zitronenschale unter ständigem Rühren einmal aufkochen lassen.
• Die vorbereitete Mischung zugeben und unter ständigem Rühren vier Minuten kochen lassen, bis die Masse etwas abgebunden ist. 2 EL Pfirsichmarmelade unterrühren und vom Feuer nehmen.
• Je eine Vollkornoblate etwa 1 cm dick mit der Masse einstreichen, auf ein mit Backtrennpapier ausgelegtes Backblech setzen und im auf 200° C vorgeheizten Backofen in 10-15 Minuten abbacken.
• Nach dem Auskühlen Platten mit der restlichen Marmelade bestreichen und je zwei zusammenklappen.
• Mit einem Küchenbrett beschweren, vollständig auskühlen lassen und mit einem scharfen Messer in Riegel schneiden.

Haferflocken-Apfel-Plätzchen

• 100 g getrocknete Apfelringe • 4 cl Rum • 150 g Haselnüsse • 5 EL Honig • 2 Eier • einige Tropfen Rumaroma • 1 Prise Salz • 50 g Kernige Haferflocken • 35 Vollkornoblaten (Durchmesser 44 mm) • 35 Haselnusskerne

• Die Apfelringe in feine Würfel schneiden, in eine Schüssel geben, mit dem Rum beträufeln und 30 Minuten einweichen.
• Die Haselnüsse in einer trockenen Pfanne kurz rösten und im Mixer fein mahlen. 3 EL Honig dazugeben. Die Apfelstücke mit den Haselnüssen vermischen und zu einer geschmeidigen Masse verarbeiten. Die Eier mit dem Salz schaumig schlagen, den restlichen Honig und das Rumaroma zufügen. Die Apfel-Nuss-Masse esslöffelweise einrühren. Zum Schluss die Haferflocken unter die Masse ziehen. Anschließend mit zwei Teelöffeln die Masse portionsweise auf die Oblaten setzen und mit je einer Haselnuss belegen.
• Die Haferflocken-Apfel-Plätzchen auf ein mit Backtrennpapier ausgelegtes Backblech setzen und im auf 180° C vorgeheizten Backofen in 25 Minuten backen. Herausnehmen, erkalten lassen und zum Verzehr bereitstellen.

Aprikosen-Makronen

• 100 g getrocknete Aprikosen • 3 EL Rum • 3 Eiweiß • 1 Prise Salz • 150 g Honig • einige Tropfen Rumaroma • 1-2 EL geriebene Zitronenschale • 350 g gehackte Mandeln • 2 EL Weizenvollkornmehl • 35 Vollkornoblaten (Durchmesser 60 mm) • 50-100 g Schokolade oder Kuvertüre

• Die Trockenfrüchte in sehr feine Würfel schneiden, in eine Schüssel geben, mit Rum beträufeln und eine Stunde ziehen lassen.
• Das Eiweiß mit dem Salz zu steifem Schnee schlagen und nach und nach den Honig darunter schlagen. So lange schlagen, bis eine dicke, stark glänzende Masse entstanden ist.
• Die Masse mit Rumaroma aromatisieren, die geriebene Zitronenschale, die Früchte und die gehackten Mandeln vorsichtig unterheben. Das Vollkornmehl zugeben.
• Die Masse mit zwei Teelöffeln portionsweise auf die Oblaten setzen und anschließend im auf 160° C vorgeheizten Backofen in 30 Minuten abbacken.
• Nach Ende der Backzeit die Makronen herausnehmen, vollständig auskühlen lassen und je nach Geschmack mit geschmolzener Schokolade verzieren.

Nussmakronen mit Papayas

• 100 g getrocknete Papayas • 3 EL Rum • 3 Eiweiß • 1 Prise Salz • 150 g Honig • einige Tropfen Rumaroma • 1-2 EL geriebene Zitronenschale • 350 g gehackte Haselnüsse • 2 EL Weizenvollkornmehl • 35 Vollkornoblaten (Durchmesser 60 mm) • 50-100 g Schokolade oder Kuvertüre

• Zubereitung wie Aprikosen-Makronen.

MANDELMAKRONEN

• 140 g abgezogene, fein gemahlene Mandeln • 140 g Zucker • 2 Eiw
• 1-2 EL geriebene Zitronenschale • runde Backoblaten

• Die Mandeln mit 2/3 der Zuckermenge vermischen und bereitstellen.
• Das Eiweiß mit dem restlichen Zucker in eine Schüssel geben und zu steifem Schnee schlagen.
• Die Zitronenschale und die Mandelmischung vorsichtig unter den Eischnee ziehen. Die Masse muss so fest sein, dass sie in kleinen Häufchen auf Backoblaten gesetzt werden kann.
• Die Makronen auf ein Backblech setzen und im auf 175° C vorgeheizten Backofen in 20 Minuten backen.
• sehr gut eignen sich anstelle der Mandeln auch geriebene Haselnüsse.

HIMBEERBRÖTCHEN

• 3 Eier • 250 g Zucker • 3-4 EL Himbeermarmelade • 375 g Mehl
• Backoblaten (50 mm Durchmesser)

• Die Eier in eine Rührschüssel geben, den Zucker dazugeben und das Ganze schaumig schlagen.
• Die Himbeermarmelade glatt rühren und unterziehen.
• Das Mehl sieben und löffelweise unter den Schaum rühren.
• Mit einem Löffel kleine Häufchen auf die Backoblaten setzen und diese im auf 190-200° C vorgeheizten Backofen in 15-18 Minuten abbacken.
• Die Himbeerbrötchen herausnehmen, vollständig erkalten lassen und zum Verzehr bereitstellen.

SCHNEEFLOCKEN

• 150 g Butter • 125 g Zucker • 125 g gemahlene Haselnüsse • 200 g Mehl
• 1 Msp. Backpulver • 1 Prise gemahlenen Zimt • 1 Tasse rote Marmelade
• 1 Rezept „Wasserglasur" • 100 g Kokosraspeln

• Die Butter schaumig rühren, den Zucker und die Nüsse nach und nach einrühren. Das Mehl mit dem Backpulver und dem Zimt vermischen und mit der Buttermischung zu einem glatten, geschmeidigen Teig verarbeiten. In ein feuchtes Küchentuch wickeln und im Kühlschrank eine halbe Stunde ruhen lassen.
• Den Teig auf einer bemehlten Arbeitsfläche 5 mm dick ausrollen, runde Plätzchen ausstechen und auf ein mit Backtrennpapier ausgelegtes Backblech setzen. Im auf 200° C vorgeheizten Backofen in 15-20 Minuten goldgelb abbacken. Herausnehmen und auf einem Kuchengitter erkalten lassen.
• Je zwei Plätzchen mit der glatt gerührten roten Marmelade zusammensetzen, die Oberseite mit der nach Grundrezept zubereiteten Wasserglasur bestreichen und die Ränder mit Kokosraspeln bestreuen.

Kokoshäubchen

ı Zucker • 250 g Kokosflocken • 1 Päckchen Vanillezucker
'wa 50 Backoblaten (44 mm Durchmesser)

'ucker zu steifem Schnee schlagen. Die Kokosflocken vor-
den Teig einige Minuten stehen lassen.
.ne Häufchen auf die Backoblaten setzen oder mit Hilfe
mit Sterntülle aufdressieren.
sıäubchen im auf 175° C vorgeheizten Backofen in 15-20 Minuten
acken.
• Die Kokoshäubchen können Sie sehr gut verfeinern, indem Sie 1 EL Kakaopulver unter den fertigen Teig rühren und so Schoko-Kokosmakronen herstellen.

Nusshäufchen

• 2 Eiweiß • 185 g Zucker • 5 g Zimtpulver • 125 g gemahlene Haselnüsse • Backoblaten (40-50 mm Durchmesser)

• Das Eiweiß mit einem Drittel der Zuckermenge in eine Schüssel geben und zu steifem Schnee schlagen.
• Den restlichen Zucker, das Zimtpulver und die Haselnüsse miteinander vermischen und unter den Schnee ziehen.
• Kleine Häufchen auf die Backoblaten setzen und diese im auf 150° C vorgeheizten Backofen in 25 Minuten abbacken. Herausnehmen und zum Verzehr bereitstellen.

Ingwerbusserl

• 4 Eigelb • 200 g Zucker • 2 Päckchen Vanillezucker • 1 Prise Salz • 1 TL Ingwerpulver • 75 g gehackten, kandierten Ingwer • 30 g Zitronat • 150 g geriebene Haselnüsse • einige Tropfen Mandelöl • einige Tropfen Zitronensaft • 1 EL Speisestärke • 1 TL Backpulver • Backoblaten (40 mm Durchmesser) • kandierte Ingwerstückchen

• Das Eigelb mit dem Zucker, dem Vanillezucker, dem Salz und dem Ingwerpulver in eine Schüssel geben und schaumig schlagen.
• Den fein gewürfelten Ingwer, das gewürfelte Zitronat, die Haselnüsse, das Mandelöl und den Zitronensaft hinzufügen und gut vermischen.
• Die Speisestärke und das Backpulver vermischen, darüber geben und locker einarbeiten.
• Den Teig auf runde Backoblaten streichen, mit einem Ingwerstückchen verzieren und im auf 180° C vorgeheizten Backofen in 20 Minuten backen.

Einfache Makronen

• 4 Eiweiß • 200 g Zucker • 200 g geriebene Mandeln • runde Backoblaten

• Das Eiweiß mit einem Drittel der Zuckermenge in eine Schüssel geben und zu steifem Schnee schlagen.
• Nach und nach den restlichen Zucker unter ständigem Schlagen einrieseln lassen.
• Die geriebenen Mandeln zum Schluss vorsichtig unterheben.
• Mit Hilfe von zwei Teelöffeln portionsweise die Masse auf die Backoblaten setzen und diese im auf 175° C vorgeheizten Backofen in 20 Minuten abbacken. Herausnehmen, auskühlen lassen und zum Verzehr bereitstellen.

Schokoladenhalbmonde

• 250 g Mehl • 70 g Zucker • 100 g geriebene Mandeln • 200 g Butter • Mehl für das Blech • 1 kleines Glas Marmelade • 1 Rezept „Schokoladenglasur"

• Die Teigzutaten nach Grundrezept „Mürbteig 1 oder 2" zu einem Mürbteig verarbeiten, in ein feuchtes Küchentuch wickeln und im Kühlschrank mindestens eine Stunde ruhen lassen.
• Anschließend den Teig messerrückendick ausrollen, Halbmonde ausstechen, das Gebäck auf ein ausgefettetes Backblech setzen und im auf 190-200° C vorgeheizten Backofen in 10-12 Minuten abbacken.
• Nach dem Abbacken je zwei Halbmonde mit Marmelade zusammensetzen, mit Schokoladenglasur überziehen, vollständig abtrocknen lassen und zum Verzehr bereitstellen.

Hirschknöpfe

• 500 g Mehl • 200 g Zucker • 1 Ei • 300 g Butter • etwas Kakaopulver • Semmelbrösel • Zucker • Rosinen • Fett für das Blech

• Die Zutaten nach Grundrezept „Mürbteig 1" zu einem Mürbteig verarbeiten.
• Den Teig in ein feuchtes Küchentuch wickeln und im Kühlschrank eine Stunde ruhen lassen.
• Anschließend den Teig auf einer bemehlten Arbeitsfläche zu einer Teigrolle von 30 cm Länge und 2 1/2 cm Durchmesser formen.
• Die Rollen in Kakao, Semmelbröseln und Zucker wenden und in 1/2 cm dicke Scheiben schneiden.
• In die Mitte der Scheiben eine gewaschene Rosine drücken, das Gebäck auf ein ausgefettetes Backblech setzen und im auf 190-200° C vorgeheizten Backofen in 10-12 Minuten abbacken.
• Die Hirschknöpfe herausnehmen, auskühlen lassen und zum Verzehr bereitstellen.

Walnuss-Birnen-Riegel

• 350 g getrocknete Birnen • 1/8 l ungezuckerten Birnensaft • 300 g Walnusskerne • 100 g Sonnenblumenkerne • 25 g gehackte Pistazien • 50 g Mohnsamen • 60 g gemahlene Hirse • 20 g Weizenkleie • 100 g Butter • 200 g Birnendicksaft • 1/4 l Sahne • 1 Prise Salz • 1 Vanilleschote • 4-5 Tropfen Bittermandelöl • 8 eckige Vollkornoblaten (122 x 202 mm)

• 250 g Birnen in sehr feine Würfel schneiden. Den Rest grob zerkleinern und mit dem Birnensaft begießen. Ausquellen lassen. 250 g Walnusskerne hacken, mit den Sonnenblumenkernen, den Pistazien, dem Mohn, der Hirse, der Weizenkleie und den restlichen Birnen vermischen.
• Die Butter mit 150 g Birnendicksaft, der Sahne, dem Salz, dem ausgeschabten Vanillemark und dem Bittermandelöl in einen Topf geben und einmal aufkochen lassen. Die Birnen-Nuss-Mischung hineingeben, unter ständigem Rühren 5 Minuten leise köcheln lassen, bis sich die Masse bindet, auf die Backoblaten streichen, auf ein mit Backtrennpapier ausgelegtes Backblech legen und im auf 200° C vorgeheizten Backofen in 15-20 Minuten abbacken.
• Die restlichen Walnüsse im Mixer zerschlagen. Die Birnen mit dem Saft und dem restlichen Birnendicksaft hinzufügen und zu einem glatten Marzipan verarbeiten.
• Die gebackenen Fruchtschnitten auf einem Kuchengitter 5 Minuten ausdampfen lassen, 4 davon auf der Nuss-Frucht-Seite mit dem Marzipan bestreichen und die übrigen Schnitten Oblatenschicht nach oben auflegen. Das Ganze leicht andrücken, mit einem Brett beschweren und erst nach dem vollständigen Auskühlen in 6 x 2 cm große Riegel schneiden.

Früchteriegel mit Schokolade

• 100 g getrocknete Bananen • 80 g getrocknete Ananas • 80 g getrocknete Aprikosen • 100 g gehackte Haselnüsse • 100 g gehackte Mandeln • 100 g Kokosraspeln • 40 g Sesamsamen • 40 g Leinsamen • 100 g Kernige Haferflocken • 30 g gemahlenen Weizen • 100 g Butter • 200 g Honig • 1/4 l Sahne • 1 Prise Salz • 1 Msp. Ingwerpulver • 1 Msp. Zimtpulver • 1-2 EL geriebene Orangenschale • 8 eckige Vollkornoblaten (122 x 202 mm) • 200 g Honigschokolade

• Die Früchte in sehr feine Würfelchen schneiden und mit den Haselnüssen, den Mandeln, den Kokosraspeln, dem Sesam und dem Leinsamen sowie den Haferflocken und dem Weizenmehl vermischen. Die Butter mit dem Honig, der Sahne, dem Salz, dem Ingwer, dem Zimt und der Orangenschale in einen Topf geben und einmal aufkochen lassen. Die vorbereitete Mischung dazugeben und unter ständigem Rühren 3-4 Minuten leise köcheln lassen, bis sich die Masse gebunden hat.
• Anschließend die Masse auf die Oblaten streichen, auf ein Backblech setzen und im auf 200° C vorgeheizten Backofen in 15-20 Minuten abbacken. Danach auf ein Kuchengitter setzen und ausdampfen lassen. Die Schokolade schmelzen, leicht auskühlen lassen und vier der Oblatenstücke auf der Frucht-Nuss-Seite dick damit bestreichen. Die übrigen Oblatenseiten nach oben aufsetzen und andrücken.
• Das Ganze mit einem dicken Holzbrett beschweren, auskühlen lassen und anschließend in 6 x 2 cm große Riegel schneiden.

Nusskekse

• 150 g braunen Zucker • 1 Päckchen Vanillezucker • 50 g Sesam • je 50 g gehackte Erdnüsse und Haselnüsse • 50 g gemahlene Haselnüsse • 25 g gehackte Pistazien • 1 Prise Salz • 1 TL Koriander • 150 g Mehl • 1 Ei • 150 g Butter oder Margarine • 30 Backoblaten (70 mm Durchmesser)

• Den Zucker mit dem Vanillezucker, dem Sesam, den gehackten Nüssen sowie den gemahlenen Haselnüssen, den Pistazien, dem Salz, dem Koriander und dem Mehl in einer großen Schüssel miteinander vermischen.
• Das Ei dazugeben, die Butter oder Margarine in Flöckchen darauf setzen und mit bemehlten Händen schnell zu einem glatten, kompakten Mürbteig verkneten.
• Den Teig in ein feuchtes Küchentuch wickeln und im Kühlschrank mindestens eine Stunde ruhen lassen.
• Walnussgroße Kugeln vom Teig abnehmen, formen und diese auf die Backoblaten setzen.
• Eine Gabel in Mehl tauchen und die walnussgroßen Kugeln damit flachdrücken. Mit gehackten Pistazien bestreuen, etwas festdrücken und im auf 180-190° C vorgeheizten Backofen in 15-18 Minuten abbacken. Herausnehmen, erkalten lassen und zum Verzehr bereitstellen.

Feigenküsse

• 3 Eiweiß • 200 g Puderzucker • 250 g geriebene Mandeln • 250 g in Streifen geschnittene Feigen • Saft von 1 Zitrone • Backoblaten (40 mm Durchmesser)

• Das Eiweiß mit dem Puderzucker in eine Schüssel geben und zu steifem Schnee schlagen. Die Mandeln, die Feigen und den Zitronensaft vorsichtig untermischen.
• Mit Hilfe von zwei Teelöffeln kleine Häufchen auf die Backoblaten setzen und diese im auf 180° C vorgeheizten Backofen in 25 Minuten backen.
• Anstelle der Feigen kann man auch Datteln oder Rosinen verwenden.

Luisenbrötchen

• 250 g fein geriebene Haselnüsse • 200 g feinen Zucker • 1 Päckchen Vanillezucker • 1 Ei • 1 Msp. Zimtpulver • 1 Msp. Muskat • einige Tropfen Mandelöl • Saft und Schale von 1/2 Zitrone • eckige Backoblaten • Belegkirschen • Zitronat

• Alle Zutaten in eine hohe Schüssel geben, miteinander vermengen und rasch mit kalten Händen zu einem glatten Teig verarbeiten.
• Den Teig zu einer Rolle von 35 cm Länge formen und davon gleichmäßig 5 cm lange Stücke abschneiden.
• Die Backoblaten auf 3 x 5 cm zuschneiden und die Teigbrötchen darauf setzen.
• Mit Belegkirschen und Zitronatstreifen verzieren und im auf 200° C vorgeheizten Backofen in 20 Minuten abbacken.

Teegebäck

• 400 g Mehl • 200 g Zucker • 200 g Butter • 2 Eier • 2 EL Rum • 1 Eigelb • Kristallzucker oder gehackte Nüsse • Fett und Mehl für das Blech

• Die Teigzutaten nach Grundrezept zu einem Mürbteig verarbeiten, in ein feuchtes Küchentuch wickeln und im Kühlschrank mindestens eine Stunde ruhen lassen.
• Anschließend den Teig auf einer bemehlten Arbeitsfläche 1/2 cm dick ausrollen und runde Formen von 2-3 cm Durchmesser ausstechen.
• Das Eigelb mit etwas Wasser glatt rühren und die Teigformen damit bestreichen. Mit Kristallzucker oder gehackten Nüssen bestreuen.
• Das Gebäck auf ein ausgefettetes und mit Mehl bestäubtes Backblech setzen und im auf 190-200° C vorgeheizten Backofen in 12-15 Minuten abbacken.
• Das Teegebäck aus dem Ofen nehmen, vollständig erkalten lassen und zum Verzehr bereitstellen.

Linzer Kolatschen

• 130 g Butter • 2 Eigelb • 70 g Zucker • 1-2 EL geriebene Zitronenschale • 25 g Semmelbrösel • 180 g Mehl • 1 kleines Glas Aprikosenmarmelade • Backoblaten Gr. 10 a

• Alle Zutaten in eine hohe Schüssel geben, miteinander vermengen und rasch mit kalten Händen zu einem glatten Teig verarbeiten.
• Aus der Masse 10 cm lange Stangen formen und auf dafür zugeschnittene Backoblaten setzen.
• Eine kleine Vertiefung eindrücken und mit Aprikosenmarmelade füllen.
• Das Gebäck im auf 200° C vorgeheizten Backofen in 20 Minuten abbacken.

Mandelblätter

• 5 Eiweiß • 140 g Zucker • 40 g fein gestiftelte Mandeln • 1 EL Mehl • 1 EL Semmelbrösel • 1 TL Zimtpulver • Backoblaten (40 mm Durchmesser) • Marmelade oder Schokoladenglasur

• Das Eiweiß mit 1/3 der Zuckermenge in eine Schüssel geben und zu steifem Schnee schlagen. Zum Schluss den restlichen Zucker unter ständigem Schlagen einrieseln lassen.
• Die übrigen Zutaten dazugeben und vorsichtig unterheben. In einen Spritzbeutel mit Lochtülle füllen und kleine Häufchen auf die Oblaten spritzen.
• Die Mandelblätter im auf 180° C vorgeheizten Backofen in 15-18 Minuten abbacken, nach dem Backen je zwei Mandelblätter mit verquirlter Marmelade oder flüssiger Schokoladenglasur mit den Oblatenseiten zusammensetzen. Vollständig auskühlen lassen und zum Verzehr bereitstellen.

Kirschmakronen

• 2 Eiweiß • 75 g Zucker • 1 Päckchen Vanillezucker • 1 Prise Salz • 150 g gehackte Mandeln • 100 g gemahlene Mandeln • 50 g gehackte Blockschokolade • 100 g klein geschnittene Cocktailkirschen • Puderzucker • Rotwein • 25 Backoblaten (50 mm Durchmesser)

• Das Eiweiß mit der Hälfte des Zuckers und dem Vanillezucker sowie dem Salz steif schlagen.
• Die gehackte Blockschokolade mit dem restlichen Zucker, den gehackten und den gemahlenen Mandeln sowie den Cocktailkirschen vermischen und unter das Eiweiß heben.
• Mit zwei Teelöffeln kleine Häufchen aus der Masse nehmen und auf die Backoblaten setzen. Mit dem Löffelrücken etwas flach drücken.
• Die Makronen in den auf 160° C vorgeheizten Backofen schieben und in 18-20 Minuten backen.
• Nach dem Backen die Kirschmakronen vorsichtig vom Blech heben, auskühlen lassen, den Puderzucker mit Rotwein glatt rühren und die ausgekühlten Makronen damit bestreichen. Mit Belegkirschen ausgarnieren und zum Verzehr bereitstellen.

Nürnberger Butterzeug

• 500 g Puderzucker • 3 Eier • 1 kg Mehl • 250 g Butter • 250 g Butterschmalz • 2-3 EL geriebene Zitronenschale • 1/8 l Weißwein oder 2 EL Arrak • Fett für das Blech • Zimtzucker

• Den Puderzucker mit den Eiern in eine Schüssel geben und schaumig schlagen.
• Das Mehl auf eine Arbeitsfläche sieben, eine Mulde eindrücken und das Ei-Zucker-Gemisch hineingeben.
• Die Butter und das Butterschmalz in Flöckchen darauf setzen, die Zitronenschale und den Weißwein bzw. Arrak dazugeben und das Ganze mit bemehlten Händen von außen nach innen schnell zu einem glatten, kompakten Teig verkneten.
• Den Teig in ein feuchtes Küchentuch wickeln und im Kühlschrank eine Stunde ruhen lassen.
• Anschließend den Teig ausrollen, je nach Geschmack Plätzchen ausstechen und diese auf ein ausgefettetes Backblech setzen.
• Das Butterzeug im auf 190-200° C vorgeheizten Backofen je nach Dicke in 10-15 Minuten abbacken.
• Nach dem Abbacken die Plätzchen noch warm im Zimtzucker wenden, vollständig erkalten lassen und zum Verzehr bereitstellen.

Feines Buttergebäck

• 800 g Mehl • 375 g Puderzucker • 1 Prise Salz • 1-2 EL geriebene Zitronenschale • 1 Ei • 4 Eigelb • 1 Gläschen Rum • 400 g Butter • Fett für das Blech

• Das Mehl auf eine Arbeitsfläche sieben, den Puderzucker, das Salz und die geriebene Zitronenschale dazugeben.
• Eine Mulde eindrücken, das Ei, das Eigelb und den Rum hineingeben.
• Die Butter in Flöckchen darauf setzen, das Ganze mit bemehlten Händen von außen nach innen zu einem glatten Teig verarbeiten.
• Den Teig in ein feuchtes Küchentuch wickeln und im Kühlschrank mindestens eine Stunde ruhen lassen.
• Anschließend den Teig auf einer bemehlten Arbeitsfläche 1/2 cm dick ausrollen und verschiedene Förmchen ausstechen.
• Die Förmchen auf ein ausgefettetes Backblech setzen und im auf 180-190° C vorgeheizten Backofen 18-20 Minuten abbacken.
• Die Plätzchen herausnehmen, nach Wahl clasieren oder mit Schokoladenglasur überziehen.

Terrassen

• 800 g Mehl • 375 g Puderzucker • 1 Prise Salz • 1-2 EL geriebene Zitronenschale • 1 Ei • 4 Eigelb • 1 Gläschen Rum • 400 g Butter •1 Glas Johannisbeergelee • Puderzucker zum Bestäuben

• Zubereitung wie Feines Buttergebäck
• Plätzchen in 3 verschiedenen Größen ausstechen (z.B. Kreise oder Sterne) und mit der Marmelade terrassenförmig zusammensetzen. Mit Puderzucker bestäuben.

Butterbrötchen

• 375 g Mehl • 120 g Puderzucker • 10 g Zimtpulver • 1 Msp. Nelkenpulver • 1/2 Tafel geriebene Schokolade oder 2 EL Kakaopulver • 1-2 EL geriebene Zitronenschale • 3 Eigelb • 250 g Butter • Fett für das Blech • 2 Eiweiß • einige Tropfen Zitronensaft • Puderzucker • gehackte Pistazien

• Die Teigzutaten nach Grundrezept „Mürbteig 1 oder 2" zu einem Teig verarbeiten. Den Teig in ein feuchtes Küchentuch wickeln und im Kühlschrank mindestens eine Stunde ruhen lassen.
• Anschließend den Teig auf einer bemehlten Arbeitsfläche 1/2 cm dick ausrollen und runde Formen ausstechen.
• Das Gebäck auf ein ausgefettetes Backblech setzen und im auf 190-200° C vorgeheizten Backofen in 10-12 Minuten abbacken.
• Das Eiweiß zu steifem Schnee schlagen, einige Tropfen Zitronensaft dazugeben und soviel Puderzucker hinzufügen, bis die Masse streichfähig wird.
• Nach dem Abbacken die Plätzchen mit Guss überziehen, mit abgezogenen, gehackten Pistazien bestreuen und vollständig abtrocknen lassen.

Haferflocken-Heidesand

• 125 g Butter • 180 g Zucker • 1 Ei • 1-2 EL geriebene Zitronenschale • 200-250 g Schmelzflocken • 1/2 Päckchen Backpulver • Backoblaten (40 mm Durchmesser) • abgezogene, halbierte Mandeln

• Die Butter zerlassen, den Zucker, das Ei und die Zitronenschale hinzufügen.
• Die Schmelzflocken mit dem Backpulver vermischen und nach und nach unterrühren.
• Den Teig auf einer bemehlten Arbeitsfläche zu einer Rolle von 3 cm Durchmesser formen und etwa 30 Minuten im Kühlschrank ruhen lassen.
• Anschließend die Rolle in Scheiben schneiden und die Scheiben auf Backoblaten setzen. In die Mitte eine halbierte Mandel eindrücken.
• Das Gebäck im auf 200° C vorgeheizten Backofen in 10-12 Minuten abbacken.

Mandel-Spritzgebäck

• 250 g Butter • 1 Eigelb • 110 g Puderzucker • 1 Päckchen Vanillezucker • 1-2 EL geriebene Zitronenschale • 200 g Mehl • 80 g gemahlene Mandeln

• Die Butter, das Eigelb, den Puderzucker, den Vanillezucker und die Zitronenschale in eine Schüssel geben und schaumig schlagen.
• Das Mehl mit den Mandeln vermischen und unter die Masse ziehen.
• Die Masse in einen Spritzbeutel mit großer Sterntülle füllen und dekorativ auf ein mit Pergamentpapier ausgelegtes Backblech spritzen.
• Das Spritzgebäck im auf 180° C vorgeheizten Backofen in 20 Minuten backen.

Schokoladenstangen

• 150 g Mandeln • 35 g Schokolade • 2 Eiweiß • 80 g Zucker • rechteckige Backoblaten

• Die Mandeln brühen, abziehen, trocknen und hellgelb rösten. Anschließend fein mahlen.
• Die Schokolade bei schwacher Hitze zergehen lassen. Das Eiweiß zu steifem Schnee schlagen und den Zucker anschließend unter ständigem Schlagen einrieseln lassen.
• Die Mandeln und die Schokolade miteinander vermischen und unter den Eischnee ziehen.
• Die Backoblaten mit einem scharfen Messer in 2 cm breite und 8 cm lange Streifen schneiden und den Teig 1/2 cm dick auftragen.
• Die Streifen im auf 150° C vorgeheizten Backofen in 20-25 Minuten abbacken. Herausnehmen und zum Verzehr bereitstellen.

Grundrezept „Dinkel-Vollkornbrot"

• 500 g Dinkel-Vollkornmehl • 300 ml Kefir • 1 Würfel Frischhefe • 1 EL Zucker • 1 EL Salz • 30 g Butter

• Das Mehl in eine Schüssel sieben und eine Mulde eindrücken.
• Den Kefir handwarm erhitzen, mit der zerbröckelten Hefe und dem Zucker in die Mulde geben, etwas Mehl einrühren und das Ganze an einem warmen Ort 10-15 Minuten gehen lassen.
• Das Salz mit der weichen Butter dazugeben und je nach Rezept weiterverarbeiten.

Schinken-Zwiebel-Brot

• 1 Grundrezept „Dinkel-Vollkornbrot" • 1 EL gemahlenen Koriander • 1 EL gemahlenen Kardamom • 2 EL Olivenöl • 1 Zwiebel • 100 g gekochten Schinken • 1 Bund Schnittlauch • 1 Bund Petersilie • Mehl zum Ausrollen

• Den Teig nach Grundrezept zubereiten, Koriander und Kardamom unter den Teig arbeiten.
• Das Olivenöl erhitzen und die fein gehackte Zwiebel darin glasig schwitzen. Den Schinken in feine Würfel schneiden, zur Zwiebel geben und kurz mitschwitzen.
• Den Schnittlauch und die Petersilie waschen, abtropfen lassen, klein schneiden, zu den Schinkenzwiebeln geben, untermischen, vom Feuer nehmen und erkalten lassen. Die Schinkenzwiebeln zum Hefeteig geben und alles miteinander verarbeiten.
• Den Teig auf einer bemehlten Arbeitsfläche kräftig durchkneten, zu einem Laib formen und auf ein Backblech setzen. Mit einem Messer mehrmals quer einschneiden und das Ganze 10 Minuten gehen lassen.
• Das Brot im auf 200-220° C vorgeheizten Backofen 20 Minuten anbacken und bei 180-190° C weitere 30 Minuten ausbacken.
• Nach Ende der Backzeit das Brot herausnehmen, vollständig erkalten lassen und zum Verzehr bereitstellen.

Sonnenblumenbrot

• 1 Grundrezept „Dinkel-Vollkornbrot" • 50 g Sonnenblumenkerne • Mehl zum Ausrollen

• Den Teig nach Grundrezept zubereiten und die Sonnenblumenkerne einarbeiten. Mit dem Kochlöffel kräftig durchschlagen und zugedeckt an einem warmen Ort 30 Minuten gehen lassen.
• Den Teig nochmals kräftig durchschlagen, zugedeckt weitere 30 Minuten an einem warmen Ort gehen lassen, auf einer bemehlten Arbeitsfläche gut durcharbeiten und zu einem länglichen Brot formen.
• Das Brot auf ein Backblech setzen, mit einem Messer mehrmals quer einschneiden, 10 Minuten gehen lassen, im auf 200-220° C vorgeheizten Backofen 20 Minuten und anschließend bei 190° C weitere 30 Minuten backen.
• Das Brot herausnehmen, vollständig erkalten lassen und zum Verzehr bereitstellen.

Kefir-Weizenbrot

• 350 g Weizenvollkornmehl • 1/4 l Kefir • 1 Würfel Frischhefe • 1 EL Zucker • 1 EL Salz • 25 g flüssige Butter oder Margarine • 30 g Sonnenblumenkerne • 1 1/2 EL Weizenkleie • Mehl für die Arbeitsfläche • Margarine und Grieß für die Form

• Das Weizenvollkornmehl in eine Schüssel sieben und eine Mulde eindrücken.
• Den Kefir handwarm erhitzen, mit der zerbröckelten Frischhefe und dem Zucker vermischen und in die Mulde geben.
• Etwas Mehl einrühren und an einem warmen Ort 10-15 Minuten gehen lassen.
• Das Salz, die flüssige Butter oder Margarine und die gehackten Sonnenblumenkerne sowie die Weizenkleie dazugeben, alles zu einem glatten, kompakten Teig verarbeiten, mit dem Kochlöffel kräftig durchschlagen und zugedeckt an einem warmen Ort 30 Minuten gehen lassen.
• Den Teig auf einer bemehlten Arbeitsfläche nochmals durcharbeiten, zu einer Kugel formen und weitere 30 Minuten gehen lassen.
• Eine Kastenform ausfetten und mit Grieß ausstreuen und den Teig einfüllen. Das Ganze 10 Minuten gehen lassen und anschließend im auf 200° C vorgeheizten Backofen 40-45 Minuten backen, herausnehmen, aus der Form stürzen, vollständig erkalten lassen und zum weiteren Verzehr bereitstellen.

Kräuter-Buttermilch-Brot

• 700 g Weizenmehl Type 1050 • 1/4 l Buttermilch • 1 EL Zucker • 1 Würfel Frischhefe • 1 TL Salz • 1 TL getrockneten Estragon • je 1 Bund Dill, Schnittlauch und Petersilie • 1/2 Bund Zitronenmelisse • 2 Knoblauchzehen • 1 TL Salz • 1 Zwiebel • Mehl zum Ausrollen • Margarine und Grieß für die Form

• Das Weizenmehl in eine Schüssel sieben und eine Mulde eindrücken. Die Buttermilch erwärmen, mit dem Zucker und der zerbröckelten Frischhefe in die Mulde geben und an einem warmen Ort 10-15 Minuten gehen lassen. Das Salz, den Estragon und die verlesenen, gewaschenen und fein gehackten Kräuter zum Mehl geben.
• Die Knoblauchzehen fein hacken, mit Salz zu einer Paste zerreiben, mit der geschälten und fein geriebenen Zwiebel zu den Zutaten geben und alles zu einem glatten, kompakten Teig verarbeiten.
• Den Teig mit dem Kochlöffel so lange schlagen, bis er Blasen wirft, zugedeckt an einem warmen Ort 30 Minuten gehen lassen, auf einer bemehlten Fläche durchkneten, zu einer Kugel formen und weitere 30 Minuten gehen lassen. Den Teig nochmals durchkneten und in eine ausgefettete und mit Grieß ausgestreute Kastenform geben. Der Länge nach in der Mitte etwas einschneiden, mit Mehl bestäuben, nochmals 10-15 Minuten gehen lassen und anschließend im auf 240° C vorgeheizten Backofen 5-10 Minuten anbacken.
• Den Ofen auf 200-210° C zurückschalten und weitere 40 Minuten fertigbacken.
• Das fertige Brot herausnehmen, aus der Form stürzen, vollständig erkalten lassen und zum Verzehr bereitstellen.

Dinkelbrot

• 500 g Dinkel-Vollkornmehl • 1 gehäuften TL Salz • 1 Päckchen Trockenhefe • 1/2 l lauwarmes Wasser • Margarine und Grieß für die Form

• Das Mehl mit dem Salz und der Trockenhefe vermischen, das Wasser dazugeben und alles zu einem Teig vermischen.
• Den Teig mit dem Kochlöffel schlagen, bis er Blasen wirft, dann zugedeckt an einem warmen Ort zur doppelten Menge aufgehen lassen.
• Kurz durchkneten, in eine ausgefettete und mit Grieß ausgestreute Kastenkuchenform füllen, nochmals kurz gehen lassen und dann im auf 230° C vorgeheizten Backofen 60-65 Minuten backen.

Einfaches Vollkornbrot

• 1 Würfel Hefe • 1 TL Zucker • 325 g Vollkorn-Weizenmehl • 325 g Mehl Type 405 • 1 TL Salz • 2 EL Öl • 400 ml lauwarmes Wasser

• Die Hefe mit dem Zucker glatt rühren, kurz gehen lassen, mit dem Mehl, dem Salz, dem Öl und dem Wasser verrühren und schlagen, bis der Teig Blasen wirft.
• Zugedeckt an einem warmen Ort zur doppelten Menge aufgehen lassen, nochmals durcharbeiten, erneut gehen lassen.
• Eine Kastenform ausfetten und mit Grieß ausstreuen, den Teig einfüllen und nochmals kurz gehen lassen. Im auf 200° C vorgeheizten Backofen 60-65 Minuten backen.

Buttermilch-Weizenbrötchen

• 350 g Weizenvollkornmehl • 1/4 l Buttermilch • 1 Würfel Frischhefe • 1 EL Zucker • 1 EL Salz • 25 g flüssige Butter oder Margarine • 30 g Sonnenblumenkerne • 1 1/2 EL Weizenkleie • Mehl für die Arbeitsfläche • Sonnenblumenkerne, Kürbiskerne, Mohn, Sesam, Leinsamen zum Bestreuen

• Das Weizenvollkornmehl in eine Schüssel sieben und eine Mulde eindrücken.
• Die Buttermilch handwarm erhitzen, mit der zerbröckelten Frischhefe und dem Zucker vermischen und in die Mulde geben.
• Etwas Mehl einrühren und an einem warmen Ort 10-15 Minuten gehen lassen.
• Das Salz, die flüssige Butter oder Margarine und die gehackten Sonnenblumenkerne sowie die Weizenkleie dazugeben, alles zu einem glatten, kompakten Teig verarbeiten, mit dem Kochlöffel kräftig durchschlagen und zugedeckt an einem warmen Ort 30 Minuten gehen lassen.
• Den Teig auf einer bemehlten Arbeitsfläche nochmals durcharbeiten, Brötchen von ca. 50 g Gewicht formen, mit Kernen und Samen nach Geschmack bestreuen und weitere 20 Minuten gehen lassen.
• Die Brötchen auf ein mit Backtrennpapier ausgelegtes Backblech setzen und im auf 200° C vorgeheizten Backofen 20-25 Minuten ausbacken.

Pikante Blätterteighörnchen

• 10 Platten Blätterteig (TK-Produkt)• 150 g gekochten Schinken • 150 g fein geriebenen Gouda • 1 Eigelb • 1 TL Kräuter der Provence • Salz • Pfeffer • Eigelb zum Bestreichen

• Den Blätterteig auftauen lassen.
• Den Schinken sehr fein würfeln, mit dem Gouda, dem Eigelb und den Kräutern der Provence vermischen, mit Salz und Pfeffer abschmecken.
• Den Blätterteig auf einer bemehlten Arbeitsfläche ausrollen, in Dreiecke schneiden und jeweils 1 EL der Schinkenmasse in die Mitte setzen. Zu Hörnchen aufrollen, auf ein mit Wasser benetztes Backblech legen, mit verschlagenem Eigelb bestreichen und im auf 220° C vorgeheizten Backofen 20 Minuten backen.

Partybrötchen

• 600 g Weizen-Vollkornmehl • 1 Päckchen Trockenhefe • 1 Prise Zucker • 1-2 TL Meersalz • ca. 1/4 l lauwarmes Wasser • 4 EL Sauerrahm • Milch oder Wasser zum Bestreichen • Sesam, Leinsamen, Kümmel, Mohn oder Sonnenblumenkerne zum Bestreuen

• Das Mehl mit der Trockenhefe, dem Zucker, dem Salz, dem Wasser und dem Sauerrahm verrühren und mit dem Kochlöffel schlagen, bis der Teig Blasen wirft.
• An einem warmen Ort zugedeckt zur doppelten Menge aufgehen lassen. Nochmals durchschlagen, erneut gehen lassen, kleine Brötchen von ca. 50 g formen und diese auf ein mit Backtrennpapier ausgelegtes Backblech setzen.
• Die Brötchen mit Milch oder Wasser bestreichen und mit Kernen oder Samen nach Wahl bestreuen. Im auf 200-220° C vorgeheizten Backofen 15 Minuten backen, dann die Temperatur auf 180-190° C herunterschalten und die Brötchen nochmals 15 Minuten knusprig backen.

Pikante Teigtaschen

• 2 Packungen Blätterteig (TK-Produkt) • 200 g Salami • 200 g Schinken • 200 g Gouda • 1 große Zwiebel • 1 großen EL frische Petersilie • 1 großen EL frischen Schnittlauch • 1/2 Becher Crème fraîche • Salz • Pfeffer aus der Mühle • 1 Eigelb zum Bestreichen

• Die Blätterteigscheiben auftauen lassen und halbieren.
• Die Salami und den Schinken in kleine Würfel schneiden, den Gouda fein reiben, die Zwiebel und die Petersilie fein hacken und den Schnittlauch in kleine Röllchen schneiden.
• Alle Zutaten in einer Schüssel vermischen und die Crème fraîche unterheben. Mit Salz und Pfeffer abschmecken und je einen Esslöffel auf eine Blätterteigstück setzen. Die andere Hälfte gitterartig einschneiden und über die Füllung ziehen. Die Ränder gut andrücken und die Teigtaschen auf ein mit Wasser benetztes Backblech setzen. Mit dem verschlagenen Eigelb bestreichen und im auf 180-200° C vorgeheizten Backofen 15-20 Minuten backen.

Blumenkohlkuchen mit Krabben

1 Paket Blätterteig (TK-Produkt) • 500 g Blumenkohlröschen • 1/4 l Gemüsebrühe • 250 g Krabben • 250 g Sahnequark • 1 Becher Crème fraîche • 4 Eier • 1 Schuss Weißwein • 100 g geriebenen Gouda • Salz • Pfeffer aus der Mühle • 1 Prise Muskat

• Die Blätterteigscheiben auftauen lassen und eine mit Wasser benetzte Kastenform damit auslegen.
• Die Blumenkohlröschen waschen, klein schneiden und in der Gemüsebrühe bissfest garen, herausnehmen, abtropfen lassen und bereitstellen. Die Krabben waschen, gut abtropfen lassen und mit den Blumenkohlröschen vermischen.
• Den Sahnequark mit der Crème fraîche, den Eiern und dem Weißwein in eine Schüssel geben und glatt rühren. Den Gouda untermischen, das Ganze mit Salz, Pfeffer, Muskat kräftig würzen und unter die Blumenkohlmischung ziehen. Die Mischung in die Kastenform geben, mit dem restlichen Blätterteig abdecken, gut verschließen und im auf 180-200° C vorgeheizten Backofen 40-50 Minuten backen.
• Den Blumenkohlkuchen herausnehmen, vollständig erkalten lassen, in Scheiben schneiden, anrichten, ausgarnieren und servieren.

Lauch-Quiche mit Speck

• 350 g Weizenvollkornmehl • 1/8 l Milch • 1/2 Würfel Frischhefe • 1 EL Zucker • 1-2 EL flüssige Butter • 1 EL Salz • Mehl zum Bearbeiten • Fett zum Bestreichen • 1-2 EL Butter oder Margarine • 75 g durchwachsenen, geräucherten Speck • 6-8 Zwiebeln • 1 Stange Lauch • Salz • Pfeffer aus der Mühle • 1 EL gemahlenen Kümmel • 1 Prise Muskat • 1 Becher Sahnedickmilch • 1 Ei • 50 g fein geriebenen Gouda

• Das Mehl in eine Schüssel sieben, eine Mulde eindrücken, die handwarme Milch mit der Hefe und dem Zucker dazugeben, etwas Mehl einrühren, 15 Minuten gehen lassen.
• Die Butter oder Margarine und das Salz zu den Zutaten geben, zu einem Teig verarbeiten. An einem warmen Ort zur doppelten Menge aufgehen lassen, dann dünn ausrollen und auf ein ausgefettetes Backblech legen.
• Das Fett erhitzen und den gewürfelten Speck darin auslassen. Die in Ringe geschnittenen Zwiebeln dazugeben und mitbraten. Den Lauch in Ringe schneiden, zu den Zwiebeln geben und ebenfalls mitbraten.
• Mit Salz, Pfeffer, Kümmel und Muskat würzen, vom Feuer nehmen, leicht erkalten lassen und auf dem Teig verteilen.
• Die Dickmilch mit Ei und Käse vermischen, abschmecken, auf die Zwiebelmasse verteilen.
• Den Kuchen in den auf 200° C vorgeheizten Backofen schieben und etwa 40-45 Minuten backen.

Quarkkuchen mit Kräutern

• 1 Rezept „Mürbteig ohne Zucker" • 500 g Speisequark • 1 Schuss Sahne • 1 Schuss Weißwein • 4 Eier • Salz • Pfeffer aus der Mühle • 1 Prise Cayennepfeffer • 1 Prise Muskat • einige Tropfen Zitronensaft • einige Tropfen Worcestersauce • 2 Tassen gemischte, fein gehackte Kräuter • 250 g geriebenen Butterkäse • Kräuterzweige zum Garnieren

• Den Mürbteig nach Rezept zubereiten und eine ausgefettete Springform damit auslegen, einen 3-4 cm hohen Rand formen. Den Teig mehrmals mit einer Gabel einstechen und bereitstellen.
• Den Speisequark mit der Sahne und dem Weißwein sowie den Eiern in eine Schüssel geben und glatt rühren.
• Die Masse mit Salz, Pfeffer, Cayennepfeffer, Muskat, Zitronensaft und Worcestersauce abschmecken und die Kräuter untermischen.
• Die Hälfte des Käses unter die Quarkmasse rühren, die Masse auf den Teig geben und glatt streichen . Zum Schluss das Ganze mit dem restlichen Butterkäse bestreuen und im auf 200° C vorgeheizten Backofen in 40-50 Minuten ausbacken.
• Den Kuchen herausnehmen, anrichten, ausgarnieren und warm oder kalt servieren.

Salami-Ecken

125 g Salami • 1 Knoblauchzehe • 1 TL Salz • 1/4 TL getrockneten Oregano • 1 EL gehackte Petersilie • 1/2 TL geriebene Zitronenschale • 50 g Doppelrahm-Frischkäse • 6-7 EL Schlagsahne • Salz • Pfeffer • 1 EL eingelegten grünen Pfeffer • 5 Scheiben Toastbrot • Petersilie zum Garnieren

• Die Salami fein würfeln, die Knoblauchzehe mit Salz zu einer Paste zerreiben.
• Die Salami, den Knoblauch, die Kräuter, die Zitronenschale, den Frischkäse und die Sahne vermischen und glatt rühren, mit Salz und Pfeffer würzen und den grünen Pfeffer unterrühren.
• Die Toastbrotscheiben toasten, abkühlen lassen, mit der Salamicreme bestreichen, mit der fein gehackten Petersilie bestreuen, ausgarnieren und servieren.

Schnelle Thunfischtörtchen

• 4 hart gekochte Eier • 250 g Thunfisch in Öl • 2-3 EL Crème fraîche • 2-3 EL Obstessig • 2-3 EL Mayonnaise • Salz • Pfeffer aus der Mühle • einige Tropfen Zitronensaft • einige Tropfen Worcestersauce • 4-6 fertige kleine Mürbteigböden • Salatblätter und Tomatenstreifen zum Garnieren

• Die Eier pellen, fein hacken und in eine Schüssel geben. Den Thunfisch abtropfen lassen, zerpflücken und unter die Eier ziehen. Die Crème fraîche mit dem Obstessig in eine Schüssel geben und schaumig schlagen, die Mayonnaise unterziehen und das Ganze mit Salz, Pfeffer, Zitronensaft und Worcestersauce abschmecken.
• Die Sauce über den Thunfischsalat gießen und nochmals kräftig abschmecken.
• Die gewaschenen Salatblätter auf die Törtchen legen und den Thunfischsalat darauf verteilen, mit den Tomatenstreifen ausgarnieren, verzieren und sofort servieren.

Zwiebelkuchen mit Schinken

• 1 Rezept „Hefeteig" • Mehl zum Ausrollen • je 250 g Zwiebeln und Lauch • 1-2 EL Butter oder Margarine • 250 g gekochten Schinken • Salz • Pfeffer aus der Mühle • 1 Prise Muskat • 2 EL Mehl • 350 g Sahnedickmilch • 3 Eier • 1 Bund Petersilie

• Den Teig nach Rezept zubereiten, auf einer bemehlten Fläche kräftig durchkneten, ausrollen, in eine Springform (26-28 cm Ø) füllen und einen Rand hochdrücken.
• Die Zwiebeln und den Lauch in feine Ringe schneiden. Die Butter oder Margarine in einer Pfanne erhitzen und das Gemüse darin kurz anschwitzen. Den Schinken in feine Streifen oder Würfel schneiden, zum Gemüse geben, kurz mitschwitzen. Die Pfanne vom Feuer nehmen und die Masse mit Salz, Pfeffer und Muskat kräftig würzen, erkalten lassen und gleichmäßig auf dem Hefeteig verteilen.
• Das Mehl mit der Dickmilch und den Eiern verschlagen, die verlesene, gewaschene und fein gehackte Petersilie untermischen. Die Masse nochmals abschmecken und auf der Gemüse-Schinken-Mischung verteilen.
• Die Zwiebelkuchen im auf 200° C vorgeheizten Backofen 30-40 Minuten backen. Herausnehmen, warm oder kalt servieren.

Zucchini-Mürbteigtorte

• 250 g Vollkorn-Weizenmehl • 1 TL Backpulver • 1/2 TL Salz • 100 g Butterschmalz • 1 Ei • Butterschmalz zum Ausfetten • 500 g Zucchini • 4 Eier • 200 g Crème fraîche • Salz • Pfeffer aus der Mühle • 1 Prise Muskat • 50 g Semmelbrösel • 125 g geriebenen Parmesankäse

• Das Mehl und das Backpulver auf eine Arbeitsfläche geben und eine Mulde eindrücken.
• Mit Salz bestreuen, die Schmalzflöckchen darauf setzen, das Ei in die Mulde geben, mit bemehlten Händen zu einem glatten Teig verkneten, in ein feuchtes Küchentuch wickeln und 1 Stunde ruhen lassen.
• In der Zwischenzeit die Zucchini putzen, waschen, grob raspeln, mit 2 Eiern und der Crème fraîche verrühren, mit Salz, Pfeffer und Muskat abschmecken. Die Semmelbrösel in einer trockenen Pfanne goldgelb rösten und abkühlen lassen.
• Den Teig ausrollen, eine ausgefettete Springform damit auslegen und einen ca. 3 cm hohen Rand formen. Die Zucchinimasse einfüllen, glatt streichen und im auf 180-200° C vorgeheizten Backofen 40-50 Minuten backen.
• 10 Minuten vor Garende die restlichen Eier verquirlen und die Oberfläche der Torte damit bestreichen, mit den Semmelbröseln und dem geriebenen Käse bestreuen, fertig backen, herausnehmen und warm oder kalt servieren.

Gemüsekuchen

• 175 g Speisequark • 1 Schuss Milch • 5 EL Olivenöl • 1 Ei • 1 TL Salz • 300 g Mehl • 1 Päckchen Backpulver • 1-2 EL Butter oder Margarine • 400 g Zwiebeln • 2 Stangen Lauch • 100 g gekochten Schinken • 125 g geriebenen Tilsiter Käse • Salz • Pfeffer aus der Mühle • 1 Prise Muskat • 1 Prise Cayennepfeffer • 1 Prise Kümmelpulver • 1 Bund Schnittlauch

• Den Speisequark mit der Milch und dem Olivenöl, dem Ei und dem Salz in einer Schüssel glatt rühren. Das Mehl mit dem Backpulver vermischen, sieben, zu den restlichen Zutaten geben und alles zu einem glatten, kompakten Teig verarbeiten. Den Teig im Kühlschrank 1 Stunde ruhen lassen, anschließend auf einer bemehlten Arbeitsfläche nochmals kurz durchkneten.
• Den Teig halbieren und je etwa 1/2 cm dick rund ausrollen.
• Die Butter oder Margarine in einer Pfanne erhitzen und die in Scheiben geschnittenen Zwiebeln sowie den in Ringe geschnittenen Lauch darin unter ständigem Rühren kurz braten. Den in Würfel geschnittenen Schinken dazugeben und kurz mitbraten.
• Die Zwiebel-Schinkenmasse vom Feuer nehmen, erkalten lassen, den geriebenen Käse untermischen, mit Salz, Pfeffer, Muskat, Cayennepfeffer und Kümmel kräftig würzen.
• Den in Röllchen geschnittenen Schnittlauch untermischen, eine gefettete Springform mit einem Teigboden auslegen, einen Rand hochdrücken, die Masse darauf verteilen und mit dem zweiten Teigboden abdecken. Den Teig mehrmals einstechen und das Ganze im auf 200° C vorgeheizten Backofen in 40-50 Minuten ausbacken. Den Gemüsekuchen herausnehmen und warm oder kalt servieren.

Auberginenkuchen

• 400 g Mehl • 1 Päckchen Trockenhefe • 1/4 l lauwarmes Wasser • 1 EL Zucker • 1 TL Salz • 2-3 EL Olivenöl • 1 Prise Muskat • 1 Prise Kümmelpulver • 1 kleine Dose geschälte Tomaten • 2 Auberginen • 2 Zwiebeln • 1 rote Paprikaschote • 1 Glas Oliven • 1 Becher Crème fraîche • Salz • Pfeffer aus der Mühle • 125 g geriebenen Butterkäse

• Aus den Teigzutaten einen Hefeteig herstellen und zugedeckt an einem warmen Ort 1/2 Stunde gehen lassen. Anschließend nochmals kräftig durcharbeiten, dünn ausrollen und eine ausgefettete Springform oder ein kleines Backblech damit auslegen.
• Die Tomaten gut abtropfen lassen, grob hacken und gleichmäßig auf dem Teigboden verteilen. Die Auberginen putzen, waschen, in Scheiben schneiden, mit den in Scheiben geschnittenen Zwiebeln auf den Teigboden legen. Die Paprikaschote halbieren, entkernen, waschen, in Streifen schneiden, mit den in Scheiben geschnittenen Oliven auf dem Gemüse verteilen.
• Die Crème fraîche glatt rühren, mit Salz und Pfeffer kräftig würzen, den geriebenen Käse untermischen und auf das Gemüse geben.
• Den Auberginenkuchen im auf 200° C vorgeheizten Backofen in 45 Minuten abbacken, herausnehmen, anrichten, ausgarnieren und warm oder kalt servieren.

Register

Genehmigte Lizenzausgabe 1997 für
Nikol Verlagsgesellschaft mbH, Hamburg

Druck: Reclam, Ditzingen
Bindung: Sebald Sachsendruck, Plauen
Printed in Germany

ISBN 3-930656-82-5